# 幻の戦争

## 雑誌が語る

『月刊毎日』

『国際女性』

『新生活』『想苑』

石川巧

ishikawa takumi

青土社

# 目次

凡例　6

はじめに　7

**序章　言論統制と紙不足の実態**……11

0－1　戦前の言論統制　12

0－2　占領期におけるＧＨＱの検閲　18

0－3　敗戦後の〝紙飢饉〟とセンカ紙ブーム　26

**第1章　幻の外地日本語雑誌『月刊毎日』**……33

1－1　『月刊毎日』発見の経緯　34

1－2　一九四四年の北京における出版物の取締り　44
日本占領下の北京／中国における検閲

1－3　『月刊毎日』創刊号の誌面構成　58

1－4　『月刊毎日』の論説記事　68

1―5　フィクサーとしての阿部眞之助　79
1―6　『月刊毎日』の文芸欄　86
創刊号／第一巻第二号／第二巻第一号／尾崎士郎「バタアン残月」／
第二巻第二号／第二巻第四号／第二巻第五号／第二巻第七号／第二巻第八号
1―7　女性作家の登用　107
1―8　大佛次郎「遅桜」を読む　113
「乞食大将」の連載／応答としての「遅桜」
1―9　石川達三「沈黙の島」を読む　130
戦時下における石川達三の言論／寓話としての「沈黙の島」／民衆は愚か者か？
1―10　『月刊毎日』と中国人作家　146
1―11　おわりに　149

**第2章　『国際女性』と谷崎潤一郎**……157
2―1　『国際女性』の創刊　158
未見の号／『国際女性』の執筆陣
2―2　〝京都〟と〝女性〟　166

2―3　顧問としての谷崎潤一郎　176
谷崎と検閲／末永姉弟との出遭い／徳丸（末永）時恵の国際的人脈
2―4　『国際女性』の文芸記事　187
谷崎潤一郎／織田作之助
2―5　女性解放への提言と「姦通」をめぐる議論　194

**第3章　雑誌『新生活』とGHQの検閲**……203

3―1　『新生活』とはいかなる雑誌か？　204
3―2　主要記事の紹介　210
敗戦直後のルポルタージュ／四つのテーマ
3―3　『新生活』の文芸欄と文学者たちの言説　216
武田麟太郎の「遺稿」／小説・論／文芸時評／詩・俳句・随筆
3―4　検閲、そして『風報』へ　227

**第4章　原節子「手帖抄」を読む――雑誌『想苑』**……237

4―1　はじめに　238

4−2 『想苑』について　244

4−3 原節子「手帖抄」を読む　254

4−4 原節子を貫く心棒　263

注　270

補助資料　278
　『月刊毎日』目次／『国際女性』目次／『新生活』目次

あとがき　310

初出一覧　319

# 凡例

一、本書の表記については、人名のみ旧字体を用い、それ以外は原則として旧字体を新字体に改めた。ただし、『文藝春秋』など現在でも一種のロゴとして広く使用されている表記については例外とした。

二、各種文献の引用に際しては、一部の記号、傍線などを省略する改変を施している。ルビに関しても読者の理解を助けることを目的に、適宜、加筆／省略を施している。

三、単行本の書名、新聞、雑誌は『　　』、雑誌発表時の作品タイトル、論文などは「　」として区別した。引用文のなかに更に引用のカギ括弧が含まれている場合は小カギで表記した。

四、出典については最初に紹介する際に書誌情報を記し、以後は「前出」と表記することを原則とした。

五、本書においては、引用以外、西暦表記を原則とした。

六、引用については原文どおりを原則としたが、明らかな誤字・誤記、原文どおりでは文意が通じない箇所については筆者の判断で正しく訂正している。また、誤字・誤記としてよいか判断が難しい箇所、敗戦直後の混乱期に印刷された証拠として誤字・誤記そのものを明示することに価値があると思われる箇所については「ママ」を付した。

七、巻末に補助資料として加えた目次に関しては、『月刊毎日』のみ目次欄をもとに作成しており、『国際女性』、『新生活』は本文をもとにしている。ただし、『国際女性』第七号のように、「姦通」が本文で「〇通」「〓通」などとなっており、目次には「姦通」と表記されている場合は、目次表記を採用している。

八、本書には、現在の観点からみて差別的な表現が含まれているが、ほとんどの著者が故人であること、作品発表当時の時代的背景を知るうえで重要であることを考慮し、原典どおりとした。

# はじめに

本書は『月刊毎日』、『国際女性』、『新生活』、『想苑』という、戦中から戦後占領期にかけて発行された総合文芸雑誌を取り扱っている。だがこれら四誌は、国会図書館をはじめとする日本国内の図書館、資料保存機関に揃っておらず、従来の研究においてほとんど言及されることがなかった。いわば、戦後の出版文化史に痕跡を残していない幻の雑誌というべきものである[1]。

近年、ようやくプランゲ文庫[2]収蔵雑誌の研究が進みはじめ、「20世紀メディア研究所 占領期メディアデータベース化プロジェクト委員会」(代表・山本武利)が立ちあげたデータベースと、それを運営するNPO法人インテリジェンス研究所の活動が目覚しい成果をあげているが、残念ながら、同文庫は戦争末期の雑誌を対象としていない。また、占領期に発行された雑誌のなかには検閲を受けずに流布したものが相当あるとみられており(一説には、検閲を受けたのは全体の八〇パーセント程度ではないかといわれている)、プランゲ文庫を補完する試みが必要となっている。戦後の〝紙飢饉〟といわれる時代に印刷された雑誌のなかにはセンカ紙[3]とよばれる再生紙を用いたものが多くあり、酸化によって紙がボロボロになっているのが現状である。劣化が著しい雑誌に関しては、デジタル化による保存が喫緊の課題である。

私がこの時代に着目する理由はここにある。タイトルそのものが知られていない雑誌、刊行されていた形跡は確認できるものの戦後の出版文化史において埋もれてしまった雑誌、現在では揃いで保存している機関がなかったり閲覧自体が困難だったりする雑誌を発掘し、内容を紹介することで、出版文化史の空白を埋めるとともに、貴重な雑誌資料を未来に届けたいのである。もちろん、文学研究の一環として個々の雑誌に掲載された記事や作品を精しく分析することも重要だが、そのような雑誌を探究する場合は、総目次や解題の作成によって雑誌の全体像を明らかにし、そこに関心を抱いた人々が公平に研究を進められるようにするための基礎資料を準備することが重要である。個々の作品に関する読解や批評はそのあとにある。

私自身の主な関心は、戦時下から戦後占領期にかけて雑誌というメディアが何を伝えたのかという点にある。その雑誌がいつ誰によって企画編集されたのか、誰がどのような作品を発表しているのか、その言説がどのように受容されていったのかという疑問に対して、可能な限り正確な情報を提供したいという思いがある。誰も全貌を知ることができずにいた雑誌に焦点をあて、雑誌に関連する文学場(4)の生成過程を追うことに惹かれる。

したがって本書には、雑誌の出版経緯やその内容に関する研究という側面と、その雑誌がなぜ歴史のなかに埋もれてしまったのかを研究する側面とがある。それぞれの観点は微妙に絡まり合いながら、ミステリーの謎解きのように展開していく。もちろん、記事の内容に関しては私自身の分析や読解を試みるつもりだが、それ以上に重きを置くのは、幻の雑誌を探究する過程と、それが発掘されたことによって何がわかったのか、何がわかっていないのかを的確に記すことである。

また、この謎解きは本書において完結しているわけではなく、次の新たな研究を喚起するための呼び水にもなっている。たとえば、『月刊毎日』と『国際女性』にはそれぞれ一冊ずつ未見の号がある。これまであらゆる手をつくして捜してきたが、どうしても見つけることができなかった号に関する情報を得るためには、客観的な事実の蓄積と一定の根拠にもとづく仮説を並行的に示していく必要がある。事実と仮説の境界をはっきりさせることで新しい研究の土壌が生れる。その意味で、本書は学術研究書としての体裁を十全に備えているとはいえないかもしれないが、出版文化史の森のなかに読者を連れ出し、印刷物として流通していたはずのものが、なぜどこにも残らなかったのか、という問いに応答する試みにはなっていると思う。

こうした問題編成のもと、本書では、『月刊毎日』、『国際女性』、『新生活』、『想苑』の四誌を論じる。他にも占領期の地方総合雑誌、カストリ雑誌など注目したい雑誌は多々あるが、そのなかの総合文芸雑誌に的を絞り、特に重要と思われるタイトルを選んでいる。

ただし、これらの雑誌を考えるためには一定の予備知識が必要である。戦争末期から戦後占領期にかけての出版界、および、その背後にあるさまざまな統制や社会状況を鑑みなければ本書が目的とする文学場の全体像はみえてこない。たとえば、戦時下と戦後占領期の雑誌出版メディアは常に検閲の対象とされ、この時代においては検閲を意識することなく自由にものを書くという発想そのものが存在しない。また、さきにも述べたように、本書が射程としているのは〝紙飢饉〟の時代である。印刷物を出版することが困難な状況にあって、出版関係者はどのように知恵を絞って一攫千金を企んだのか、読者たちは雑誌というメディアに何を期待したのか、という観点から考えることで見えてくる光景が多々ある。

　そこで、まず序章として、戦前の言論統制、占領期におけるＧＨＱの検閲と〝紙飢饉〟について概説し、同時代における出版界の状況を把握することからはじめたい。ただ、時代状況をあらわす法制度や細かい条項なども出てくるため、読者のなかにはとっつきにくいと感じる方がいるかもしれない。その場合は、第1章以降、お好きな章へ進んでいただき、必要に応じて序章を読み返していただきたい。本書で取り上げた四種の総合文芸雑誌は、戦中戦後の出版文化を知るためのよすがであるとともに、あの時代を生きた作家、文化人たちの生きざま、息づかいを知るための貴重な手がかりになるはずである。

# 序章　言論統制と紙不足の実態

# 1　戦前の言論統制

明治以降、日本の出版物は出版法（一八九三年四月一三日公布）と新聞紙法（一九〇九年五月六日公布）という二つの法律に拘束されてきた。前者の出版法は、第一条に「凡ソ機械舎蜜《せいみ》其ノ他何等ノ方法ヲ以テスルヲ問ハス文書図画ヲ印刷シテ之ヲ発売シ又ハ頒布スルヲ出版ト云ヒ其ノ文書ヲ著述シ又ハ編纂シ若ハ図画ヲ作為スル者ヲ著作者ト云ヒ発売頒布ヲ担当スル者ヲ発行者ト云ヒ印刷ヲ担当スル者ヲ印刷者ト云フ」とあるとおり、印刷物の定義を明確にするとともに、著作者、発行者、印刷者それぞれの役割と責任、内務省への申請手続き、検閲や懲罰などの内容を事細かに記した法律である。「文書図画ヲ出版スルトキハ発行ノ日ヨリ到達スヘキ日数ヲ除キ三日前ニ製本二部ヲ添ヘ内務省ニ届出ヘシ」（第三条）と定めるように、当時の出版物はすべて事前検閲となっており、発行者は製本二部と出版届一部を内務省に提出して細かいチェックを受けることになっていた。

検閲に際しては「安寧秩序ヲ妨害シ又ハ風俗ヲ壊乱スルモノト認ムル文書図画ヲ出版シタルトキハ内務大臣ニ於テ其ノ発売頒布ヲ禁シ其ノ刻版及印本ヲ差押フルコトヲ得」（第一九条）と定められており、内務省には発売頒布の禁止を命じる権限が与えられていた。「安寧秩序ヲ妨害シ又ハ風俗ヲ壊乱スルモノト認ムル文書図画」という表現はいかにも曖昧だが、むしろ内務省の思惑でどのようにでも解釈できる規定であることによって出版社側を委縮させ、自己規制を促す役割を果たしていたと考えてよいだろう。また、同法の第二一条は「軍事ノ機密ニ関スル文書図画ハ当該官庁ノ許可ヲ得ルニ非サレハ之ヲ出版スルコトヲ得ス」と定めているが、戦時下の日本では恐らくこの条項に基づいて出版を禁じられたものも多かったに違いない。

もうひとつの新聞紙法は「本法ニ於テ新聞紙ト称スルハ一定ノ題号ヲ用ヰ時期ヲ定メ又ハ六箇月以内ノ期間ニ於テ時期ヲ定メスシテ発行スル著作物及定時期以外ニ本著作物ト同一題号ヲ用ヰテ臨時発行スル著作物ヲ謂フ」と定めている。ここでの「一定ノ題号ヲ用ヰ」て発行された著作物のなかには雑誌も含まれるため、この法令は新聞だけでなく雑誌をも対象としていることがわかる。

また、新聞紙法は「新聞紙ハ発行ト同時ニ内務省ニ二部、管轄地方官庁、地方裁判所検事局及区裁判所検事局ニ各一部ヲ納ムヘシ」（第一一条）と定めており、他と異なる内容の新聞・雑誌を一部だけ作成するなどして偽装することができないようになっていた。図書と同様の検閲もなされていたが、図書が事前検閲であったのに対して、新聞・雑誌は発行後の事後検閲だという点が大きく違っていた。発行元はあらかじめ保証金を納めることが義務づけられ、検閲によって発売頒布が禁止された場合は現物の差押えという措置がとられた。

これら出版事業を対象とする法律とともに言論の自由を著しく拘束したのが、一九二五年四月二二日に公布された治安維持法である。同法は、第一条第一項に「国体ヲ変革シ又ハ私有財産制度ヲ否認スルコトヲ目的トシテ結社ヲ組織シ又ハ情ヲ知リテ之ニ加入シタル者ハ十年以下ノ懲役又ハ禁錮ニ処ス」と謳い、「国体」の変革をもくろむ組織に加わることを厳しく戒めている。さらに、一九二八年の改定後（改正案が議会において審議未了になったにもかかわらず、緊急勅令のかたちで強行改正された）は最高刑に死刑が加わり、拘束力が格段に強まる。第一条の条文も「結社ノ目的遂行ノ為ニスル行為ヲ為シタル者ハ二年以上ノ有期ノ懲役又ハ禁錮ニ処ス」と書き換えられ、なんらかの「目的遂行ノ為ニスル行為」が治安維持法に抵触するかどうかの判断はすべて当局に委ねられるとともに、取締りの対象は労働組合運動やプロレタリア文学運動にも及ぶこととなり、多くの検挙者を出すに至る。

また、一九三八年に国家総動員法が定められてからは、中央政府機関のなかに情報局[1]が設けられ、新聞紙等掲載制限令（一九四一年一月一六日公布・即日施行）、国防保安法（一九四一年五月一〇日施行）、言論・出版・集会・結社等臨時取締法（一九四一年一二月二一日施行）などの統制法規による言論統制が行われるようになる。治安維持法に関しても更なる改定がなされ、「国体ノ変革」をもくろむ「組織ヲ準備スルコト」それ自体が処罰の対象となる。「罪ヲ犯スノ虞《おそれ》アルコト顕著」なる者の予防拘禁も可能になる。つまり、国策遂行に都合の悪い人間、異を唱えるような人間を当局の判断によっていかようにも処罰できてしまうような恐怖政治体制がここにできあがるのである。

では、出版に関する処分の実態はどのようなものだったのだろうか。こちらはおおまかにいって発売頒布禁止、削除処分（当該箇所の削除）、分割還付（警察が押収した出版物に関して問題のある箇所の削除を条件に出版元に還付する）、次版改定（不穏、不良の程度が軽微な場合、初版は発売頒布を認め、増刷する場合に指摘された箇所を訂正、削除する）、注意処分（警告）などがあり、削除処分とまではいかないまでも問題のある表現がみつかった場合は、伏字あるいは空白として出版するよう求められることもあった。出版社にとってこうした処分を受けることは自社の経営を著しく悪化させる要因にもなりかねないため、当然のことながら自主規制が働き、事前に図書課や警察部に相談したり、検閲で問題視されそうな表現を編集サイドの判断で修正したりするやり方が慣例化する。

さらに、一九四〇年一二月に内閣情報局の統制下で社団法人日本出版文化協会が設立され、翌一九四一年六月から出版用紙配給割当規程が実施されて以降、国内では、同協会の査定に合格しなければ紙の配給が受けられない事態となる。一九四一年一月一一日には新聞紙等掲載制令が公布施行され、新聞紙は他の出版物以上に国家的機密事項の掲載制限が強化される。一九四一年八月六日に閣議決定された「国論昂揚ニ関スル件」では、「英米ノ不当ナル対日圧迫ニ対シ日本国民ハ断乎之ヲ排撃抗争スルノ決意ト気魄トヲ内外ニ充溢セシムル」こと、「大東亜共栄圏確立ノ成否カ即チ帝国死活ノ岐ルル所ナルコトヲ極力強調スル」ことが新聞の役割と定められ、情報宣伝を担う武器としての機能強化を迫られる。細川嘉六の論文「世界史の動向と日本」を掲載した雑誌『改造』（一九四二年八月、九月）が、共産主義を煽動し、日本の対アジア政策を批判する内容であるとの理由で発禁処分となり、細川自身が新聞紙法違反の容疑で逮捕されたことに端を発する横浜事件[2]に象徴されるように、当時の検閲は出版物の内容はもちろんのこと、メディアの取材や報道のあり方そのものを弾圧していた。またこの頃には、印刷用紙の欠乏によって出版物の量が著しく減少し、新刊書は発売当日に売り切れるありさまだった。

一九四一年六月には出版用紙配給割当、出版物配給調整規定が、同年一二月一三日には国家総動員法第一六条に基づく新聞事業令が、同二二日には言論・出版・集会・結社等臨時取締法施行規則が公布され、戦時の「安寧秩序」を目的に新聞・雑誌の言論が厳しく統制されるようになる。翌一九四二年三月二一日、日本出版文化協会は出版用紙配給割当規制を改定し、用紙割当の全面的統制のため、四月からすべての出版企画を対象に発行承認制を実施することを決める。発行書籍の奥付には「出文協承認番号」の記載が義務づけられる。

一九四三年に入ると、学徒動員体制の推進、石油エネルギーの確保を目的とした南進論、一億総決起の思想などが執拗に喧伝される一方、国民に倹約生活をよびかける言葉も目立つようになり、物質的にも人的にも戦争を継続するための資源が枯渇しつつあった状況が浮き彫りになる。この頃、日本国内で出版を営む業者は三、三九五社、出版事業に携わる公益団体数は一、三五六を数えたが、政府はこれらの業者、団体を束ねるために出版事業令を公布し、統制団体を設立する。それが特殊法人・日本出版会である。

日本出版会はすべての出版物に対して原稿またはゲラ刷りによる事前審査制を強化した。また、「国家の要請するところに従って、国策の周知徹底、宣伝普及に挺身し、以て国策の施行実践に協力する」ことを目的に一九四二年五月に結成され、機関紙『文学報国』を発行した日本文学報国会、および一九四三年三月に結成された大日本言論報国会、日本美術報国会などをとおして、戦時下の言論統制をより強固なものにしていく。一九四三年一〇月には政府の意向を体現する企業整備委員会が設置され、その機構運営の両翼として資格審査会と関係各庁の官吏、出版会の役職者等で構成する企業整備委員会が組織される。

統制団体の設立によって雑誌は時局雑誌として整理統合が進められ、一九四四年二月には国民大衆雑誌が『富士』『日の出』の二誌に、総合誌が『公論』『現代』『中央公論』のみとなる。(3) さらに、同年七月からは用紙制限強化のため新聞も月・火・木の週三回・二頁立てになっている(同年七月一五日には『朝日新聞』、『毎日新聞』、『読売新聞』の三紙が非常時に対処した相互援助を取り決める)。この年、一、六〇六あった新聞雑誌のうち一、三七八が廃刊されていることからも、日本国内の出版事情がいかに逼迫していたかが理解できる。

一九四五年六月以降は空襲による印刷所、製本所の焼失、輸送の混乱などにより出版活動が壊滅的状況となる。日本出版配給統制会社が五月二一日から終戦までのあいだに取り扱った新刊書籍は月々四〇点ほどしかなかった。

## 2　占領期におけるＧＨＱの検閲

終戦後の一九四五年九月一〇日、ＧＨＱは覚書を発し、「日本の軍国主義的国家主義の根絶」と「自由主義的傾向の奨励」のために占領下にある日本の「言論及新聞の自由」に関し、「最小限の制限」を加えることを布告する。この布告にもとづき、一九四五年九月一九日にはプレスコード（日本に与うる新聞遵則）が定められ、占領軍による検閲の原則が明らかになった。

検閲を担当したのはＧＨＱの参謀第Ⅱ部（ＧⅡ）および民間諜報局（ＣＩＳ）に属した民間検閲局＝Civil Censorship Detachment（以下、ＣＣＤ）であった。もともと、軍事作戦上の情報部隊を母体とするＣＣＤは、民間通信（郵便、無電、ラジオ、電信電話、旅行者携帯文書その他）、新聞、雑誌、単行本などの出版物、放送、通信社経由のニュース、音楽、映画、演劇など、あらゆるメディアの表現を統制することを目的とする検閲を行った。ＧＨＱは、一方で表現の自由を保障する新憲法の制定を急ぎつつ、同時に、水面下でプレスコードの通達や新聞、雑誌、書籍などの検閲を実施し、占領政策の円滑な浸透をもくろむのである。

戦時下で内務省が行った検閲とは方法や目的が違っているため、同時代を生きた日本人の多くは

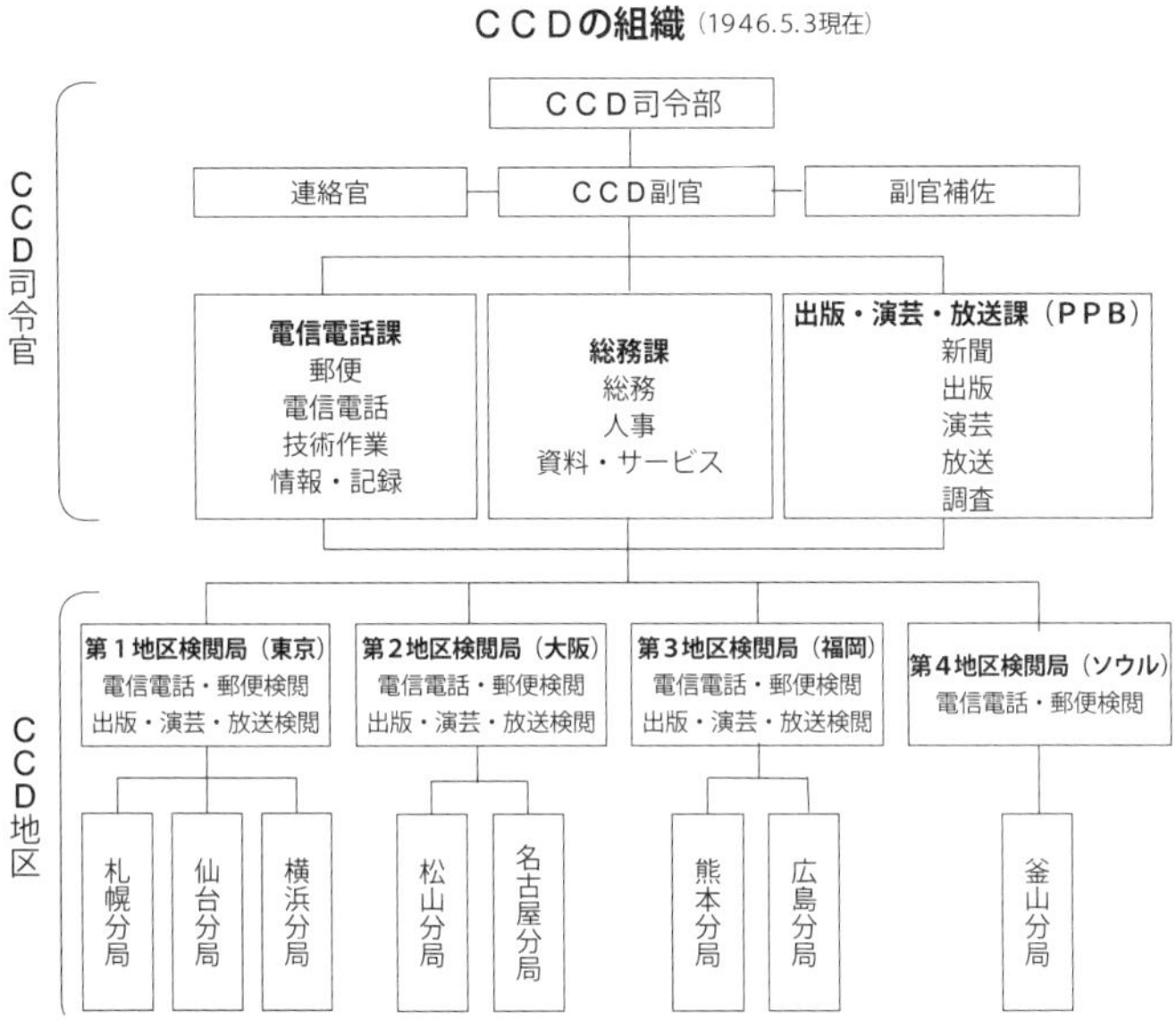


【図版１】ＣＣＤ組織図：『メリーランド大学所蔵プランゲ文庫展記念図録』（2000年８月15日、編集発行・ニチマイ、発売元・日本図書館協会）に基づいて新たに作成したもの。

検閲の実態を知ることがなかったが、のちになって公開された資料をみる限り、それは極めて厳格かつ周到なものであった。東京（第一地区）、大阪（第二地区）、福岡（第三地区）に置かれた検閲局では[4]、民間におけるすべての通信報道活動に対する検閲がなされ、特に要注意とみなされた人物は電話の盗聴も行われた。その組織は郵便、電信、電話を担当する通信部門と、新聞、図書、雑誌、映画、演劇、放送番組、学校新聞、ミニコミ誌などのメディアを担当するＰＰＢ（Press Pictorial Broadcasting Division）に分かれている。

占領軍による検閲は一九四五年九月一〇日に布告され、順次検閲が開始されたが、同じ占領期であっても検閲の形態は、（1）事前検閲（一九四五年九月—）、（2）事後検閲（一九四七年八月—）、（3）CCD解散（一九四九年一月三一日）以後に分類できる。特に雑誌を含む定期刊行物の事前検閲では、「雑誌及ビ定期刊行物ノ事前検閲ニ関スル手続」という通達が出され、

五、ゲラ刷ハ出版社ガ要求セラルルコトアルベキ訂正ヲナスニ十分ナル時間的余裕ヲモツテ提出スルコトヲ要ス。尚、紙型ハ、出版者ガ承認セラレタルゲラ刷ヲ当検閲部ヨリ受領シテ指示セラレタル訂正ヲ間違ヒナク履行セル上ナラデハ、之ヲ作製セザルモノトス。

……

九、訂正ハ常ニ必ズ製作ノ組直シヲ以ツテナスベク、絶対ニ削除個所ヲインキニテ抹消シ、余白トシテ残シ、或ハソノ他ノ方法ヲ以テナスベカラズ。尚、ゲラ刷ヲ提出セル後ハ、当検閲部ノ承認ナキ追加又ハ変更ヲナスコトヲ得ズ。

……

十一、事前検閲ノタメ提出セラレタル雑誌ソノ他ノ刊行物ハ、ソノ代表者ガ当検閲部ヨリ承認セラレタルゲラ刷一綴ヲ受領スル以前ニ之ヲ印刷シ、配布シ、或ハ販売スルコトヲ得ズ。

（必要な条文のみ抜粋　※筆者注）

という指示が出されていた。この項目をみると、ＧＨＱが自らの検閲の実態を隠匿することに対して用意周到な方略を練っていたことがわかる。彼らは日本人に対して厳しい検閲を課すだけでなく、検閲の事実そのものを見えないようにすることによって、戦前の軍国主義や言論弾圧から日本人を解放した救世主としてふるまう権利を得ようとしたのである。

実際、この通達には第九条を補うものとして「出版社への注意書」なる文書が作成されており、以下のような細かい指示が出されていた。

一、削除を指令されたる場合は左の如き行為をせず必ず組み変へ印刷すること。

1、墨にて塗りつぶすこと

2、白紙をはること

3、〇〇〇等にて埋めること

4、白くブランクにすること

5、頁を破り取ること

二、表紙奥付、序文、目次、写真、広告、其の他如何なる記事も当事務所の許可なく挿入、追加、削除、変更するを得ず。

三、ゲラ刷は必ず製本内に入る総ての記事及び第二条に示されたるものを包含するものとす、
　且つ二部とす。
四、書籍は理由の如何を問はず事前検閲とす。
五、ゲラ刷受領日には間違ひなく受領に来られ度し。
六、ゲラ刷の＝〃〇□×等の記号は出来得範囲でこれを避けもし止むを得ず使用する場合には
　必ず其の意味する「仮名」又は「漢字」をもつて書き込むこと。
七、印刷後の納本は理由の如何を問はず遅滞することを禁ず。

以上は検閲の手続きに関する事項だが、当然のことながら、ＧＨＱは記事の内容に関しても厳しい制限を加えた。ＧＨＱの検閲指針（一九四六年一一月）には、「削除または掲載発行禁止の対象となるもの」として以下の項目が列記されている。

一、ＳＣＡＰ――連合国最高司令部（司令部）に対する批判
二、極東軍事裁判批判
三、ＳＣＡＰが憲法を起草したことに対する批判
四、検閲制度への言及

五、合衆国に対する批判
六、ロシアに対する批判
七、英国に対する批判
八、朝鮮人に対する批判
九、中国に対する批判
十、他の連合国に対する批判
十一、連合国一般に対する批判
十二、満洲における日本人取扱についての批判
十三、連合国の戦前の政策に対する批判
十四、第三次世界大戦への言及
十五、ソ連対西側諸国の「冷戦」に関する言及
十六、戦争擁護の宣伝
十七、神国日本の宣伝
十八、軍国主義の宣伝
十九、ナショナリズムの宣伝
二十、大東亜共栄圏の宣伝

二十一、その他の宣伝
二十二、戦争犯罪人の正当化および擁護
二十三、占領軍兵士と日本女性との交渉
二十四、闇市の状況
二十五、占領軍隊に対する批判
二十六、飢餓の誇張
二十七、暴力と不穏の行動の煽動
二十八、虚偽の報道
二十九、ＳＣＡＰまたは地方軍政部に対する不適切な言及
三十、解禁されていない報道の公表

連合国に関する「批判」が国別に項目化されていること、宣伝行為に関する禁止内容が細かく規定されていることからもわかるように、ＧＨＱは日本人の精神性や認識のありようを徹底的に分析し、あらゆる可能性の芽を摘み取っている。戦後の困窮した生活のなかで表面化しつつあった「飢餓」「暴力」、そして「占領軍兵士と日本女性との交渉」についても言論を封殺し、人々の不満が募るのを抑止している。

さらに注目したいのは、「連合国の戦前の政策に対する批判」、「ナショナリズムの宣伝」、「その他の宣伝」、「解禁されていない報道の公表」といった抽象的な項目を掲げ、戦前の内務省と同様に、処罰の対象とするかどうかの判断がＧＨＱ側の見解によっていかようにも動かせるようにしていることである。時の権力は、ここでも出版に携わる人々を疑心暗鬼に陥れ、彼らが自発的に際どい話題を回避するようにする仕掛けを施している。

形式、内容それぞれに関する厳密な検閲を経て、問題なしとされた印刷物にはＣＰ印（Censor Pass Stamp）が押され、ようやく発行許可となった。一方、違反があるとみなされた場合はゲラに一部削除（delete）、保留（hold）、発禁（suppress）などの指示がなされ、これらを修正して発行することが義務づけられた。

内務省が行った伏字などによる検閲と違い、ＣＣＤの検閲は削除の痕跡そのものを残さず、前後の文脈にうまく辻褄をつけるようにされていたため、当時の日本人は検閲がなされているという事実そのものに気づかなかった。また、ＣＣＤは強権的な検閲によって文筆に携わる人間や出版社を脅迫するのではなく、日本政府を介した事前通達を徹底した。つまり、直接的には顔を出すことなく、われわれの指示に従ってさえいれば〝表現の自由〟を保障するからおとなしくした方が得だろうと迫ることで自主規制を促した。こうした目にみえないかたちでの支配は、ＣＣＤ解散後も、日本の出版界に深い爪痕を残したといわれている。

## 3　敗戦後の〝紙飢饉〟とセンカ紙ブーム

戦前から戦中にかけての日本は、主に樺太、満洲、朝鮮半島などの植民地に大規模な製紙・パルプ工場を建設し、廉価な原材料と労働力を活かして国内需要の約五割を外地で生産していたが、敗戦によってそのすべてを失うことになった[5]。一九四五年一〇月六日、ＧＨＱは戦時中の出版事業令および同施行規則をすべて廃止する。こうして、多くの製紙工場が閉鎖され印刷業者も罹災しているなか、自由企業となった出版・取次業が雨後の筍のように創業・復活することになる。

山田邦夫は「占領期検閲雑誌の整理・保存事業について」（『Intelligence』創刊号、二〇〇二年三月）において、「出版市場に出回る雑誌ならばともかく、内輪用のガリ版誌までもがなぜ検閲に差し出されたのか。私には確証があるわけではないのだが、検閲時代の生き証人でもあった村上氏（メリーランド大学図書館に所蔵されていたプランゲ文庫の管理を担当していた村上寿世氏　※筆者注）が言っておられた、当時は検閲と紙の配給がセットになっていたということはひとつのヒントになるだろう。さらに彼女によれば、紙の配給をより多く受けるために、紙の割り当ての多い新聞に切り替える雑誌があったが、発行頻度を保つことができず結局雑誌に戻ってしまうこともあったという。（中略）紙の配給がいったん認められればあとはなんとでも、と考えたのではないかと疑いたくなるような雑誌もあった。たとえば新英社『アメリカ』（A219）という雑誌は、賀川豊彦の「アメリカに学ぶ」などを掲載し文化雑誌としての体裁を整えて創刊したのだが、次号のゲラでは早くも風俗雑誌に衣替えをしようとしていたことが伺《ママ》える」と指摘するように、この時代の「文化雑誌」はさまざまな知恵と工夫で検閲をかいくぐろうとしていた。新聞社にとってもっとも懸念されるのは、検閲による削除や発禁処分ではなく、用紙の配給を受けられない事態に追い込まれることだったのである。

当然、市場では壮絶な用紙の奪い合いがはじまる。混乱を回避するために、GHQは用紙配給に関する新聞および出版統制団体の統制の排除に関する覚書（一九四五年一〇月二六日）を発し、一一月一日から政府の責任において用紙の割当配給を行うことを決める。同年一〇月二八日の『朝日新聞』（朝刊）には、「紙の配給、政府で新機構」という見出しとともに、

> 連合国総司令部は日本における新聞および出版統制団体の用紙配給統制を撤廃する件につき二十六日付をもつて日本帝国政府に次の如く指令した。／一、日本政府は一千九百四十五年十一月一日或はその後において可急《ママ》的便宜とする時日に出版業者に対する新聞用紙並に洋紙配給の責任をとること／二、現在新聞用紙及び洋紙の配給統制に当つてゐる日本新聞連盟並に日本出版協会はその配給機能を停止すること／三、日本政府は書籍及び雑誌に対し洋紙を配給する責任に

当るべき部と新聞用紙配給の責を有する紙割当機関を創設すること 右の各部は（A）政府官吏（B）大小出版業者の代表 （C）少くとも三名の知名なる第三者をもつて構成すること

という記事が掲載されているが、この詳細かつ厳密な規定からは、用紙の統制に対する並々ならぬ危機感が伝わってくる。それは「覚書」というより「指令」であり、いざとなればいつでも配給を停止するという強権発動を含んだ取締りだったといえるだろう。

だが、GHQや日本政府の介入にもかかわらず、敗戦後の混乱にともなう用紙事情は著しく悪化する。一九四六年九月には、過去一年間の出版用紙割当量二、三〇〇万ポンドのうち八〇〇万ポンド以上が現物化されず、出版業界がこぞってヤミ用紙の購入に奔走せざるを得ない事態になる。敗戦直後に出回っていた戦前からの隠匿紙や軍部からの横流し品も底をつき、用紙事情は悪化の一途を辿ることになる。吉田敏和『紙の流通と平田英一郎』（一九八八年、紙業タイムス社）が当時の様子を、

――資源と生産設備の両面に大きな戦争の被害を受けた紙パルプ業界は、敗戦直後から生産の復興に取り組むが戦争による被害は甚大で、生産設備の被害と敗戦による樺太などの海外領土の喪失により、設備能力は昭和16年の半分以下に減少し、原木の過半数を失い、さらに電力、石炭の供給も乏しく21年における紙・板紙・和紙の生産量は4億6千2百50万ポンドに落ちこみ、16年

の33億3千8百万ポンドに対し14％弱と惨たんたるもので前途の見通しは全く立たなかった。〝紙飢饉〟と呼ばれる言葉に、その時代の苦悩が表徴されている。

と記録しているとおり、敗戦後の日本の用紙生産に関する設備能力は一九四一年のわずか「14％弱」という惨澹たる状況に陥るのである。

ちなみに、戦前の日本においては、一九三三年五月に王子製紙、富士製紙、樺太工業の三社が合併して新たに誕生した王子製紙が国内の紙生産量の八割以上を占める独占的な企業となり、大王子製紙とも称されていた。だが、敗戦により外地の資産をすべて喪失するとともにGHQの財閥解体政策の対象とされた王子製紙は、一九四八年八月に過度経済力集中排除法に基づいて解体され、全国の一四工場も第一＝苫小牧・釧路、第二＝東京十條・伏木、第三＝江戸川・富士・岩淵・中津、第四＝淀川・都島・熊野、第五＝小倉・坂本・八代の五ブロックに分割されたうえで、苫小牧製紙株式会社、本州製紙株式会社、十條製紙株式会社に継承される。

こうした状況のもと、大手出版社は製紙業者に直接、原木・石炭等の生産資材を提供して用紙を調達することで急場を凌ごうとする。いわゆる(炭)・(木)バーター制という方式である。前出『紙の流通と平田英一郎』が「(炭)・(木)方式は需要者側が石炭または木材を製紙会社に持ち込めば、公定価格で紙と交換するバーター制である。紙の入手難に悩む出版社と、石炭、電力などの割当てに恵まれず原料難でもある製紙会社との間に考えられた方式である」と解説しているように、この方式は用紙不足に悩む出版社が製紙会社に直接原料を届け、それに応じた用紙と交換することを原則としている。当然、出版社側は製紙工場の近隣またはアクセスのよい地域に営業所をかまえて用紙獲得につとめることになる。戦後、多くの製紙工場を抱えていた北海道と九州に注目が集まり、出版社がこぞって札幌、福岡に営業所を設けるようになる背景には、(炭)・(木)方式で取り引きされる用紙をより大量に入手するための戦略という側面もあったと考えられる。

　ただし、(炭)・(木)方式で用紙を入手できるのは相応の資本力を備えた出版社、新聞社だけである。用紙の絶対量が不足するなか、多くの新興出版社が目をつけたのは静岡の製紙業者が開発し、砕木パルプや古紙を原料として製造・販売されていたセンカ紙と呼ばれる粗悪な再生紙だった。『十條製紙社史』（一九七四年三月、十條製紙株式会社、非売品）が、

> 戦後の紙不足は、中小製紙会社の台頭をうながすところとなり、ＧＰと故紙を原料として円網機で抄いた「せんか紙」は統制外であったところから、争ってこれが生産された。現在の更紙より数等品質の劣る粗悪紙であったが、紙ならなんでも売れた時代であった。（中略）紙の生産に最もネックとなっていた石炭は、二十四年九月に統制撤廃となってやや入手し易くなっていたが、電力はその復興が諸産業の復興の速度について行けず、慢性的供給不足となっていたうえ、

二十四年夏は未曾有の渇水で電力事情は極度に悪化していた。またSPは、その主要生産設備が樺太にあったから、戦後は全く不足の状態が続き、二十五年一月に民間貿易が再開されるまでは輸入の道もなかった。そのため、極度の品不足が続いていた。

と記すように、敗戦後、外地の製紙工場をことごとく失い、他国からの輸入もごく一部しか許されていなかった日本において、正規ルートでの配給を受けることができずバーター制での用紙入手も困難な新興出版社が頼みの綱とするのは、量、価格ともに「統制外」とされたセンカ紙だった。逆にいえば、このセンカ紙が大量に出回ったことでそれまで印刷出版に縁のなかった素人が一攫千金を求めて業界に参入し、カストリ雑誌をはじめとする粗悪な雑誌のブームを巻き起こすのである。

正規の配給と(炭)・(木)方式によってかろうじて用紙を確保している大手の出版社、新聞社からすれば、そのような統制外の用紙が出回るのは由々しき事態である。講談社、中央公論社、主婦之友社、文藝春秋新社などの主要出版社一八社が結成した日本出版連盟は、一九四七年四月、雑誌の継続的な発行がおぼつかないとして政府への働きかけをはじめる。新聞及出版用紙割当委員会も業界の混乱を避けるため非常措置の声明を出し、「低俗出版物を抑止するために、不良出版物には用紙の割当てを行わない」ことを目的化する。原則として割当て以外の用紙使用を認めないこと、書籍は初版ゲラ刷りにより文化的価値判断に基づく厳選主義で割り当てることなどの割当新原則を定めてセンカ紙の排除にのりだす。作家の今日出海は、「下積みの時代」（『月刊読売』一九四七年八月）というエッセイに、「雑誌が一斉に六十四頁になつた。昔の雑誌は厚いのが自慢だつた。カツレツやビフテキもぽつてり厚い奴が見られぬのに雑誌だけがふくらんでいられる筈がない。量を減じて、さて質がそれだけ埋め合わるだろうか。紙の分配に統制の枠は外せぬなら、本屋の数の制限をなぜ撤廃したのだろう。公平に、公平にといつてる間に出版文化はやせ細つてしまうだろう。紙の問題をもつと真剣に考える大臣が出てもいゝ。紙の問題は重大だというと、その分配を内閣で処理することになつた。内閣がやろうがどこでやろうが分配すべき紙の量は減るばかりである」と記しているが、それは同時代を生きた出版関係者のほとんどが感じていた憤懣だろう。

*

　これまで、戦中から戦後にかけての言論統制と、紙不足の実態（さらに紙の配給という形の言論統制）を駆け足で述べてきた。こうした状況下にあって、出版関係者たちはどのようにして新しい雑誌を世に送り出したのか。そこにはどのような言説が掲載されているのか。以下、新たに発見された雑誌たちを読むことで戦中戦後出版文化史の森に分け入ってみよう。

# 第1章　幻の外地日本語雑誌『月刊毎日』

## 1 『月刊毎日』発見の経緯

文学研究者にとっての古書店は刺激に満ちた資料空間である。なかでも、その土地に根ざして長く商売を続けてきた古書店の棚を覗くことには格別の悦びがある。それらの古書店には必ず郷土資料や地域研究のコーナーがあり、他では見たことのない資料に出遭うことができるからである。インターネットでの検索による図書の購入が当たり前になっている現在ではこうした古書店が激減しているが、書架に並ぶ本や雑誌を直に手に取ることの悦びは何ものにも替えがたいものがある。

二〇一五年八月上旬、熊本近代文学館での資料調査を終えた私は、いつものように古書店に足を向けた。特に期待をもっていたわけではないが、その日、書架に茶色い雑誌が束になって置かれているのをみつけたときは心がときめいた。さっそく束を手にとってみると、そのなかに『月刊毎日』というタイトルの雑誌が混じっていた。

最初にこの雑誌を手にとったとき、私はいままで見たことのない誌名に驚き、どこかのいかがわしい出版社が毎日新聞社の名前を騙って発行したのだろうと思った。『月刊毎日』という汎用性の高い名前をつけて読者を誑《たぶら》かそうとしているのだろうと類推した。ところが、その雑誌の奥付には「月刊

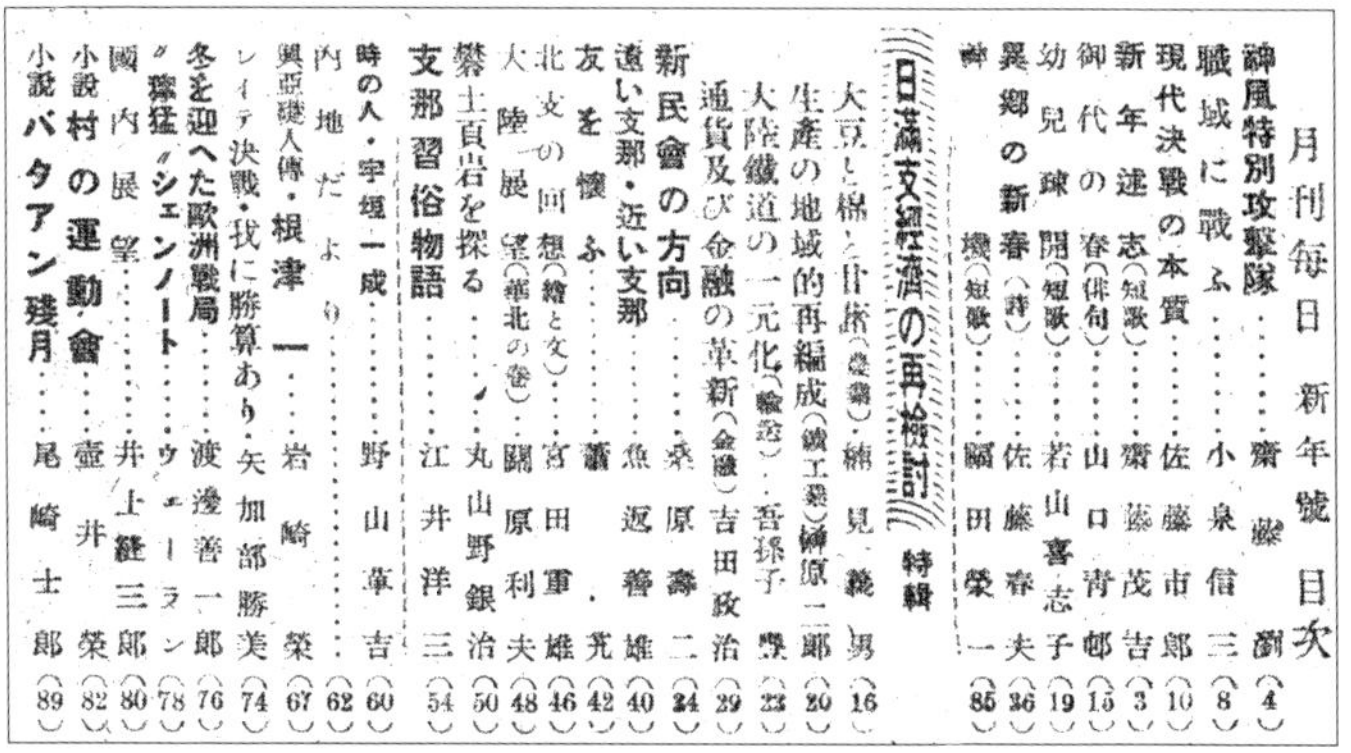
月刊毎日 新年號目次

神風特別攻撃隊……齋藤瀏（4）
職域に戰ふ……小泉信三（8）
現代決戰の本質……佐藤市郎（10）
新年述志（短歌）……齋藤茂吉（3）
御代の春（俳句）……山口青邨（15）
幼兒疎開（短歌）……若山喜志子（19）
異郷の新春（詩）……佐藤春夫（36）
神機（短歌）……關田榮一（85）

特輯 日滿支經濟の再檢討
大豆と棉と甘蔗（農業）……納見義男（16）
生産の地域的再編成（鑛工業）……榊原一郎（20）
大陸鐵道の一元化（輸送）……吾孫子豐（23）
通貨及び金融の革新（金融）……吉田政治（29）

新民會の方向……桑原壽二（24）
遠い支那・近い支那……魚返善雄（40）
友を懐ふ……蕭乾（42）
北支の回想（繪と文）……宮田重雄（46）
大陸展望（華北の巻）……關原利夫（48）
礬土頁岩を探る……丸山野銀治（50）
支那習俗物語……江井洋三（54）
時の人・宇垣一成……野山草吉（60）
內地だより……（62）
興亞礎人傳・根津一……岩崎榮（67）
レイテ決戰・我に勝算あり……矢加部勝美（74）
冬を迎へた歐州戰局……渡邊善一郎（76）
〃獰猛〃シェンノート……ウェーラン（78）
國內展望……井上縫三郎（80）
小說 村の運動會……壺井榮（82）
小說 バタアン殘月……尾崎士郎（89）

【図版2】第2巻第1号目次。

毎日第二巻第一号一月号定価一部金五円昭和十九年／民国三十三年十二月二十日発行 編輯兼発行人・伊東重任、印刷人・田中荘太郎 北京東城東単三条胡同廿六 発行所・毎日新聞社北京支局内 月刊毎日社 北京阜成門外北礼士路 配給元・新民印書館 電話（二）二一三〇―三三」とある。同誌は、戦争末期の一九四四年に毎日新聞社の北京支局が発行した正統な総合雑誌だったのである。

あらためて同誌の目次をみると、斎藤茂吉、佐藤春夫、山口青邨《せいそん》、壺井栄、尾崎士郎らの著名作家が寄稿している【図版2】。論説についても、二・二六事件で反乱軍を援助した陸軍の要人・齋藤瀏《りゅう》、岸信介・佐藤栄作兄弟の長兄にあたる佐藤市郎[1]、慶應義塾の塾長（一九三三―四七年）であり皇太子明仁親王の教育責任者も務めた小泉信三などが名を連ねている。分量は一〇〇頁あり、紙質も極めて良く、同じ時期に国内で発行されていた時局雑誌とは比較にならないほど贅沢な雑誌だといえる。詳細は後述するが、どう考えても一九四五年一月号の雑誌とは思えないというのが率直な印象だった。

実際、『月刊毎日』と同じ時期に同じ毎日新聞社が国内で発行していた『週刊毎日』(三月二五日号)で比較すると、後者は定価一部二〇銭(郵税二銭)、二四頁という貧弱さであり、定価五円で一〇〇頁を超える豪華雑誌である『月刊毎日』とは雲泥の差がある。記事も、座談会「国民総武装戦の構想」、堤千代の連載小説「飛行機雲」、農商省山林局・伊藤清三「松の根からガソリンと重油」、座談「撃墜王遠藤中佐を偲ぶ」、村岡花子「戦ふ生活から――二題「ご機嫌よう」」、野間仁根「魚歌鳥笑記」、中村了「数奇な運命に弄ばれた抗日女闘士の告白」などが主な記事で、窮乏する国民の生活を尻目に総力戦への訴えが続いている。

そこで、まずは同社が『月刊毎日』という雑誌に関してどのような情報をもっているのかを確認すべく、毎日新聞社西部本社に連絡した。翌日にはさっそく同社に出向き、複数の記者に雑誌の現物を確認してもらうとともに社内記録の調査を依頼した。また、国立国会図書館、大学機関、公共図書館等の検索システムで同名のタイトルを探索するとともに、一八七二年からの「毎日新聞」をキーワードと日付でデータベース化した「毎索」を調べた。だが、いずれも該当する項目はなく、毎日新聞社社史編纂委員会編『毎日新聞七十年』(一九五二年、毎日新聞社)にも同誌に関する記述はなかった。

こうして一カ月ほどが経ち担当記者から連絡をもらったが、この段階では「社内資料にも記録が残っていない」という返答であった。唯一、私が見つけた第二巻第一号に執筆している「井上縫三郎」という人物は一九四三年一二月一六日から「毎日新聞東京本社の政経部」に在籍していたことが人事課で確認できたとの報告があり、この段階で『月刊毎日』の編集に毎日新聞東京本社がかかわっていたことは突き止められた。さらに、毎日新聞社に関する文献資料を渉猟していくなかで、一九四一年に入社し、戦中・戦後における同社の内情に通じていた野村尚吾が書いた『サンデー毎日の歩み 週刊誌五十年』（一九七三年、毎日新聞社）に、「昭和二十年には、実動部隊は柴田四郎、杉本士朗、松田ふみ子となり、さらにその年の六月には、柴田も北京で発行していた『月刊毎日』の岸哲男と交代すべく、東京を去るという状況になった」という記載があることがわかった。同書にそれ以上の言及はないが、この記述によって『月刊毎日』は東京本社のスタッフが交代で北京に赴いて編集していたこと、当時を知る人々のなかで『月刊毎日』という雑誌が発行されていた事実を意図的に隠蔽しようという意識はなかったことが明らかになった。『月刊毎日』という雑誌は、日本国内の資料機関において一冊も所有されていないどころか、このような雑誌が存在したという事実すらほとんど継承されないまま現在に至っていたのである。

続いて、熊本の古書店で入手した『月刊毎日』第二巻第一号に掲載された文芸作品がその後どのようなかたちで全集や単行本に所収されているかを調査することにした。同誌の寄稿者には著名な作家も多いため、全集等で書誌情報を確認し、作品に関する自解をみつけることができるかもしれないと考えたわけである。その結果、佐藤春夫「異郷の新春」（詩）と壷井栄「村の運動会」（小説）に関しては、いずれも全集未収録・未刊行の新資料であり、研究書や評伝にもそれらの作品に関する言及がないことが明らかになった。斎藤茂吉「新年述志」（短歌五首）については、『斎藤茂吉全短歌』（一九八二年、岩波書店）と旧五六巻本『斎藤茂吉全集』（一九五二―五七年、岩波書店）第一巻―第六巻の歌集には収録されていないものの、三六巻本『斎藤茂吉全集』（一九七三―七六年、岩波書店）第四巻「短歌拾遺」、すなわち、手控えのメモとして収められていることがわかった。また、斎藤茂吉記念館学芸員・後藤明日香氏からのご指摘により、手帳に「〇新年述志五首、麹町有楽町一ノ十三、毎日新聞社（北平『月刊毎日』岸哲夫《ママ》、十一月十三日（月曜ノ朝迄））」（三六巻本『斎藤茂吉全集』第二八巻「手帳五十五」自筆資料）と書き記されていること、同じく三一巻の日記（一九四四年一一月二日）にも「ヒロポン一錠服用シテ作歌セントシタトコロガ、岸哲夫《ママ》君（毎日新聞月刊毎日）来リ歌ヲタノンダ」とあることがわかった。

岸哲男は第二巻第五号から『月刊毎日』の編集長を務める人物であり、「昭和十九年十一月二日」に直接、斎藤茂吉のもとを訪問して短歌の執筆を依頼していたことは、この雑誌の編集体制を考えるうえで重要な意味をもつ。この頃、同氏が東京の毎日新聞社所属だったのか出張というかたちで北京支局から斎藤茂吉のもとを訪ねたのかは不明だが、少なくとも『月刊毎日』の編集担当者が日本国内でも活動していた事実が判明したからである。

以上の調査によって、『月刊毎日』が戦争末期から今日に至るまでの日本でほとんど認知されることのなかった幻の雑誌であることは判明したが、同誌が北京で発行されている以上、主たる読者は当時の中国大陸で暮らしていた日本人、および、日本語の識字能力を有する在住者である。そこで、戦争末期に北京周辺で発行されていた日本語雑誌に関する資料として『大東亜地域新聞雑誌総攬』（一九四五年三月、興亜総本部調査部編）の「雑誌之部 北支之部」にあたった。同総攬によれば、当時、北京周辺では『燕東支部報』『燕京大学』『華北教育』『華北建設』『華北石炭奉公団々報』『華北宣伝報』『華北電々』『華北農報』『華北評論』『華北貿易総聯合報』『経済週報』『協励』『建設報戦』『興亜』『興亜前線』『厚生文化』『黄土』『工勢研究』『支那ノ友』『春聯』『書参』『祈華北』『商工会議所所報』『生活報』『礦石』『東二教育』『北京日本居留民団報』『北電』などの日本語雑誌が発行されていたが、残念ながら総攬に『月刊毎日』に関する記述はなかった。出版元となっている毎日新聞社北京支局に関しても、安藤徳器編『北支那文化便覧』（一九三八年一〇月、生活社）の「新聞 通信 雑誌」の部に、大阪毎日新聞社が北京に支局を置いているという記述があるものの、それ以上の情報は得られなかった。

次に、『毎日新聞七十年』（前出）をもとに、毎日新聞社が外地で発行していた雑誌に関する情報を調査したが、同書には当時の台湾の状況が「新聞とは別に五月一日から『サンデー毎日』に準じた総合文芸雑誌『旬刊台新』三万部を発行、八月一日から本社と同じ扁平活字を使用した」、「大阪本社では昭和十三年十一月以来、半月刊の『華文大阪毎日』を発行、内地から北支、蒙疆方面にかけて相当の読者を持っていたが、十八年になって中支の現実態に即したものの発行が必要となったので、三池亥佐夫、原田稔両氏らが『華文大阪毎日上海版』を発行、五月十五日文友社を設けて半月刊雑誌『文友』と改題して創刊、二十年七月十五日の第五三号で休刊、同八月三十日文友社は閉鎖した」と記述されているだけで、『月刊毎日』に関する情報は得られなかった。

ちなみに、ここに登場する『華文大阪毎日』という雑誌は、大阪毎日新聞社と東京日日新聞社の共同発行というかたちで、一九三八年一一月一日号から四五年五月一日号まで一四一冊が発行された半月刊雑誌である。[2] 創刊時の主編は大阪毎日新聞社の平川清風。実際の編集担当は多く中国人であり、中国語によって日本の国策を中国人民に宣伝・啓蒙すること、文化活動を通じて戦争の遂行に寄与することを目的としていた。誌面の三分の一は文芸欄であり、懸賞つきの投稿などもあった。中国人読者を意識した誌面構成が人気をよび、発行部数は数十万（最盛期には一〇〇万部）に達したという。

また、同書によれば、盧溝橋事件から終戦直前までのあいだに大陸戦線に派遣された毎日新聞社の特派員、支局員は北支二一三名、中支三〇七名、南支八三名、海軍関係五四名、合計六五七名を数えた（これは大阪本社人事部にある書類上の数字で、実数はそれを大きく上回っていた）。この数字は延べ人数であるため、同時期にどの程度の人員が配置されていたかは詳らかでないが、少なくとも、戦時下の北京周辺で充実した日本語雑誌を編集することができる体制が整っていたことは確かだろう。

日本を代表する新聞社のひとつである毎日新聞社から発行され、戦争末期の総合雑誌としては驚くほど充実した執筆陣と内容を誇っているにもかかわらず、日本国内に出版の記録が残っていないことに愕然とした私は、中国の資料保存機関にこの雑誌が所蔵されているかどうかを調査するしかないと考え、中国国内にある大学図書館のデータベースにあたった。その結果、創刊号以降の『月刊毎日』（一九四四年一一月の創刊号から終戦を迎えた一九四五年八月の第二巻第八号まで、全一〇冊のうち八冊）が北京大学に所蔵されていることがわかった。中国国内でも他には保存されておらず、それだけが唯一の現物資料であることも明らかになった。果たして、どのような経緯で北京大学図書館に『月刊毎日』が所蔵されることになったのかは不明だが、所蔵状況から鑑みて雑誌発行時に継続購入していたものではなく、特定の個人が寄贈したものである可能性が高い。

　そうしたなか、北京大学でみつかった雑誌の目次を確認したところ、第二巻第二号に大佛次郎が「遅桜」という短編小説を書いており、自身が残した『敗戦日記』（一九九五年四月、草思社）のなかで「夜になってから月刊毎日の仕事にかかる。花頃の昭堂を書く（八枚）。十二時過ぎる。酉子を相手に白鹿を飲んでいるとまた警報。三時近くなりその後の警報は構わず酔って寝て了う」（一九四四年一二月六日）、「遅桜を続け深夜になりて筆を置く。また警報出で静岡県下に投弾と情報を放送。白鹿二本目に手をつけて寝る」（同七日）、「「遅桜」に手を入れ送り新聞一回」（同八日）と記していることを確認した。

　また、同一二月二二日の記述には「松浦君が夕方遅桜の校正持ち来たる」とあり、『月刊毎日』の原稿は東京の毎日新聞社内で校正作業を行い、それを北京に送って印刷・発行していたことがわかった。同じ時期、『朝日新聞』に「乞食大将」を連載していた大佛次郎にとって、『月刊毎日』からの原稿依頼はそれほど大きな意味をもたなかったらしく、雑誌に関する記述は特になかったが、大佛次郎の日記からは、（1）翌年二月号に掲載される小説を約二カ月前に三日間で書き上げていたこと、（2）脱稿から二週間ほどで校正が届いていること、（3）校正作業が日本国内で行われていたこと、以上が明らかになった。『月刊毎日』の編集体制については今後の研究に委ねなければならない課題も多いが、少なくとも、同誌の編集が東京の毎日新聞社で密かに行われていたことは確かであり、戦争末期の言論統制に対するメディアの在り方をあらためて考え直す材料になるはずである。

　調査の結果を踏まえて、私は所在が確認できた八冊に関する目次を作成し、確認し得る範囲で内容を読み込んだ成果を「徹底検証・「月刊毎日」とは何か」（『新潮』二〇一六年二月）にまとめて発表した。同論発表直前には朝日新聞社の取材を受け、「占領下北京発 幻の雑誌／「月刊毎日」大戦末期の8号確認」という見出しで記事（『朝日新聞』朝刊、二〇一六年一月六日）になった。『新潮』に論考が掲載されたのちには、東京都立多摩図書館から情報提供があり、同館の「創刊号コレクション」に『月刊毎日』創刊号が保存されていることがわかった。[3] 北京大学所蔵の創刊号はデジタルカメラで撮影した資料だったため、内容を判読できない箇所があったが、同図書館所蔵の現物を手に取ることで、雑誌創刊に関するさまざまな情報を得ることができた。

さらに興味深かったのは、『朝日新聞』の記事や『新潮』の論考で新資料発見の事実を知った毎日新聞社からも連絡が入り、「社内データベースを検索した結果、資料室に同誌が所蔵されていた」という報告を受けたことである。[4]

さっそく毎日新聞社に出向き、同社の資料室に創刊号、第一巻第二号、第二巻第二号—第五号の六冊が所蔵されていることを確認した。バックナンバーの一冊は北京大学にも私の手許にもない第二巻第五号であることがわかった。そこで、急遽、同号の総目次と解題を作成して「『月刊毎日』発掘の続報」(『新潮』二〇一六年三月)を書き、前稿記述の誤りを訂正するとともに事後調査の結果を簡潔に報告した。『毎日新聞』にも「特異な執筆陣、時局批判も　戦時雑誌『月刊毎日』が示した見識」(夕刊、二〇一六年二月八日)を寄稿し、戦争末期の北京において特異な執筆陣を擁し、時局批判ともとれる内容を含んだ小説などを掲載した『月刊毎日』の価値を明らかにした。一連の報告を終えたあとには早稲田大学の鳥羽耕史氏からも情報が寄せられ、『米国議会図書館所蔵戦前期アジア関係日本語逐次刊行物目録』(一九九五年、アジア経済研究所)のデータベースを教えてもらうとともに、米国議会図書館に第一巻第二号、第二巻第一号—第五号、第八号が所蔵されていることがわかった。

以上の経緯を踏まえて、本書では東京都立多摩図書館が所蔵している創刊号(一九四四年一一月)、筆者が所蔵する第二巻第一号(一九四五年一月)、毎日新聞社が所蔵している第二巻第五号(一九四五年五月)、それに北京大学が所蔵する八冊(うち一冊は筆者の個人蔵と重複)を原紙として『月刊毎日』

の特性と資料的価値を明らかにしていく。また、戦争末期の北京において、なぜこれほど充実した内容の雑誌を発行し続けることができたのか、この雑誌がなぜ歴史に埋もれたのかを考察し、唯一所在が確認できていない第二巻第六号（一九四五年六月）の発見、および、復刻出版などにつなげていくための基礎作業を行う。大東亜共栄圏の思想や戦争の目的遂行を謳うようなプロパガンダの言説は最小限必要なものにとどめ、文学者の小説、評論、随筆、あるいは、戦後に活躍することになる言論人の評論などを中心に論述する。

## 2　一九四四年の北京における出版物の取締り

### 日本占領下の北京

『月刊毎日』は、一九四四年一一月から一九四五年八月まで毎日新聞社の北京支局に置かれていた月刊毎日社から発行された全一〇冊の総合文芸雑誌である。創刊号の奥付をみると、さきに紹介した第二巻第一号と同様、編集、印刷、発行が北京でされていたことがわかる。分量も各号一〇〇頁前後の厚みがあり、紙質も極めて良好である。さきにも述べたが、同じ時期に国内で発行されていた同系雑誌と比べると、戦局が刻々と悪化するなかでなぜこれほど贅沢な雑誌を編集・出版することができたのかという疑問すら生じる。外地の北京では国内のような用紙制限が行われておらず、印刷用紙を比較的調達しやすかったのかもしれないし、検閲も国内のように厳格にはなされていなかったのかもしれないが、それにしても両誌のあいだには著しい格差がある。そこで、まずは同時代の北京における出版物の規制や取締りの状況を確認することからはじめたい。

『月刊毎日』創刊当時、北京周辺で発行されていた『朝日新聞』北支版（坂本悠一監修・編集『朝日新聞外地版』二〇一一年、ゆまに書房）が、「支那の住民を富裕にするためには西北、西南地帯の開発がぜひ必要である。このことは支那民衆も十分知つてゐるはずであり、こゝに大東亜中央縦貫鉄道完成の意義がある、またこの鉄道の北方地域は満洲の水力発電、北支那の石炭によつて偉大なる動力があり、南方地帯はいはゆる世界の五大河川の集まるところであり、世界の他の経済圏より全く輸入を必要とせぬ豊富な資源を産出するところである、この北の動力と南の資源を結ぶ線としても最も重要な鉄道である、これによつて北方地帯の渤海湾、黄海沿岸（大連、青島、塘沽）は将来、世界的な大工業地帯となることと予想される」（一九四五年一月七日）と伝えているとおり、当時の日本人にとって、「支那」は膨大な資源に恵まれた新天地だった。将来、大工業地帯へと発展する可能性を秘めているこの土地でひと儲けしようとする人々も少なくなかった。

福島渡『北京叢書第一輯 北京の商工業』（一九四五年一月、東亜交通公社華北事情案内所）によれば、日中戦争勃発後、北京の街は劇的な変貌を遂げ、以下のような特徴をもつようになったという。

（イ）華北に於ける政治的中心地となつた。
（ロ）華北の産業開発を担当する重要国策会社乃至機関の本拠となつた。
（ハ）統制経済の進展に連れて、各種統制機関の司令部の所在地となつた。
（ニ）日本人、日本資本及び日本技術の飛躍的進出によつて、単に商業都市としての発展を見たのみでなく、工業都市としての性格をも具有するに至りつつある。

同書によれば、当時の北京には総戸数四〇、五九一戸の日本人が在住し、二、七〇五戸の日本商店（総投資額四、〇〇〇万円）が営業していた。業種別にみると、物品販売業が全体の三九パーセントを占めている他、旅館、料理屋業、日本人を対象とした小売業などが多かった。ただし、北京市内における日本人商店の戸数は一九四二年をピークに減少傾向へと転じ、翌年までに旅館・芸妓・料理業三三戸が減少していることも事実である。『北京叢書第一輯 北京の商工業』（前出）は、その状況を「統制の強化、景気の頭打ち、並に時局の緊迫性を雄弁に物語つてゐる」と説明している。

『月刊毎日』の発行に直接かかわる印刷および製本業でみると、一九四二年の工場数は三六が営業しており、日本系の主な製紙工場としては、大信製紙工場（資本金八四、六〇〇円、一九三九年設立）および燕京造紙廠（資本金一〇〇万円、一九二二年に設立された初超造紙廠を一九四一年に買収）が操業していた。また、貿易業に関しては一九三八年の三五戸が一九四三年には一三二戸に増加し、北京の市場に大きな影響を与えるようになっていた。

雑誌『北支』（一九四〇年一一月、第一書房）が、「殖える北京の邦人　一日平均四十五名」という見出しのもと、「北京における邦人の人口増加率は渡支制限により相当の影響を受けてゐるが依然として邦人の進出は物凄く、九月一日現在における戸数二万六千百九十八戸、人口六万九千八百三十五名を算へ、前月の六万八千四百七十九名に比較すると千三百五十六名の増で、一日平均約四十五名づゝの増加を示してゐる。内地人は邦人総人口の大部分を占め、五万二千八百四十七名、半島人は一万六千四百余名、台湾人は僅かに五百名足らずである。内地人を男女別にると、／男大人二万七千四百四十五名、小人五千二十一名で女は約半数の大人一万五千二百九十名　小人五千九十一名となつて居り、嫁一人に婿二人と云ふ勘定になる」と報じているように、一九三七年の盧溝橋事件後に日本軍が入城して以降、北京では日本人が爆発的に増加し、「淪陥区」とよばれる日本占領区ができていた。『北京三十五年――中国革命の中の日本人技師　上』（一九八〇年七月、岩波新書）を書いた山本市朗は、その頃の北京の様相を、

> 当時の北京には、日本政府の出先官庁をはじめとして、そのほか、日本人経営の学校、病院、銀行、デパートはもちろんのこと、料理屋、芸者屋、女郎屋から、屋台のおでん屋、寿司屋、その

ほかに、坊主に神主、八卦見に畳屋の職人、出稼ぎの歌手や役者に薬の行商人と、庶民の日常生活に必要なありとあらゆるものが、内地の小都市並みにそろっていた。／この十二万人の日本人の小都市と、二百万人の中国人の大都市とが、からみ合ったりもつれ合ったりしながら、北京の夜は明け、日は暮れていた。／東交民巷《トンチアオミンシアン》の旧租界では、日本の高級人士が毛唐どもを追い出して占領した豪邸で、青島《チンタオ》式の成金生活を楽しみながら、その他大勢の庶民たちをはるかに見くだして生活していた。

と回顧している。一二万人の日本人がわがもの顔で二〇〇万人の中国人を支配し、占領者としての享楽的な生活を送るような空間。それが当時の北京であった。

一方、当時の日本は満洲、中国、樺太、朝鮮に大規模な製紙・パルプ工場を建設して国内需要を賄う政策を進めており、北京では比較的、印刷用紙を入手しやすい状況が続いていたものと思われる。また、外地では被占領者である中国人や朝鮮人に対する言論の弾圧・統制が厳しくなされる一方で、外地に暮らす日本人向けの出版物に対しては政府や軍部による検閲が徹底していなかった側面がある。つまり、一九四四年から四五年の北京では、雑誌の出版に必要な材料が揃っており、それを求める読者も数多くおり、ある程度は言論の自由が保たれていたと考えられるのである。同じ頃に北京の情報部隊に配属されていた小島信夫が、「燕京大学部隊」（『同時代』一九五二年四月）のなかで、「支那全土にわたって日本の部隊は、師団は大隊に、大隊は中隊に、中隊は小隊に、小隊は分隊にと、トーチカを作っては守備人員をへらして後退し、余力はと云うと南方へ満州へとまわされていた。重要飛行基地にはすべて米軍が配置されて通信を交わしており、遥か成都、重慶、昆明、さてはカルカッタあたりの基地や、基地を発する、B二十九の大群の機上会話が耳に痛いほどきこえてくる」と描写するほど中国大陸に展開する日本軍は追いつめられていたが、多くの日本人はその事実を知ることもなく支配者の利得を謳歌していたのである。

## 中国における検閲

『月刊毎日』は、そうした北京在住の日本人を読者に想定して発行されたわけだが、あらためて同時代の文脈からこの雑誌の出版状況を振り返ってみると、謎めいたことが数多くある。特に、戦時下の北京で発行されていた日本語雑誌に対してどのような言論統制がなされていたのか、検閲はどのように行われていたのか、という問題に関しては不透明な点が多い。たとえば、朝鮮総督府警務局が一九四〇年に発行した『朝鮮出版警察概要』（『日帝下戦時体制期政策資料叢書 第三八巻』二〇〇〇年一一月、韓国学術情報株式会社）には、「本書中新聞紙規則とあるは明治四十一年四月統監府令第十二号を以て制定せられたる規則にして朝鮮在住の朝鮮人以外の者に適用せられ、新聞紙法とは光武十一年七月韓国法律第一号を以て制定せられたる旧韓国法律にして朝鮮人にのみ適用せらる。出版規則とは明治四十三年五月統監府令第二十号に依り制定せられたる規則にして朝鮮内在住の朝鮮人以外の者に適用せられ内地現行出版法並に予約出版法を準用し、又出版法とは隆熙三年二月韓国法律第六号を以て制定せられ朝鮮人にのみ適用せらるゝ旧韓国法律なり」とある。一方の台湾については、河原功「日本統治期台湾での「検閲」の実態」（二〇〇五年度『財団法人交流協会日台交流センター日台研究支援事業報告書』二〇〇五年九月、財団法人交流協会）が詳細に論じている。同論には、「移入許可なく、台湾のみを目的とせざる内地雑誌又は新聞にして台湾の治案紊乱と目す可き記事に対しては、東京の総督府出張所に二名の警部を出張せしめて手の届く範囲の新聞雑誌其他刊行物を検閲して居る。是は主として、警視庁側と連絡を保つて居る係員があり、一々内報すると直に出張所から台湾総督府に打電し、台湾に着荷して頒布せぬ中に鉄道又は郵便局に於て差押へるのである。新聞紙は門司に見張つて居て検閲し、一々台湾に打電するのであるから、其の厄に逢つた新聞は頒布禁止か切抜きかを命ぜられるのである。真に能く行き届いた次第である」（「台湾の言論政策」、『台湾・南支・南洋パンフレット（65）』一九二七年一二月、拓殖通信社）といった記述も紹介されている。

また、『検閲と文学　1920年代の攻防』（二〇〇九年一〇月、河出ブックス）において、内務省警保局図書課の官僚であった宇野慎三による『出版物法論』（巌松堂書店、一九二二年一二月、翌一九二三年五月再版）を参照しながら考察を進めた紅野謙介は、日本の検閲が「許可主義」＝事前検閲から「届出主義」＝事後検閲へと移行した過程を追うと同時に、「朝鮮及び台湾、中国関東州など大日本帝国

「帝国の植民地」だった地域では引き続き「許可主義」＝事前検閲が採用されていたことに着目し、「帝国の二重基準《ダブルスタンダード》は、その矛盾をよく示している。内地における二重基準は、「言論の自由」と「人の名誉権利」「国家の存立」との緊張関係に関わっていた。帝国と植民地の二重基準は、「文化の程度」の差異と「取締上の特殊の理由」に基いていた。注目しておきたいのは。その論理だけでなく、こうしたことを書いておかなければならないと筆者（宇野慎三　※筆者注）が考えていたことである。言論圧迫は避けた方がいい。しかし、やむを得ない場合はしかたがない。それは「文化の程度」の差異と「取締上の特殊の理由」による」と指摘している。

日本に併合され、総督府の統治下に置かれていた朝鮮や台湾の場合は、日本国内の検閲制度と総督府が独自に制定した法令を二重に適用することで日本への批判が徹底的に弾圧されていたが、日中戦争が勃発したのち、日本の北支那方面軍が成立させた傀儡政権が統治[5]していた北京の場合は、朝鮮や台湾とは事情が異なっているからである。したがって、ここでは一九四四年から四五年当時の北京に限定して考察を進める必要がある。

当時、中国における検閲は国民党政府が定めた「新聞検閲弁法大綱」（一九三四年八月制定）に基づいて行われていたが、これはあくまでも国民党政府が管轄する地域で発行された中国語の出版物に対する取締りであり、日本語雑誌は射程に入っていない。また、『月刊毎日』が発行されていた頃、北京には日本側の治安取締機関として警察、陸軍特務機関、日本憲兵隊本部が置かれていたが、検閲を専門に行う部署は存在せず、同地で編集された日本語雑誌の事前検閲はなされていなかった。もちろん、だからといってあらゆる言論が野放しにされていたわけではないだろうが、少なくとも国内で行われていた出版法や新聞紙法を厳格に適用することは困難だっただろうし、用紙配当割当や発行承認の際に内容をチェックしたり自己規制を促したりすることもできなかったと思われる。したがって、『月刊毎日』に関する検閲の代替措置として考えられるのは、（1）発行された雑誌を日本国内に郵送して国内で検閲する方法、（2）刷り上がった雑誌を、北京の警察あるいは治安維持を担う日本の特務機関に納本させて事後検閲をする方法のいずれかである。

　まず（1）についてだが、たとえば杉本正子は、「石川達三「生きてゐる兵隊」論　矛盾に翻弄される兵隊たち」（杉本要吉編著『淪陥下北京１９３７―１９４５　交争する中国文学と日本文学』二〇〇〇年六月、三元社）のなかで、日本国内における外来出版物の検閲の実態を明らかにするために「内地出版物取締状況」（内務省警保局図書課『出版警察報』一一一号、一九三八年二月）なる資料を紹介し、一九三八年一月から同年三月までの僅か三カ月で「支那事変関係皇軍ノ威信失墜ニ因ル禁止処分」の対象となった普通出版物および新聞紙雑誌が一八二点にのぼったと指摘している。仮に『月刊毎日』が外来出版物として国内に入っていれば、恐らく国内基準による検閲を受けることになっただろうが、さきにも述べたように、同誌は創刊号から一九四五年八月の第二巻第八号に至るまで日本国内で流通した形跡がなく、一定の部数が運び込まれたとは考えにくい。国内在住の原稿執筆者や関係者に献本というかたちで郵送されることはあっただろうが、それはあくまでも私信として送られたものであり、公の外来出版物として運び込まれた形跡はない。したがって、（1）の対象となった可能性はほとんどない。

次に（2）である。「日中戦争と日本軍占領の北平」（『人鬼雑居 日本軍占領下の北京』二〇〇一年一月、評論社）を書いた伊東昭雄が、「日本軍はまず軍人、軍属から成る宣撫班を組織し、治安維持・民生安定に当たらせた。宣撫班が担当した仕事は、離散住民の帰来勧告、治安維持会の組織・指導、占領政策の宣伝、物資調達、「土匪」懐柔、鉄道保護、情報収集、抗日教育一掃、日本語普及・奨励など、きわめて多岐に亘り、年末の傀儡政権「中華民国臨時政府」成立後も活動を続け、新政権を「指導」して、占領政策の徹底と実施に役割を果たした。宣撫班は軍人・軍属から成る軍の組織ではあったが、大陸浪人や社会主義からの転向者など様々の階層を含み、活動範囲を広めながら、とくに占領地域の社会秩序の安定に努めた」と述べているように、当時の北京は主に日本軍の軍属で組織された宣撫班によって治安維持がなされていた。活動の中心は、中国共産党をはじめとする抗日勢力の一掃および占領政策の徹底にあり、監視の対象は中国人だった。

また、日本の軍属は自らが直接的に取締りを行うのではなく、のちに漢奸と呼ばれることになる中国人の協力者を組織の重要ポストに配置して裏から操った。その頃、北京警察局に勤務し、のちに中国共産党の地下活動に参加する向風《シャンフォン》が「占領下の北京警察局[6]」で、「日本支配集団は中国を滅亡させる「大陸政策」を捏造する過程で、「華を以って華を制する」方針をしだいに明確にした。「華を以って華を制する」とは、中華民族のクズと親日派の漢奸を探し集めて養成し、日本軍占領地区内に各種の傀儡政府機関を作り上げ、日本人が黒幕になって中国人を前面に立てて、中国人民の民族意識を麻痺させ、植民地支配を強固にする目的を達成することである。そしてあらゆる傀儡政府機関の中で、暴力的鎮圧力を持つ警察機関がもっとも重視された」と述べているとおり、日本の警察局は中国人に中国人を支配させるという方針で北京の秩序安定を図ったのである。

こうした構造はメディアにおいても同様であった。たとえば、戦時中に『東亜新報』（北支軍報道部直轄の日本語新聞）記者として北京に暮らし、中国人の学術・文化団体を担当していた中薗英助は、「戦時下北京から五十五年を経て」（『淪陥下北京１９３７―１９４５』前出）のなかで、

> 私にとって、学芸記者として報道するためには、東京からやってくる文壇作家たちを社命で応待（たとえば久米正雄を周作人邸に案内）しながら、表面的に協力しなければならぬ側面と、前述したように中国文学研究会メンバーを年長の友人とする現地同人雑誌作家として、日本文学報国会に対して極めて消極的だったという矛盾とのただ中におかれていた。／一方、この矛盾は私が親しく相対していた中国側の作家たちに対しても働き、一種のねじれ現象を起こしていたといってもよかろう。当時の北京は、一九三七年の盧溝橋事件から本格的な日中戦争、第二次大戦

へと進み行く成行の下に、中国側文学者たちの多くが抗戦地区へと去って、一種の空白、あるいは文化的過疎状態に瀕していたのである。／いや、空白などというのはうわべの現象にすぎず、魯迅の弟の周作人（北京大学文学院長）を初め日本文学者としての銭稲孫（北京大学校長）、のちに周作人と対立する沈啓先（仝教授）ら、多くの学者文人たちが動かずに残っていた。また、日本と一体化されて満州国と化した中国東北地区からも、多くの文人たちがいわゆる「国境」を脱出してやってくることになる。袁犀、梅娘、柳龍光らで、新民印書館にいて地下活動組織とも関係があったらしい袁犀とは交友があって、日本語には堪能であってもよほど親しくならないと日本語を使わない、その抗日的民族精神と人柄にかえって好感を抱いていたのである。

と回顧し、軍報道部直轄の新聞記者の立場でありながら、中国人文学者のなかにある「抗日的民族精神と人柄」に好感を抱き、彼らを日本文学報国会の活動に取り込む仕事をしていたことに忸怩たる思いがあったと懐古している。安藤更生編輯『北京案内記』（一九四二年三月・八版、新民印書館）によれば、当時の北京には東亜新報社以外にも、同盟通信社、朝日新聞社北京支局、毎日新聞社北京支局、読売新聞社北京支局、京津日々新聞社北京総局、満洲日々新聞社北京総局、蒙彊新聞社北京支局（以上、新聞社）、華北評論社、燕京文学社、燕塵社、北電倶楽部、華北建築協会（以上、出版社）などが支局を置き、さまざまな新聞・出版物を発行していたが、中薗英助のような板挟みの感覚は多くのメディア関係者に共有されていたものと思われる。

中国人に対する監視や統制が厳しくなされる反面、軍属が支配する宣撫班や警察局が北京の日本人および日本人を取り締まったり言論の自由を剥奪したりした形跡は残されていない。少なくとも、出版物に関する事後検閲くらいはしてもよさそうなものだが、彼らにとっては抗日運動を抑え込むことが最重要課題であり、日本人が日本語で書いた出版物に眼を光らせる余力がなかったということかもしれない。

その証拠は現存する『月刊毎日』の表紙に記された書き込みからも確認できる【図版3】。現在、北京大学図書館が所蔵する創刊号の表紙には赤インクのペン書きで「閲」という文字が記されている。その下には黒インクのペンで「日／１７２５／第1巻／第1—2号／第2巻／第1—4、7—8／１９４４—１９４５／昭和１９—」と記されている。「／」は便宜的に付した行替えの記号。「日／１７２５」の意味は不明。黒インクは北京大学が資料整理のために書き込んだものであろうが、赤インクの「閲」という文字は、恐らく雑誌を受け取った誰かが「内容確認済み」という意味で記したものであろう。さらに、第二巻第四号には「警労本部宣伝班 杉田課長殿」という謹呈名がある。第二巻第七号の表紙にも「杉田」という捺印があり、第二巻第八号の表紙には万年筆で「資材」と書かれている。三冊の字体には特徴があり、恐らく同一人物の筆跡と思われる。ちなみに、第一巻第二号の奥付脇には「江口」という捺印があり、同誌は「江口」という人物が所有していたものと想定されるし、今回、古書店で偶然みつけた筆者所蔵雑誌にも「贈呈」の印が押されている。

ところで、ここに登場する「警労本部」とは北支那開発株式会社に置かれた警労本部のことである。北支那開発株式会社は、華北の資源開発とその軍事利用を目的に日中合弁で設立された国策会社である。一九三八年三月、「帝国政府決定ノ北支那経済開発方針ニ基キ日満北支経済ヲ緊密ニ結合シテ北支那ノ経済開発ヲ促進シ以テ北支那ノ繁栄ヲ図リ併テ我国国防経済力ノ拡充強化ヲ期スル為北支那開発株式会社ヲ設立スルモノトス」という設立要綱が閣議決定され、敗戦後にGHQが閉鎖機関に

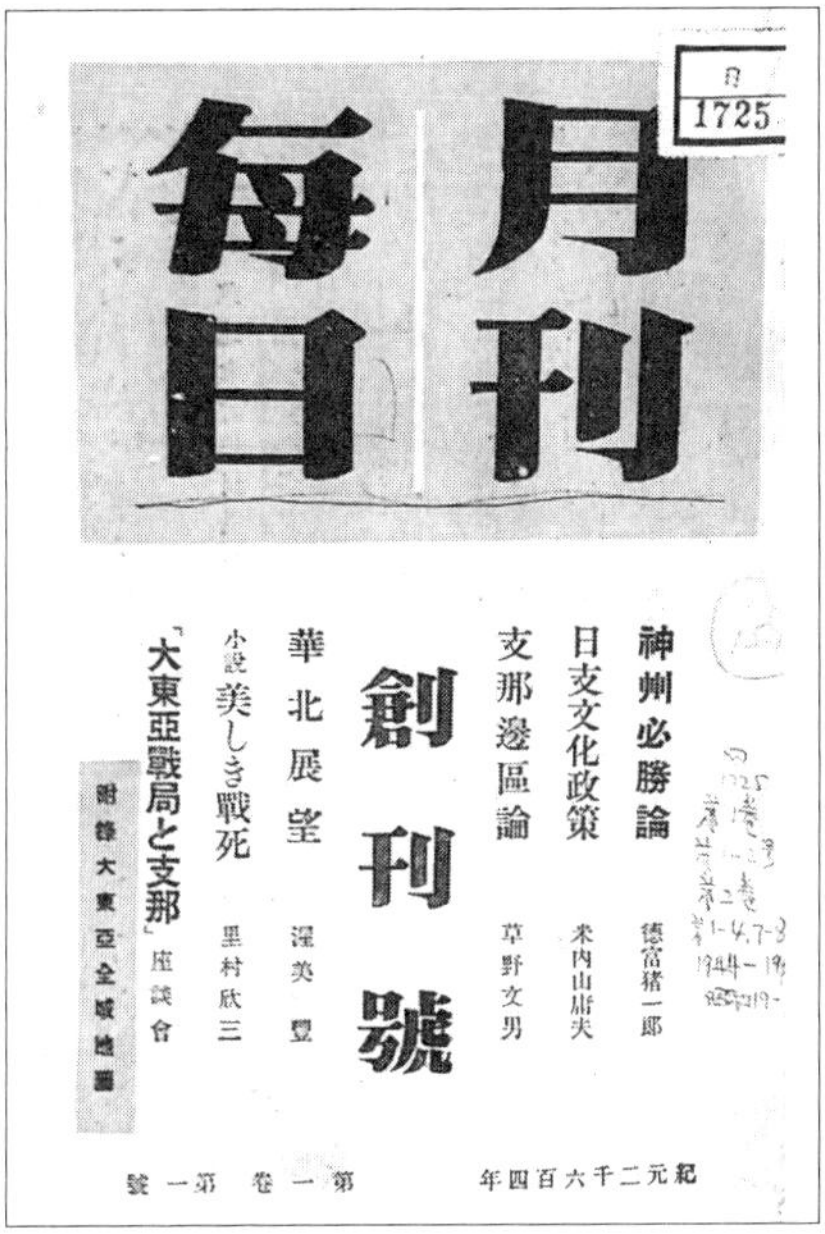

【図版3】創刊号表紙。かすれているが、右端中程に丸囲みで「閲」の文字がある。

指定するまで、交通、運輸および港湾に関する事業、通信に関する事業、発送電に関する事業、鉱産に関する事業、塩の製造、販売および利用に関する事業、その他――を展開している。同本部が発行していた『警労情報』[7]をみる限り、中国共産党の抗日運動を弱体化させ、日本の財閥による北支地下資源開発を推進することが活動の中心だったと思わ

れる。つまり、『月刊毎日』編集部は刷り上がった雑誌をこの警労本部に送り、宣伝班の課長による内容確認を受けていたのである。

『月刊毎日』に掲載されている論説のうち、表紙に名前が紹介される人々はいずれも国家政策に多大な影響力のある政治家、軍人、財界人、学者、文化人である。中国人執筆者も華北政務委員会の常務委員兼教育総署督弁であった周作人など、いずれも日本にとって極めて重要な国策協力者であった。したがって、たとえ内容に関する事後検閲を行ったとしても、『月刊毎日』を手にとった担当者が個々の記事に意見することなどあり得なかっただろう。詳しくは後述するが、同誌は権力の中枢にある人物に論説を書かせることでそれを隠れ蓑にし、誌面の後半に時局にそぐわない文学作品を紛れ込ませるような手法で事後検閲を潜り抜けていたのではないだろうか。

## 3 『月刊毎日』創刊号の誌面構成

『月刊毎日』は、そうした状況のなかで発行された雑誌である。石川勝司編纂兼発行『日本新聞会便覧』（一九四四年、日本新聞会、非売品）によれば、編集兼発行人の伊東重任は一九一〇年に茨城県で生れ、旧制中学校を卒業後、一九三一年に下野新聞社に入ったのち、翌一九三二年、毎日新聞社に入社している。同便覧には「毎日（東京）地方部」とあることから、東京から北京支局に出向していたことがわかる。ただし、『月刊毎日』創刊時の年齢は三十代半ばであり、日本にいる著名な書き手に直接依頼して原稿を集めるほどの人脈はなかったと思われる。これほどの雑誌を発行するためには、より経験豊富な大立者が背後にいたはずである。

雑誌本体を眺めると、各号によって紙質や印刷状態に大きな差があり、毎号、同じ条件で印刷されていたわけではないと判断できる。雑誌価格も、創刊号から第二巻第二号までの四冊は五円を保っているものの、第二巻第三号から第四号が一〇円、第二巻第七号が三〇円、第二巻第八号が七〇円と、わずか半年のあいだに一四倍の値段になっている。発行日は通常二〇日だが、一九四五年八月の最終号の奥付はなぜか「八月一日」（実際の発売日は不明）である。以上のことから、『月刊毎日』は、商業雑誌でありながら一般に販売された形跡がみつかっていないミステリアスな雑誌だということがわかる。これは類推にすぎないが、同誌は大量に印刷されたわけではなく、ごく限られた範囲のなかで流通したのではないかというのが率直な印象である。

創刊号の巻頭を飾る「創刊の辞」には以下のように記されている。

> 新秩序建設、世界史創造の大潮流におひまくられて地球は、いま大回転をつゞけてゐる。殊に強奪、搾取に終始した貪慾飽くなき米英が武力に訴へ、物量に物をいはせて、これの流れを阻止

せんと執拗に反攻を繰返してゐるため、さらにその度を加へ、戦争は大消耗戦となり、戦局は東西とも日増しに悽愴、苛烈化してゐる。（中略）現在、われ〳〵に禁物なのは迷ふこと、動揺することである。自ら迷つてゐては他人は信頼しない。況んや他民族はひきつけ得ない。今日この際は物事に動じないことが必要である。それには何はともあれ、新しい流れを正解すること、換言すれば「戦争観」に徹することである。「戦争観」に徹すれば、「必勝の信念」は勃々として起り、戦局の一段階に一喜一憂することはなくなる。さすれば、そこに心のゆとりが出来、気持は明るくなり、能率はあがるのである。これがためには、移り変る新事象を正しく理解することが先決であると信ずる。こゝに期するところあつて、本社は『月刊毎日』を創刊し、「心の糧」を提供せんとする次第である。

一九四四年一一月という時節がら、当然、その言説はアジア・太平洋地域に進出していた日本が主張する大東亜共栄圏の思想に彩られている。他民族から信頼されるためには物事に動じず正しい「戦争観」をもちつづけなければならないと説くその論調は、大東亜共栄圏の思想そのものである。ところが、この「創刊の辞」は、最後の最後で「戦局の一段階に一喜一憂する」ことを戒め、「心のゆとり」をもつこと、「気持」を「明るく」することの大切さに言及する。雑誌は人々の「心の糧」であって国民を統制するためのプロパガンダではないとでも言いたげに、「移り変る新事象を正しく理解することが先決」だと訴える。大本営がラジオや新聞をとおして一億総動員体制を謳っていた当時の言論状況にあって、それは極めて異例なメッセージである。「移り変る新事象を正しく理解する」という表現は、メディアが流布させる情報に惑わされてはならないという戒めを含んでいるようにも聞こえるからである。

たとえば、一九四二年五月に大政翼賛会の勧奨によって日本文芸家協会を解体して設立された日本文学報国会[8]が活動の一環として「国民座右銘」の選定を決めたとき、亀井勝一郎は「期待」（『日本学芸新聞』一九四三年四月一日）という文章を書き、「この座右銘は必ずしも銃後国民のためのみでなく、私の考えでは小型の本にして慰問袋などに入れて前線に送り、将兵の心の糧となるように務めたいと思っている」と述べているが、『月刊毎日』が宣言した「心の糧」は、それとはまったく異質のものである。国民がひとつになるための規範たる言葉ではなく、ひとりひとりが自分の目で時代を正しく認識する指標をもたなければならないと言っているのである。その意味で、『月刊毎日』という雑誌は、一方で国民の「戦争観」を統制することを目的に掲げつつ、同時に、「心のゆとり」をもって情勢を正しく理解せよと訴えているといえる。そこでは、体制への迎合と体制に支配されることからの逸脱を同時に目論むダブル・スタンダードが標榜されているのである。

巻頭言に続いて創刊号の記事の最初を飾ったのは、一九四二年に日本文学報国会を設立し、自ら会長に就任するなどして戦時中の日本におけるナショナリズムの中枢を担うとともに、一九二九年から大阪毎日新聞社と東京日日新聞社の社賓となっていた徳富猪一郎（蘇峰）である。「神州必勝論」という表題を付した蘇峰は、当然のことながら、「われらは三千年来万世一系の皇室を奉戴し、億兆一心もつて小は自国生存のため大は東亜十億同胞解放のため戦つてゐる。すべての勝利は当然われに帰すること明瞭である」といったアジテーションを展開し、一億総決起を呼びかけている。

創刊号には「日中提携」「アジア保全」運動を推進したのち南京事件の責任を問われて、極東国際軍事裁判において死刑判決を受ける陸軍大将・松井石根が「在支皇国民の態度」を、大日本言論報国会総務部長を務め、皇道文化の発揚と国策の推進に寄与することを目的に設立された昭和刊行会の会長として大政翼賛運動を担った津久井龍雄が「米英の宣伝謀略とわが言論の暢達」を書いている。大政翼賛会の興亜総本部総理を務めていた松井石根がその役割意識に応じて「各人が全権大使たる自負を持て」と訴えているのは当然だが、津久井龍雄の場合は、「日本国民が今や最も敵の宣伝謀略にかかり易き事情の下におかれてゐることは遺憾ながら事実であり、それは即ちドイツ及び日本にとつて戦況が有利とは云ひがたい様相を示しているからである。一時の戦況に一喜一憂するなといふには、現下の戦況はあまりに深刻悲痛にすぐるが如く見える」と指摘し、意外に冷静な判断がなされている印象をもつ。

さらに、同号には『日支交渉史研究』（一九四一年、岩波書店）、『東亜交渉史論』（一九四四年、第一書房）などの著作で大東亜建設の必要性を説いた歴史学者・秋山謙蔵、『労働者政策と労働科学』

（一九四一年、有斐閣）で知られる労働者政策、経済心理学の権威・藤林敬三も「勤労動員と国家管理」を寄稿している。いずれも支配する側の論理で書かれたものには違いないが、地域をうまく統治し、労働者の生産効率を高めるための施策を具体的に示す内容になっている点では一定の影響力があったと思われる。

だが、軍部とつながりの深い有力者を揃える一方、『月刊毎日』の論説には、学者、外務省関係者、ジャーナリストなどが数多く執筆しており、戦争の局面よりも日本と中国の将来を展望するものが多い。もちろん、それは占領する側の論理に沿ったものであり、大東亜共栄圏という身勝手な理想の追求を基にした内容であることは疑い得ないが、誤解を懼れずに言えば、そこには、国内で封殺された言論の場を外地である北京において再構築しようとする体制への抵抗があるように思われる。戦時プロパガンダの言説を隠れ蓑としつつも、各分野でもっとも優れた有識者に原稿を依頼し、専門性の高い言論を並べることによって、「支那」の歴史、文化、経済、民族を正しく紹介し、日本と「支那」のあり得べき関係性を模索しようとする編集姿勢が堅持されている。

北京大学を中退後、外務省調査部に勤務し、『抗日支那相剋の現勢』（一九四二年、人文閣）、『支那辺区の研究』（一九四四年、国民社）などを著していた草野文男は、「支那辺区論＝辺区武装の特殊性とその処理対策＝」を書き、華北辺区における民主的政権工作を進めるためには民意を反映させる仕組みを作らなければならないこと、労農貧民の生活改善を促すことなどを訴えるとともに、「支那研究も勿論さうであるが、辺区問題は単なる情報的究明をおろそかにし、調査研究を忽視する態度からは真によき対策は生れない。対策も決して小手先の器用さに求むべきではなく、支那と日本と東亜と世界をつらぬく本質的な政治的外交的乃至は経済文化的方面に解決を求めなければならない」と主張している。

外務省情報部文化事業部を経て、同嘱託調査局勤務のかたわら『支那の現実と理想』（一九四二年、今日の問題社）、『日本と大陸 日支の将来』（一九四五年、北光書房）を書いた米内山庸夫に至っては、大東亜共栄圏の理想を高らかに謳う一方で、「従来大陸に於ける各種文化的事業の必ずしも効果的に行はれなかつた所以は、主としてこの大陸と日本との自然的及び人文的区別を無視したことに基因することが少くないと思ふ。日本的なものをそのまゝ大陸に持つて来てこれを行はんとしたところに多くの錯誤が現はれたのである」と指摘している。

ジャーナリストとしては、『九州日報』の記者を経て独学で中国語を学び、一九三〇年に北京に居を構えてから、『読売新聞』特派員を務めながら中国に関する評論やルポルタージュを執筆していた村上知行が「支那習俗物語」を書いている。盧溝橋事件を機に特派員を辞職し、日本の戦争政策への協力を拒絶する立場を貫いていた村上を創刊号に起用することで、編集部はこの雑誌の性格を明確にしようとしたのであろう。

なお、戦後『新聞研究』（一九四八年九月、日本新聞協会）に「中国の新聞と新聞人」という随筆を書いた村上は、戦中の北京で中国語新聞を出していた金達志という人物に言及し、「事変前『立言報』という日刊紙をだしていたが、後に一切の印刷物が日本の軍報道部の検閲下におかれるようになってからは、とつぜん、廃刊して、『立言画刊』といふ純娯楽雑誌をだした。わたくしは、あるとき、彼に印刷用紙の配給の割当てのないことをしり冗談じゃないとおもつて彼のため蔭ながら運動した。配給は間もなく割当てられたが、そのかわり、日本のことをかけという命令である。彼は「じや、いりませぬ」と、あつさりことわつて、終始してヤミの紙を使い、日本にはソツポを向きとおした」と回顧している。当時の日本軍が印刷用紙の供給を餌に中国語メディアを操っていた様子がはっきりわかる証言である。

同じく、創刊号には毎日新聞社の政治部記者・住本利男が「決戦臨時議会の収獲」を、大東亜戦線に陸軍報道班員として参加し、その後、毎日新聞社の社員となっていた柴田賢次郎が「大陸画信」を寄稿している。なかでも住本利男は、戦後、政治部長としてサンフランシスコ講和会議の特派員を務め毎日新聞社の副社長まで登りつめる人物であり、その活躍は『占領秘録 上・下』（一九五二年、毎日新聞社）に詳しい。

また、渥美豊による「華北展望 その軍事・政治・経済・社会」には、「華北在留邦人の再編成は着々として進捗し、総てが戦争遂行の一点へと凝結されつゝあるが、既に四十万邦人の内、不急職業や遊興、娯楽部面の邦人達は自発的に転廃業しつゝあつた際であり、むしろ当局の施政は遅きに失した感さへ持たれる」といった記述もみられ、当時の北京における日本人の様子を伝える貴重な記録になっている。一九四五年当時、「華北在留邦人」が「四十万」人いたという具体的な数字も含めて、貴重な資料であろう。

創刊号には多くの毎日新聞社社員も記事を書いている。そのひとりである工藤信一郎は、戦前、ロンドンの特派員をしていた頃、英国大使として着任した吉田茂や重光葵とも交流した人物である。当時、欧州で活動していた外交官たちが独伊との防共協定や英米との戦争反対を主張していたことを記憶に刻んでいた工藤は、日本の戦争がいかに無謀なものであるかをよく知っていたはずである。だが、『月刊毎日』には論説「自信満々たる独逸」を書くに至っている。戦後、『英文毎日』の主筆になった工藤は、「二人の反戦軍人――こういう軍人もいたのだ」（『文藝春秋』一九五七年二月）という随筆を書き、「こうしたロンドンの空気のなかで働いたわれわれ新聞社の特派員もまた一役を買つた。共同からはいまの時事通信の社長長谷川才次君、朝日からは前論説委員の福井文雄君、アメリカ総局長中村正吾君、毎日からは私が居た。いずれも考え方は徹底的に反枢軸、反戦であつて、事情の許す限りギリギリ一杯の線で、本社にその旨を打電したが、その多くの電報は、紙面にのらず、いたずらに紙屑がこのえじきになつた。ことに残念だつたのは、第二の現実論がかえりみられなかつたことであつた。反枢軸、反戦の根本論が、当時の事情から紙面に出なかつたことについては、われ〳〵としてもあきらめもつくし、已むを得ぬと理解も出来るのだが、「ドイツ必勝ではない」「英国はやぶれず」から「ドイツ必敗」の気配にまで進んでいった、現場にいるわれわれの情勢分析が、日本でとりあげられなかつたのは今思つても残念である」と回顧しているが、こうした洞察をもっていた人物が「自信満々たる独逸」という随筆を書かされるところに、敗戦を目前に控えた日本の困窮ぶりがうかがえるだろう。

論説「憤激を新たにせん」を書いたのは、高田市太郎、赤谷達の二人である。高田は米国ワシントン大学卒業後毎日新聞社に入り、諸外国の特派員、ニューヨーク支局長、欧米部長などを経て編集局顧問となった欧米通である。一方の赤谷達も、戦後に出版した『新聞と新聞記者』（一九五一年、養徳社）のなかで、「昭和十六年には新聞事業令が公布され、統制団体として日本新聞会が組織された。太平洋戦争に入ると共に従来の従軍記者制度は報道班員制に強化された。／こうして今次大戦中は新聞は全々軍部、政府の統制下に報道の自由を失い、明治の自由民権運動、大正初期の憲政擁護運動など自由のために戦つてきた輝かしい日本新聞史上に拭うことの出来ない悲劇の一ページをつくつた」と記すなど、マス・メディアが果たす役割を強く自覚していた人物である。

毎日新聞社（東京）の文化部員・山口久吉は「北九州空襲体験記」なるルポルタージュを書き、「在支米空軍」約一〇〇機による空襲を受けた様子を生々しく報告している。大本営が情報をコントロールしていた国内では、こうした空襲被害の模様を的確に伝える記事がほとんどないため、この報告は貴重な証言だといえるだろう。

もうひとつ、創刊号の目玉になっている記事のひとつに座談会「大東亜戦局と支那」がある。出席者は、東京商科大学助教授を経て、戦中は上海日本商工会議所理事、貿易統制会理事、交易営団調査部長などの要職を務めていた杉村廣蔵、外務書記官として中華民国に在勤し、南京総領事、大東亜省支那事務局長を歴任した杉原荒太、陸軍省報道部・後藤四郎、および、毎日新聞社の東亜部長・田中香苗、同副部長・谷水眞澄、同副部長・橘善守を加えた六名である。この座談会は、全体として各参加者が軍人である後藤少佐に質問を浴びせ、後藤少佐が把握している情報を提供するかたちで進行しているが、中国が「自分自身の本性に合つた経済体制を作る」べきであると主張する杉村廣蔵の発言、「私は平素から、あまり、神がかつたことをいはぬことにしてゐるが、少し神がかつたことをいへば、日満支の経済といふもの、日満支に賦存してゐるものが、やはり何かによつて感能することによつて動き出す、そこの感能し合ふところが大事だと思ふ」と述べる杉原荒太の発言は、ともにリラックした会話のやりとりをしている印象がある。後藤少佐も戦局分析に関して率直に応答しており、体制に配慮した言葉遣いは感じられない。

## 4 『月刊毎日』の論説記事

第一巻第二号には「支那の現実事態を認識せよ」という巻頭言が用意され、論説の冒頭には、戦時中に大東亜省の大東亜共同宣言作成に携わり、満洲国建国を画策したことで知られる思想家・大川周明の「解決の唯一路」が掲載されている。それに続く論考では、『大東亜戦争と思想戦』（一九四三年、週刊産業社）や『南方の軍政』（一九四三年、川流堂）を書いた陸軍省報道部部員・竹田光次、『欧州を視察して感あり 附、対米所感 長谷川正道氏講演稿』（一九四〇年、大阪工業会）、『機械化国防と科学教育』（一九四二年、玉川学園出版部）、『近代戦と機械化国防』（一九四四年、博多成象堂）を著した長谷川正道が「新兵器論」を発表している。

「特輯 米英邀撃戦論」では、陸軍少将・中柴末純と日露戦争時に旅順港閉塞作戦で指揮官のひとりを務めた元海軍少将・匝瑳《ひさ》胤次《たねじ》がそれぞれの論を展開している。当時、総力戦学会編『総力戦』（一九四四年一〇月、帝国出版株式会社）に「戦陣訓要義」を発表して、神国日本の精神主義を鼓舞していた中柴末純と、一九二三年に予備役となってからは『深まりゆく日米の危機』（一九三二年、精文館）がベストセラーになり、政治評論家として執筆活動に専念していた匝瑳胤次では認識のあり方がかなり違うが、いずれも軍事作戦の専門家という立場から「総力戦」を主張している点は共通している。

さきにも述べたように、第二巻第一号には二・二六事件で反乱軍を援助した罪で禁固刑となったものの、出獄後に軍国主義イデオローグとして影響力を行使し、一九四二年一一月に東京で開催された

第一回大東亜文学者会議では開会式の宣誓を読み上げた齋藤瀏が「必死必殺 神風特別特攻隊と日本精神」を書き、特別特攻隊として死んでいった将兵を讃美している。それに続いては小泉信三が「職域に戦ふ」という論説を書き、「戦勝の為めに必要又は有効とあらば、国家はいかなる学者芸術家の動員をも遅疑すべきではない」と主張している。

「現代決戦の本質」を書いた佐藤市郎は、一九三八年に海軍中将として旅順要港部司令官となるも、体調悪化のため退役し、戦争末期には療養生活のかたわらで『海軍五十年史』（一九四三年、鱒書房）を執筆している。佐藤多満・佐藤信太郎編『佐藤市郎 軍縮会議回顧録・生涯』（一九九一年、非売品）には、「第二次大戦中、昭和十八年あたりまで、市郎は新聞社の求めに応じて大作戦完了後その作戦の評価などについて論評を寄せていたが、現存しているのは、海軍要覧に掲載されているこの寄稿（「海上作戦に関する一考察」※筆者注）のみである」とあるため、今回発見された「現代決戦の本質」は、佐藤市郎が最後に書いた戦論のひとつということになる。ここで佐藤は、「軍人として、この戦争に決して負けぬ確信を堅持するが、確実に勝つ方策は有たぬことを率直に告白する。之は決して詭弁でもなければ弱音でもなく全く、東西に大洋を控え比隣には意に介するに足る強国を有たぬ、極めて恵まれたかれの地政学的環境と豊富な天然資源とに由来する」と告白し、この戦争の目的を「皇国の戦争目的は米英の野望を撃砕して東亜永遠の平和を確立するにある。われには毫も侵略の意図はなく、大東亜諸民族と共存共栄の楽を分てば足る」と要約している。

その他、第一巻第二号には、「特輯 日満支経済の再検討」が掲載され、農業、鉱工業、輸送、金融に関して四名の有識者が論説を発表している。なかでも、一九四一年に満洲国興農部に赴任したのち総務院企画所長を経て一九四三年に帰国し、農商省総務局長になっていた楠見義男、『戦争時の支那財政』（一九三七年、ダイヤモンド社）、『物価・通過・民心 中国経済の動貌』（一九四三年、三省堂）を著した上海商工会議所会頭・吉田政治は大きな影響力をもっていた人物であり、その内容にも注目が集まったと思われる。

第一巻第二号にも世界情勢に通じた毎日新聞記者が数多く執筆している。「華北経済の対日寄与」を書いた木村禧八郎は時事新報から『毎日新聞』の経済記者となり、戦後は社会党の代議士として活躍した人物である。『インフレーション』（一九三九年、岩波書店）などの著書もある経済の専門家である。「欧州のソヴィエト化と米英」を書いた森正蔵は、ハルピン・奉天特派員を経てソ連特派員としてモスクワに駐在したのち、大阪本社外信部ロシア課長をしていた人物である。戦後は、部下たちの協力を得て『旋風二十年』（一九四七年、鱒書房）をまとめ、それまで公開されることのなかった戦時中の内部情報を明らかにしたことで知られる。

また、第二巻第一号に「冬を迎へた欧州戦局」を、第二巻第二号に「欧州政治戦線」を書いた渡邊善一郎は、東京外国語学校露語科を卒業後に毎日新聞社モスクワ駐在員を務めており、一九四四年にソ連国立百科全書研究所が編集した『アメリカ』（河出書房）の日本語訳を担当するなど、戦中はソ連側から国際政治の状況を分析した人物である。第二巻第一号に「大陸展望（華北の巻）」を、第二巻第七号に「大陸展望」を書いた関原利夫も、大阪毎日新聞社の社員を経て北京の東亜新報に入り、外交部長、論説委員、編集総務をした人物である。戦後は都新聞社に入って論説委員として『労働組合と政治闘争』（一九四七年、労務者救援財団出版部）を著している。

第二巻第二号には、元東京帝国大学教授、政治評論家で代議士の蠟山政道が「米国の戦争目的」を書いている。蠟山は行政学の先駆者であり、戦後は民主社会主義を提唱しているが、戦中は『大東亜政策の諸問題』（大日本拓植学会年報・第一輯、一九四三年、日本評論社）に論文「世界経済史より観たる大東亜共栄圏」を発表するなどしていた人物である。また同号には、政務次官外務を務めたのち衆議院議員となり、一九四四年には英字新聞を発行するニッポンタイムズの社長に就いていた松本忠雄が「重慶とアメリカ」を書いている。戦前に『日支経済関係の推移』（一九三五年、横浜貿易協会）、『満洲問題』（一九三六年、斯文書院）、『共産党にリードされる支那の抗日人民戦線』（一九三六年、第百書房）、『日支経済関係の推移』（一九三五年、横浜貿易協会）、『最近の現地情勢』（一九四〇年、東亜同文会）、『支那赤化の実勢力 中国共産党の活躍』（一九三六年、第百書房）など数多くの中国関連書を出していた松本忠雄の言説は実態に即したものであり、中国国内の政治状況に関しても緻密な分析がなされている。

「見て来た支那 愉快な実例三つ」を書いた平野義太郎は、マルクス主義の法学者・平和運動家であり中国研究者でもある。東京帝国大学助教授時代、共産党シンパ事件に加担したとして治安維持法で検挙され免官処分になるが、戦中には太平洋協会民族部長兼調査部長を務めて大東亜戦争を賛美するとともに、大川周明が概説を書いた『大東亜民族講座』（一九四四年、鱒書房）でも文化政策に関する論説を担当している。同じく、「見て来た支那 三個の政権、四種の思想」を書いた坂西利八郎は日本陸軍きっての中国通として知られた元陸軍中将・貴族院議員であり、「見て来た支那 一人でも多くの友を」を書いた水野梅暁は支那問題研究家の肩書をもつ浄土真宗本願寺派の僧侶である。なかでも、大正時代に雑誌『支那時事』『支那時報』を創刊し、仏教を通じて日本と中国の文化交流につくした水野梅暁は、この随筆でも懸命に双方の認識を架橋しようとしている。

「支那習俗物語」を書いた國府種武は『日本語教授の実際』（一九三九年、東都書籍）、『台湾に於ける国語教育の展開』（一九三一年、第一教育社）で知られる植民地日本語教育の権威である。一九四〇年に台北から北京に移動して台湾との比較研究というかたちで華北の日本語教育のあり方を研究していた國府は、主に言語教育の観点から当地の文化を紹介している。「重慶軍の実体」を書いた磯田勇は毎日新聞社特派員、陸軍報道社員で、敗戦直後の一九四六年に毎日新聞社が出版した『秘められたる戦記』では「衡陽攻略戦」の記述を担当しているほか、「マッカーサーラインを行く――ルポルタージュ」（『世界の動き』一九五〇年九月、毎日新聞社）といった記事も書いている。「スチルウエル旋風」を書いた藤田福平は毎日新聞東亜部の記者で、戦後は『毛沢東の旗――中国共産党物語』

（一九四九年、蘭書房）を著している。

「政治の持つ魅力」を書いた牧野良三は、戦前、立憲政友会に所属した政治家・弁護士で、当時は翼政会内務委員会委員長を務めていた人物である。戦前は自由主義の立場を貫いていたが、戦中、翼賛政治体制協議会の推薦候補になったことが原因で戦後の一時期は公職追放となった。また、戦後間もなく『天皇制是非』（一九四六年、社会教育協会）を出版しているが、その際の肩書は自由党総務となっている。

「遠い支那、近い支那」（第二巻第二号、第三号に連載）を書いた魚返善雄は上海の東亜同文書院に学び、東京帝国大学講師、慶應義塾五岳研究所員を務めるかたわら、一九三七年からＮＨＫ嘱託として北京語放送を担当しながら日華学会理事を務めた人物である。一九四三年には、近代の中国人が近代日本を思いのままに批評した文章を集めたアンソロジー『中国人的日本観』（目黒書店）を編注し、日本と中国の相互理解を促している。

第二巻第三号には、日中戦争中に汪兆銘とともに日本との協調路線を政策方針とする南京政府を設立し、一九四四年三月から国民政府主席代行の座に就いていた陳公博が「私の自伝」を書いている。また、中国通の外交官として活躍し、退官後も在華日本紡績同業会総務理事として対中和平工作に携わった船津辰一郎も「友人の見た陳公博」を寄せている。「特輯 科学者に聴く」には、日本の航空エンジン研究のパイオニアである東京帝国大学教授・富塚清が「よきをとりあしきをすてゝ」を、陸軍科学研究所長、陸軍技術本部長、陸軍中将などを経て、一九四五年五月からは内閣技術院総裁を務めていた多田禮吉が「大陸と科学戦」を、そして、日本の音響工学、色彩工学の権威であった田口泖三郎が「音もたゝかふ」を書いている。「大陸展望」を書いた甲斐太郎は、『アメリカの資本形成』（B・G・ノース著、一九四三年、博文館）などの訳書をもつ経済学の専門家である。同号に「欧州戦局」を書き、第二巻第八号に「米の軍事評論家」を書いた日高一郎は、戦後に『米ソの秘密』（一九四八年、大泉書店）を著す政治学者である。

同号に「支那のこよみ」を、第二巻第八号に「支那習俗物語 孟姜女宝巻」を書いた澤田瑞穂は、北京日本大使館に勤務したのち早稲田大学教授となった中国文学研究者で、一九四〇年から四四年にかけて二度にわたって中国に滞在して収拾した民間信仰、風俗、芸能に関する資料は、『風陵文庫』として保存されている。吉岡義豊は、智山専門学校（のち大正大学に合併）卒業後、外務省留学生として北京に赴き、『道教の実態』（一九四一年、興亜宗教教会）を刊行したのち、同年から真言宗在外研究生として華北各地の踏査を行った人物で、一九四四年には興亜仏教文化研究所の研究員となり敗戦まで北京で暮らしている。

「華北合作社の新方向」を書いた千坂高興は『農蚕業経営の共同化』（一九二七年、明文堂）、『繭糸販売組合論』（一九三八年、高陽出版）で知られ、一九三二年に実業之日本社から発行された『実業の日本』では、「満洲新国家に踊る人々」（長野朗）、「満洲だより 儲け口をのぞく」（田山停雲）と並んで

「日本の繭・生糸はどうなる」という論考を寄せるなど、満洲における養蚕事業の指導的な役割を果たしていた人物である。

第二巻第三号には、毎日新聞政経部次長の征矢野平三が「国内展望 決戦施策と行政協議会」を書いている。同論で小磯国昭内閣が示した「一、防空態勢の強化／二、軍需増産の徹底強化／三、食糧の飛躍的増産と自給態勢の強化／四、勤労態勢の強化と国民皆働動員／五、所在物資等徹底的戦力化」の五重要施策を紹介した征矢野平三は、それを強力に実践するための具体的方策として「地方自給圏」の設定を提唱し、「本質的には道州制の地方行政機構にまで将来発展さすべき余地があると思ふ」と主張している。戦時下の議論として有効性があるかどうかはともかく、日本が危機的な状況に置かれているなかにあって、敢えて地方自治の推進を訴えるその姿勢にはジャーナリストとしての矜持を感じる。

第二巻第四号で注目したいのは、吉川幸次郎と奥野信太郎という二人の優れた中国文学者の言説である。特に吉川幸次郎の「支那と世界と日本」は、中国における自主建国運動の勃興をめぐって、「このやうな理論・運動を育てあげ、和平建国運動の内容を豊満にする必要があるとおもふ。これが方途としては、言論の解放、民意機関の設立、地方自治の推進、憲政実施準備の遂行等、むしろその多きに苦しむくらゐであらう。一方のわが方においても、自主建国論の台頭を炯眼に観取し、（往年和平建国論及び同憂具眼の士を発見したやうに）、大東亜宣言に照らして機宜の施借を発すべきではなからうか」と説くなど、当時の言論状況では考えられないほどラディカルな施策を提言している。この文章が一九四五年四月という時点で活字化されたこと自体に驚きを覚えると同時に、軍部や警察の監視を懼れず、さまざまな立場からの言論を掲載しようとした『月刊毎日』編集部の姿勢に強い意志を感じる。

第二巻第五号の論説で注目したいのは、難波田春夫「特輯 戦争と国民生活 軍隊国家への道――戦争と経済」である。冒頭の戦況分析で「比島戦局のほぼ確定せる現在、敵のわが海上輸送遮断によつて、わが国はもはや南方諸地域の資源に依存することができなくなつた」と指摘した難波田春夫は、「何れにしても敵は遠からず本土に上陸して来ると予想せられる。海岸線の長いわが国がこれを防ぐことは絶対に不可能である。この敵の本土上陸は空襲の激化と共に本土をして最も激烈な戦場と化せしめるであらう」と断言したうえで、空爆を回避する方法はなく、あらゆる努力がなされても「国土の一部が敵の手中に落ちることは、全く止むを得ないであらう」と結んでいる。

この論説が大本営の発する新聞・ラジオの情報と乖離していることはいうまでもない。悲惨な結末を予測するその分析は、徹底抗戦を呼びかける狂気の言説にもみえるし、本土決戦がもたらす惨状への警告にもみえる。だがここで重要なのは、この論説に対して編集部が自主規制を施した形跡がないことである。書き手の思想や立場にかかわらず言論の自由を尊重することに雑誌の存在意義を賭していることである。

第二巻第七号には、当時、嶋中雄作や三木清とともに起こした国民学術協会の活動を推進していた文明批評家の長谷川如是閑が「戦争と民族的道徳性」を書き、「人間の歴史としては、戦争は、恐らく永久に絶えないものであらうが、しかし理念としては、「生活の協同」が戦争によつて維持又発展せしめられなければならないといふことは、人間の世界よりは、寧ろ生物の世界の現実であると考へ、結局、戦争のない世界の実現のために、全人類が努力すべきだが、その戦争の絶えざる限り、戦争の人間に及ぼす効果の善良の面を最も確かに、作用せしめるに遺憾があつてはならないと思ふ」と主張している。また、東京帝国大学を退職後、ハーバード燕京研究所（一九四一年に閉鎖）の招聘で北京に赴任し、一九四一年に同研究所が閉鎖されたあとも北京に留まっていた人類学者・鳥居龍蔵が「乾隆帝と人種学」を書き、「満洲人」という民族の独自性を主張している。

ちなみに、同号には「特輯 華北文化展望」という企画もあり、土方定一「現代の支那文化と日本文化」、引田春海「苦悩する文学精神」、長谷川宏「伝統との新しい結合を」、江文也「中国古典楽の復興」、河合信雄「映画演劇への待望」が並んでいる。「現代の支那文化の努力と希願」について少しも考えようとせず、あいかわらず「過去の支那文化」のことばかり語ろうとする点を批判し、そうした「侮蔑」意識を棄てたうえで両国における国民意識の行き違いを是正しなければならないと主張する長谷川宏をはじめ、四人の言説はいずれも文化交流を通じてお互いを理解し合おうとする熱意に充ちている。

## 5　フィクサーとしての阿部眞之助

そうしたなかにあって、まるで言論統制の枠外のような立場から、政治家たちを批評しているのが、第二巻第一号からはじまる野山草吉の「時の人」という連載である。この「時の人」は、残念ながら宇垣一成、重光葵、小磯国昭、谷正之の四人分しか確認できておらず、第二巻第五号でコーナーが終わっているため、その全体像を把握するに至っていないが、たとえば、小磯国昭首相の政策スローガンに斬り込んだときの、

――大和の精神は、大は大東亜の舞台より、小は私達の台所の配給に至るまで、浸潤しなければならない。最近私は東海道の列車中で体験したことであるが、列車は例によつて、殺人的に混雑してゐたが、ある車では秩序よく昇降が行はれたに反し、ある車では昇降口が閉塞して遂に数百人の降り遅れ客を出した。これは畢竟、大和互譲が行はれたか否かによるのであつて、東亜の天地に大和が行はれなければ、東亜は世界の乗り遅れとなること必定だ。

という文面からもわかるように、その書きぶりはカラリとした毒舌調で貫かれており、読物としての面白さは抜きんでている。また、「駐支大使・谷正之」（第二巻第五号）において、野山草吉は「支那民族の協力なくしては、わが国の戦争目的を完遂することは、絶望的にまで困難だといふべきである」と主張し、「谷大使にとつて幸なことは、彼は前途の如く恵まれた智慧の外に、格別に太い神経の所有者で、対話中でも話が面白くなければ、相手に気兼ねなく眠り、またカードや麻雀の競技中でも、負け気味で愉快でないと相手を捨て置いて眠る癖があるさうだ。少し身勝手でたちの良くない癖ではあつても、これが応用仕方如何によつては、支那人の大陸的の歩調にピッチを合わせることが出来、よりよき理解に到達するよすがになること請合ひだ」と皮肉り、「支那民族」との対話政策を求める。

　諧謔を駆使した表現にはなっているが、その内容は辛辣である。東条英機内閣の外務大臣、情報局総裁を務めたのち、一九四三年から終戦まで中国大使を務めた谷正之を「少し身勝手でたちの良くない癖」があると酷評する論者の姿勢には、言いたいことはいわせてもらうという凄味がある。政治問題に関しては完全読み切りの単発記事がほとんどを占める『月刊毎日』にあって、野山草吉にだけ特別なコーナーが与えられ、現役の総理大臣や閣僚を辛辣に批評している事実にも注目する必要がある。

　野山草吉の本名は阿部眞之助。一九三八年に東京日日新聞社の編集局主幹、主筆を経て取締役になったものの、一九四四年に毎日新聞社を退職し顧問となった人物である。東京帝国大学文学部社会学科を卒業して満洲日日新聞社に入社したあと、中国大陸でジャーナリストとしての腕を磨いた阿部眞之助は、中国大陸の状況に精通するとともに、同時代の政治家、軍人、官僚、学者に豊富な人脈をもっていた。前出の『毎日新聞七十年』が、「阿部氏は千葉亀雄氏の後を継いで東日学芸部長（昭和八年五月）となって以来、特に文壇との接触に努め、菊池寛氏をはじめ知名の作家、随筆家を顧問その他の名で相次いで迎えた。そのため一時の東日学芸部は、まるで文壇人クラブの観を呈し、したがって、東日の学芸面はかつてない生気にあふれて好評を博した」と記すように、文壇関係者とも幅広いネットワークをもち、「女流作家の会」を結成（一九三三年）するなど、女性作家の登用に対しても積極的だった。戦後、阿部眞之助は日本エッセイストクラブ会長やＮＨＫ会長を務めることになるが、毎日新聞社時代に築いた豊富な人脈がそれを後押ししたことは間違いないだろう。

　戦中の阿部眞之助は、社内役員会で日独伊三国同盟の締結に反対する態度を打ち出すとともに、軍国主義批判の著作を堂々と出版していたため、軍部から睨まれて本名での執筆活動ができない状況にあった。「毒舌ざんげ」（『現代知性全集 第25巻 阿部眞之助集』一九五九年、日本書房）のなかで、「太平洋戦争が始まる三、四年前のことだったと記憶するが、石橋湛山君やわたしたちで評論家協会というものをつくった。それが時局がさし迫ってくるといつのまにか言論報国会にすりかえられてしまった。すりかえられたばかりでなく、そのころ危険分子と見られていたわたしたちはすっかりオミットされていたのであった。これが弾圧の前兆ともいうべきものであったらしく、そのうちに雑誌へ原稿を書いても掲載されなくなってしまった。（中略）情報局あたりが、わたしたちには直接何もいわないでおいて、雑誌社なんかには、こういう人間に執筆させてはいけないという一覧表がまわされているらしいことがわかった。サンデー毎日の原稿も、本名ではまずいというので、野山草吉などというペンネームを、使わねばならなくなった」と回顧しているとおり、戦時中の阿部眞之助は情報局から「危険分子」とみなされるような存在であったらしく、自身のエッセイでも、

> 戦争中、政府当局は、下から盛り上がる世論ということを、口癖のようにいっていた。しかし盛り上がる世論が、爪の垢ほども現われたためしがなかったのは、世論の基礎となるべき事実を人民に与えなかったからである。もっとも事実と称する報道はあった。だが、これは甚だしく事実を転倒したもので、矛盾撞着が容易に私たちに感づかれてしまったので、真実の世論が湧き出すことにならなかったのである。もし戦時中、世論なるものが起こり得たとすれば、かような虚偽に対する弾劾であったろうが、こんなものが表面に現われ出られるはずはなかった。／軍閥が世論の援助を熱心に求めながら、事実を知らせることを憚ったのは、事実を知らせると、世論は彼等を援助するかわりに、見放すだろうことを恐れたによるのであろう。彼等の愚劣さ、低能ぶり、堕落ぶりを、赤裸々に、ありのままに事実として報道したら、何人も彼等に背を向けることはわかり切っていた。
>
> （「報道は事実」、『改造』一九四六年六月）

と回顧している。大阪毎日新聞社京都支局長の頃（一九二〇年）、島津製作所のストライキを弾圧した警察と暴力団に対して附録の全紙面を割いて筆誅を加えたり、ＮＨＫ会長になったあとも『東京新聞』の「放射線」というコーナーに匿名執筆を続けたり、ジャーナリストとしての阿部眞之助は、あらゆる方法で権力への抵抗を試みる知略家だった。つまり、彼には言論の場を必要とする動機と雑誌を出版する政治力と過去の経験で培ってきた人脈がすべて揃っているのである。

のちに『阿部真之助選集』（一九六四年一一月、毎日新聞社）が編まれたとき、長年に亙って阿部眞之助と交流を続けた仲間たちは、「生涯を通じて、頭に主人を持たなかった、いつも民衆の一人として、民衆の興味とともに生きてきたところに、彼のホルモン源があったのではなかろうか」（大佛次郎「阿部真之助という男」）、「阿部氏は社会主義前派だから、その懐抱する自由なり、デモクラシーなりの分量は、いうに足らないほど危険量のすくないものである。しかし筆をもって登場する舞台が毎日新聞という有力無比の大舞台で、また阿部氏の、芯のつよいことと来たら、テコでも曲げるものではない。そのためによけいに軍の憎悪が加わったようだ。新聞社ではヨーロッパに派遣して、この当面の風波を避けさせようとし、そのため私たち学芸部関係者同人で相模湖に舟をうかべて送別宴まで張ったことがあるが、政府がついに外遊を許可しなかった時には、どうなることかと心配した」（木村毅「毒舌の背景」）と記してその人柄を偲んだが、こうした認識は彼の周辺にいた多くの知友たちが共有するものだった。

阿部眞之助の甥にあたる阿部幸男・阿部玄治の『恐妻 知られざる阿部真之助』（一九六五年七月、冬樹社）には「伯父は昭和十年に副主幹、翌十一年編集総務、十三年編集局主幹、主筆を経て取締役と、一見、順調なコースをたどっていた。だが、内実はわずか五か月の主幹在籍期間が示すように、伯父にとっては、香しいものではなかった。／それというのも、昭和十二年に日華事変が始まり、世の中は、軍国色一色へと、急速度に動きつつあったからである。その先頭に立たねばならない立場にあった新聞社で、伯父は軍国調に反対する見解をとっていた。各連隊から新聞記者の派遣を要求してきたときなども、伯父ははなはだ消極的な態度をとった。／社内にはこれに対して非難の声があがり、販売からは抗議が殺到した。国民自体が、軍国熱にあおられているときだから、販売から圧力がかかってきたのも無理はなかった。静岡あたりから販売の大ボスがわざわざ上京して、主幹である伯父に直接怒鳴りこんできたこともあった。／「こんな新聞が売れるか」／「売れなければ、売るな」／主筆になってからも、伯父は戦争礼讃論を書かなかった。だからといって、反対論を書けるはずもなかった。結局、当たらず、さわらずでごまかしたが、それがまたいけないと、文句がきたりした。／三国同盟の締結に際し、社内の役員会では、百回以上も会議を開いたが、社の態度はきまらなかった。このとき、伯父は三国同盟反対の態度を強く打ち出したのであった。／また、日米開戦の前後を通じて、役員会の席上、しばしば戦争に対し、社として積極的な反対態度を打ち出そうじゃないかと、進言した。いずれも、その趣旨には賛成したものの、一度でも、戦争反対論を打ち出せば、社はつぶされる。その結果、何千人の社員と家族がその日から路頭に迷うと思えば、役員会としては、容易に実行に踏みきれるところではなかった」という証言が記されている。

さらに、学芸部長時代の阿部眞之助は女流作家や画家を集めて「東紅会」なる会を立ち上げ、毎月一度、食事会を開いたり旅行をしたりしていた。そこには、会の命名者である長谷川時雨をはじめ、野上弥生子、真杉静枝、吉屋信子、林芙美子、宇野千代、美川きよ、森田たまが集まっていた。詳細は後述するが、『月刊毎日』が数多くの女性作家を登用した背景には、「東紅会」につながるネットワークがあったものと思われる。阿部幸男、阿部玄治は、『恐妻 知られざる阿部真之助』（前出）のなかで、東紅会の様子を「尾崎士郎、村松梢風など、多くの小説家がさかんに出入りするようになった一方、毎月一度、女流作家二十余名を招いて、飲み食いや遠出をしたりした。これは東紅会と名づけられ、その集まりは、伯父が毎日から離れた戦後まで、ずっとつづけられていた」と記している。

一方、少なくとも、第二巻第四号まで編集兼発行人を務めていたことがわかっている伊東重任をはじめ、『月刊毎日』の編集部にいた社員の多くは若手であり、阿部眞之助に肩を並べられそうな人材はいない。第二巻第五号から編集兼発行人を務めている岸哲男に至っては、短期間のつなぎ役だった可能性が高い。もちろん、現役の政治家に物申すことができる特権的な発言力を行使している人物も他にはみあたらない。

こうしたことから、同誌の発行を画策し日本が敗戦を迎える一九四五年八月までそれを継続させることができた背景には、阿部眞之助の人脈と行動力があったと結論づけてよいのではないだろうか。戦後になっても、誰ひとり『月刊毎日』という雑誌の存在を公に語ろうとしなかったという点を考慮すると、この雑誌は、日本国内での言論活動に困難をきたしていた阿部眞之助が中心となって、北京という治外法権区域で試みられたささやかな抵抗だったのかもしれない。

## 6　『月刊毎日』の文芸欄

『月刊毎日』は総合雑誌ゆえ、毎号のように俳句、短歌、詩、小説、随筆などが掲載されており、著名な書き手たちが作品を寄稿している。そうした雑誌の特性を鑑み、ここでは主な文芸作品を紹介する。

### 創刊号

創刊号（一九四四年一一月号）に「うなばら洲」という詩を書いたのは、詩集『海原にありて歌へる』（一九四二年、アジヤラヤ出版部）で日本文学報国会の大東亜文学賞を受賞した後、国威発揚のために数多くの戦争詩を作った大木惇夫である。また、目次には掲載されていないが、創刊号には山口

誓子が「月明」と題して、

ものを見る明るき月に目蔭《まかげ》して
吾家の灯誰か月下に見て過ぎし
月明にあれば民族昂揚す
月光に貝殻白き国守る
月天の星大いなる斗と思ふ

の五句を発表している。同号には、満洲での放浪体験をもとにした「苦力頭の表情」（『文藝戦線』一九二六年六月）でプロレタリア文学の新進作家と目されていた里村欣三の「美しき戦死」も掲載されている。一九三七年から三九年まで兵士として中国戦線に従軍した里村欣三は、中国の内情をよく知る作家として原稿を依頼されたのであろうが、彼は「美しき戦死」が掲載された直後に陸軍報道班員として従軍していたフィリピンで戦死しているため、この作品は遺作小説ということになる。大木惇夫、里村欣三はこの時期にもっとも活躍した戦争作家であり、恐らくその人選は軍部の顔色を窺いながらなされたものであろう。

その他には、齋藤瀏が短歌五首「海の外の同胞」を、徳川夢声が随筆「猫にカラ飯」を、一九二八年から三九年まで東京日日新聞社会部記者をし、一九三二年には『戦ひのあと附・事変日誌』（東京日日新聞社）を刊行している岩崎栄が評伝の連載をはじめている。さきに紹介した「阿部真之助という男」のなかで大佛次郎が「現在大衆物を書いている岩崎栄とか、久しく中共に抑留され、帰国後に亡くなった大衆作家の平野零児などがそのいい例で、この二人は阿部にとって、水戸黄門の「助さん」「格さん」のような存在であった」と書いているように、岩崎栄は阿部眞之助がかわいがった部下のひとりである。

## 第一巻第二号

第一巻第二号には、一九三八年に「浅草の灯」で新潮社文芸賞を受けたあと中間小説や時代小説の分野で活躍していた濱本浩の「復讐」が載っている。また、同号には林房雄の批評「大東亜の文学」も掲載されており、大東亜共栄圏の思想をそのままなぞるように、「文化の創造には民族の自覚と自信を必要とする。現在この自覚と自信を明確に有してゐるのは日本人と中国人と満洲人である。しかも、中国と満洲国にはこの自信を文学的に生かすだけの文化環境はまだ充分には成熟してゐない。従つて、こゝ当分は、日本の文学者が率先して大東亜諸民族の長所と美点を採り、彼等の自覚と自信を養ふ役割を引受けなければならぬ」と述べられている。

## 第二巻第一号

『月刊毎日』がもっとも充実したラインナップになったのが第二巻第一号である。さきにも述べたとおり、同号には斎藤茂吉が短歌「新年述志」を、山口青邨が俳句「御代の春」を、そして佐藤春夫が詩「異郷の新春」を発表している。まず斎藤茂吉の「新年述志」は、

新しき光にむかふ今朝《けさ》の朝け心さやけみいざ立たなわれ
怠らむ時を無みしてもろともにその正《ただ》しきに徹《とほ》らむとする
君ゆかば後《のち》をまもらむひたぶるに迫り迫らむ敵《あた》といふとも
いそしみて悔《く》ゆることなき同胞《はらから》とこよひ飯食《いひは》むほがらほがらに
大きなる成りのまにまにささげたるそのたましひを永久《とは》におもはむ

という五首からなる。これらの短歌は、当然、時局に即応したものを求められて書いたものであろうが、その表現は寂寥感に満ちている。揺るぎない決意をみせようとすればするほど死んでいった者たちへの哀惜がこみあげてくる様子がひっそりと吐露されている。「新しき光にむかふ」「同胞とこよひ飯食むほがらほがらかに」といった言葉を織り交ぜることで、厳しい状況にあっても生きる希望を失うまいとする気概が滲んでいる。斎藤茂吉は同じ時期の『朝日新聞 北支版』（一九四五年一月五日）に

も「決戦の春に歌ふ」という短歌（三首）を寄せ、

決戦の気運めぐれるこの年を決勝として極めざらめや
またゝくひまも止まぬ戦に忠のあらはれ特別攻撃隊
神国のちからを見よと黒けむり空にうづまきてＢ29墜つ

と謳っているが、双方を比較してみると、掲載する雑誌メディアによって慎重に表現を遣い分けていることは明らかであろう。彼は、一方で「決戦」「特別攻撃隊」「神国のちから」といった勇ましい表現で戦意高揚を鼓舞し、他方ではそうした大政翼賛的な空気に呑み込まれていく自分を戒めるような短歌を作っているのである。

同じことは佐藤春夫の詩にもいえる。一九四三年一〇月、朝日新聞社の臨時記者兼陸軍嘱託として東南アジアに向かった佐藤春夫は、マニラ、シンガポール、マラッカを経由してインドネシアの戦況を取材したのち、一九四四年五月に帰国している。この詩はそのときの思い出を書いたものである。

去年の暮はジヤワのマランにゐた。
異郷の新春は餅もない酒もない。

寿ぐには御題に因んで
山上から海の日の出でも拝まうよ
友と語らつて大晦日の午後から
長駆してトサリの宿に投じた
元朝の未明は山上の寒さに
わななく星くづを見ながら
同宿の人々は多く騎馬したが年来脚を病む身は
里人の轎を雇うた。腰には一枚の毛布を纏ひ
別に一枚すつぽりと頭からかぶせられて
まだこの身ぶるひは東京のお正月の寒さだ
里人の舁く轎は前に三人後にまた三人
前の一人はビール瓶の首を針金にぶらさげて
椰子油の篝火に辿る。山道はゆるく上つたり下つたり
大年の夜は白みはじめて道は怪しく美しい
何の木の花か大きすぎる百合らしいのが幾百となく
堵をなして我等を迎へる顔の如く簇り重つてゐた。

逶迤たる道を相戒めて進む事約五キロ二時間ばかり
轎夫は既に燃えぬ篝を投げ捨てて久しい。
日の出を待つ間我等は丘の麓に焚火を囲んで
芭蕉の葉に包んだ握飯を雑煮に代へた
自分が灌木の枝にすがつて丘に急ぎ上る頃は
沙海の大嶋プロモの噴煙の間に遠くスラバヤ湾外マゾラの
鯨の背なす島影から日輪が半分のぞき出てゐた。
この朝わが心は古の酋長もかくやと豊に楽しかつた。

たとえば、同じ時期に書いた詩であっても、『朝日新聞』（一九四四年一月一二日）に発表した「共栄圏・決戦の春 ジャワ」には、「ジャワの海明けゆく見んとて御軍《みいくさ》のここに上りし、クラガンの常椰子のかげ、貝がらの異形を愛でて故郷の思はろばろ」というように、ジャワに上陸した「御軍」の雄姿が高らかに謳われている。だが、「異郷の新春」には「里人」の「轎夫《かごかき》」とともに未明の寒さを凌いだ思い出が懐かしげに語られるだけである。「芭蕉の葉に包んだ握飯」を雑煮に代えて暖をとったこと、「鯨の背なす島影から日輪が半分のぞき出てゐた」ときの感動を率直に語り、「この朝わが心は古の酋長もかくやと豊に楽しかつた」と結んでいる。そこには兵士も戦争も姿を現していない。

## 尾崎士郎「バタアン残月」

第二巻第一号では尾崎士郎「バタアン残月」が興味深い。すでに敵の攻撃が激しくなりつつあるフィリピンのバタアンで、総攻撃に参加するために編成された宣伝小隊の様子を描いたこの作品の冒頭、高月少尉は、隊員たちを前に「今夜は、見らるるとほりの月夜である。この月を眺めて感慨を催さぬものもあるまい。われわれが戦場にあつて、遠く祖国を思ひうかべてゐるときに、われわれの同胞もまた銃後にゐて、戦場に立つわれわれの身の上を案じてゐるであらう、見るひとの心ごころにまかせおきて高嶺に澄める秋の夜の月、――と古人も月の美しさを讃へてゐるが、鏡のごとき月を仰ぐとき、われ等の心は生れながらの童心にかへるのである」と訓示する。特攻と玉砕の精神が尊ばれていた時代にあって、この訓示はあまりにも情緒的であり、同時

【図版４】「バタアン残月」挿絵が入ったタイトル部分。

代に書かれた戦意高揚小説とは似ても似つかぬ様相を呈している。また、作品内には、

――事実、これだけの激戦をして、もう最後の一歩といふところまで敵を追ひ詰めてゐるのに、市民はまだアメリカがマニラを奪還するといふことを信じてゐるんですからね、昨夜あたりのコレヒドールからの放送によると、日本軍は日ならずして全滅に瀕するであらう、増援部隊はすべて海の藻屑となり、それがために木下指揮官は極度の神経衰弱に陥つて屢々自殺を企てたといふやうなことを本気で放送してゐるんです、ところがそれに対して、こつちは当然打つべき手を打つてゐない、そりやあ前線の情報を探ることも必要でせうが、宣伝部隊の要員が全部前線へ出動するといふのは一考すべきことです、しかも前線へ行つたと思ふと、すぐデングにやられて後送されてくるといふに至つては言語同断ですよ。

といった台詞もあり、アメリカによるマニラ奪還、日本軍の全滅、精神衰弱に陥って自殺を企てる指揮官などが描かれる。この小説はどう考えても軍部の期待に添うものではない。国内で内務省の検閲を受けていれば、間違いなく削除を命じられていたはずである。『月刊毎日』の特異さは、このような作品を掲載しているところからも伝わる。

なお、尾崎士郎は戦後になって、この「バタアン残月」の登場人物名を変え、ほぼそのままのか

たちで『人生劇場 離愁篇』（一九五三年、文藝春秋新社）の一章（章題「悪魔」）として挿入している。『人生劇場 離愁篇』の初出は『東京新聞』（一九四三年五月六日―同年一〇月二八日、旧題は「遠征篇」）である。だが、連載終了後、刊行されないまま敗戦を迎えている。したがって、厳密にいえば「バタアン残月」は『東京新聞』連載の「遠征篇」の章を下敷きとし、人物名を変えて短篇小説に仕立てた作品ということになる。『人生劇場』シリーズは尾崎士郎の代表作であるが、戦中に発表した短篇作品が長篇小説の一部に組み込まれているという事実は、この作品を読むための新たな視点を提示しているし、短篇小説の再利用という観点でいえば、戦後、大衆文学作家として作品を量産した尾崎士郎が自身の旧作（それも内地に生活している読者が目にしていないと思われる作品である）を引っ張りださなければならないほど追いつめられていたことの証左にもなっているだろう。

## 第二巻第二号

第二巻第二号では、時局に相反するかたちで文芸作品の割合が多くなり、中国旅行記『魔都』（一九二四年、小西書店）、モデル小説『男装の麗人』（一九三三年、中央公論社）で人気を博していた村松梢風が連載長篇小説「海燕記」を開始している。戦前から、田漢、郭沫若、郁達夫をはじめとする中国人作家たちと交流し、随筆集『支那風物記』（一九四一年、河原書店）の「序」に、「私の此の随筆集は、主として平和な支那の姿である。現下の支那は、日支事変といふ悲むべき大きな禍中に在るから、現在の支那を見て来た人にとつては、私のかういふ描写は、余りに縁遠いやうで、架空の談か、あるひは遠い過去の夢物語か何んぞのやうに響くかも知れないが、決して架空でも昔しの夢でもなく、私は是が本然の支那の姿で、現在も矢張り変つては居らず、将来も続くものであると確信してゐる。／現在の支那は、其の誤まれる政治思想が禍因となつて、限りなき不幸の中へ民衆を叩き込んでゐる。併し、我国の隣国に対する深い友情と良き理解は、やがて両国の国交を調整して、大陸の平和を招来するに相違ない。其の時節になつて、人が自由に支那を旅行することができる時が来れば、諸君は私の此の随筆にある通りの、いろんな物を見て、いろんなことを考へさせられるのである。（中略）／戦争で荒み疲れてゐる支那だけが支那ではないといふことを知つておくことも、此の際徒爾ではあるまいと考へる」と記すほど「支那」に愛着を覚えていた村松梢風は、同号から第二巻第四号まで、明末を舞台とする歴史小説「海燕記」（一）〜（三）を連載し、主人公に、

> ——日本は島国で土地狭けれど、上に万世一系の皇室を戴く金甌無欠の国体を基となし、其の上国民は勤勉で勇武の気象に富み、未だ嘗て外侮を受けたことはありません。支那も日本も倶に儒仏を尊び、聖賢の道を以て治国の根本となす点に於いて全く一致し、東洋無二の友邦として唇歯の関係になることは申さずとも明かな事実です。此の二大強国こそ東洋の礎、民族の滅亡を防ぐものは日本と支那以外には有りません。私達が互ひに信頼して、固く手を握つて西欧人に当る

なら、彼等敢へて恐るるに足りません。然るに事実は是れと反対に、従来両国互ひの利を争ひ、兄弟牆にせめぐの愚を演じた例も一再ならずありましたやうですが、東洋人のみの東洋であつた時代はまだしも、今後も左様な了簡で過ごして居るならば、遠からずして日本も支那も欧洲人の為に国土を奪はれ、彼等の奴隷たるの運命に置かれるでせう。

と語らせている。また、日本の進駐は当地に暮らす民衆の「歎願」によるものだという主張を展開するために、「近頃舟山へ来て船掛りをしてゐる日本の水軍総大将である東島将軍は正義任侠の人であるから将軍に願つて劉を退治して貰ふのが宜からうとの意見、東島将軍の英名は既に土地の者も聞き知つて居りますから、それは至極妙案であると早速一同打揃つて将軍を其の船に訪れ、事情を語って劉の討伐を歎願に及びました。然るに将軍は一面温厚の君子でありますから、却々承認されなかつたが、住民がしきりに歎願して已まない上に、まつたく劉の悪虐無道であることを御承知になられたので、遂に住民達の願ひをお聞き入れになつたのでした」といった描写を挿入している。そこには、日本と中国が手を取り合って欧米諸国と対峙することを主張し続けた村松梢風の思想が小説という形式で遺憾なく吐露されている。

なお、第二巻第二号には明治、大正、昭和三代にわたって新体詩、文語定型詩、口語自由詩それぞれの表現を試みるとともに、夫人・島本久恵とともに女性詩歌人の育成に力を尽くした河井酔茗が「吾家の待避壕」という詩を発表しているほか、画家の小杉放庵や木村荘八、作家の武者小路実篤が随筆を、豊田三郎が「東京から」というリポートを寄せている。東京帝国大学独文学科を卒業し、「赤い鳥」編集部、紀伊國屋書店出版部を経て舟橋聖一や田辺茂一に知遇を得たのち雑誌『行動』の編集長を務め、一九三五年に発表した小説「弔花」(『新潮』二月)が注目されて文筆生活に入った豊田三郎は、戦時中、旧制中学校の国語教員を務めながら長編小説「青春」を執筆したのち陸軍報道班員としてビルマに渡り、その体験をもとにまとめた『行軍』(一九四四年、金星堂)で文学報国会賞を受賞している。

## 第二巻第四号

　第二巻第四号になると、さすがに雑誌としての新陳代謝がうまく機能しなくなり、力のこもった文芸作品が見られなくなる。「今こそ示せ日本の底力」には、戦記文学の先駆けとなる『肉弾』(一九〇六年、英文新誌社出版部)がベストセラーとなった櫻井忠温、一九四一年に保田與重郎、林房雄、尾崎士郎らとともに新国学協会を設立した国粋主義者・浅野晃、労農芸術家連盟の作家として農村を舞台としたプロレタリア文学を描き続けた伊藤永之介、そして武者小路実篤が名を連ねているものの、読みごたえのある力作は少ない。

　武者小路実篤の「筆と墨」には、「日本にも墨絵の名人はゐるが、何と言つても中国にはその巨匠がゐる。そして世界に類のない芸術をつくり出してゐる」といった記述があり、戦争とは無関係とばかりに中国で発達した書や墨絵を絶賛している。「東洋のよさの一方を代表するものとして書や、墨絵は実に立派なものであり、また十分その役割を果してゐるものと思ふ」と述べ、文字を書くための道具としてのみ発達してきた西洋のペンやインキに対して、東洋の筆と墨がいかに芸術と深く関わり合っているか、いかに「人間の精神修養」と結びついているかを語っている。随筆の題材は「筆と墨」となっているが、東洋の文明・文化を西洋のそれに対峙させ、中国、朝鮮、日本が同じ価値観を共有する「東洋人」であると謳うこの文章には、明らかな寓意性が込められているように思う。

　伊藤永之介の「日本の水」は、「北秋田郡の銅山」で目撃した中国人労働者たちを描いたルポルタージュ風の小説。北国の厳しい冬には水道管が凍るため、蛇口を開いたままにしておくのが習わしだが、大陸の汚れた水しか知らない中国人が、そのきれいな水を惜しんで水道管を凍結させてしまうという挿話を通して、「私」が中国人労働者たちに親しみを覚えるようになる様子が描かれている。伊藤永之介の場合は、戦後に編んだ創作集『雪日記』（一九四六年、新紀元社）に「日本の水」を所収するにあたって、中国人労働者の描写などに関しても一言一句修正せず、戦中の初出とまったく同じ内容で読めるようにしている。

　戦時中に中国や朝鮮半島から強制連行されて炭鉱や鉱山に送り込まれた人々のくらしぶりは当時ほとんど明らかにされておらず、当事者の証言も戦後になってからのものがほとんどであるため、この小説の場合、中国人労働者に焦点をあてたこと自体にも大きな意味がある。敢えて見ようとしなければみえてこないもの、その対象を描くことで自分自身の立場を危うくなるかもしれないものを描いている点において、伊藤永之介は戦中／戦後を一貫した姿勢で生きた書き手のひとりであろう。

### 第二巻第五号

第二巻第五号には二人の文学者が興味深い批評、小説を掲載している。ひとつは亀井勝一郎「最も道徳的な人間とは——戦争と道徳」である。戦時中、文学報国会評論部会幹事となり、日本叢書の冊子に「戦争そのものの裡に真の愉悦を味ひたい」（『日月明し』一九四五年七月、生活社）と記した亀井勝一郎は、大政翼賛運動を推進した文学者として認識されることが多い。本章「３『月刊毎日』創刊号の誌面構成」でも言及したとおり、亀井勝一郎は日本文学報国会の活動においてプロパガンダの役割を果たした人物のひとりである。

だが、「最も道徳的な人間とは——戦争と道徳」を読むと、彼が戦時中に主張したこととの真意がみえてくる。前年に発表した「道徳の頽廃」（『新潮』一九四四年七月）を下敷きにしたと思われるこの批評において亀井勝一郎は、「戦争以来、指導者なるものが無数に出たことは注目すべき現象である。彼らの言説を聞きながら、私は一つの定義を考へた。指導者とは、常に正しいことだけを言ふ人、絶対に非難の余地のないやうな説教を垂れる人、一種の自働人形であると。道徳の破壊者は彼らである。何故か。道徳は、正しいことを行ふのがいかに困難であるかを自省し、己の微小を痛感したところに芽生えるであらう。人に説く前に、己を責むるものだ。悪徳の深淵をのぞいたものの悲痛な呻きだ。悔恨の深さ故に、時には反道徳的にさへみえるかもしれない。何を恐れる必要があるのか。精神の敵を凝視し、これと大胆に格闘するがいいのだ」と述べて指導者を糾弾する。

また、指導者が用いるスローガンが逆に言葉そのものを俗化せしめ、人々のなかに「怠惰な精神」が宿ったと批判する。「真の怒りは深い沈黙の裡に宿る。無言の怒りこそ畏怖すべきである。然るに敵愾心の昂揚と称して、この無言の怒りに強ひて表現をとらせようとするとき、いかに硬化したぎごちない言論があらはれるか」、「戦争はおのづからの激情によつてのみ敢行されることはいふまでもない。断じて「宣伝」によつて敢行されるのではない」と述べ、言葉が沈着を失いつつある状況を討つ。

さらに、「現在の日本に、戦争完遂の上で妨害になるものがあるとすれば、それは悉く平和時代から継続してきたものである。戦争の中に平和の悪夢が息づいてゐるのだ」、「若し平和が来たなら、その時こそ闇行為はなくなるだらう、人間は気高くなるだらう、かう考へるほど滑稽なことはない。平和といふ仮定のもとに、ものを考へる人間——これが悪徳の弁解者となるのだ」と主張し、それをもって「道徳の頽敗《ママ》」とよぶ。

ここで亀井勝一郎が鉄槌を加えようとしているのは、「常に正しいことだけを言ふ」指導者であり、指導者が語る言葉の欺瞞を見抜けず、幻影としての「平和」を探し求めようとする社会相である。もちろん、彼の言説には、死を美化して戦争の完遂を訴える思想が含まれており、戦争責任を問われる側にいることは間違いない。確かに、彼は、日本文学報国会に積極的にかかわり、大政翼賛運動を推進した知識人のひとりである。だが、それと同時に、彼が一九四五年五月の時点で指導者と社会相を正面から批判できた数少ない文学者であったこと、政府の言論統制に対してはそれを明確に拒絶し、「自働人形」になってはならないと主張していたことも忘れてはならないだろう。

次に注目したいのが、第二巻第五号で唯一の小説として掲載された丹羽文雄「青春の別れ」[9]である。作品は、父の危篤を聞いた「私」が四年ぶりに満洲から帰郷する場面からはじまる。満洲の軍需工場で働くひとり身の「私」を不憫に思った兄は、「私」に縁談話を切り出し着々と結婚の準備をはじめる。そんなとき、「私」のもとを訪ねてきた友人の大友は、二〇歳の頃に交際していた女性への未練を切々と語りはじめる。驚くべきはこのあとの記述である。軍隊への召集を巡って二人は次のような会話をする。

「（前略）その日から三日目に、お召をうけたんだ。僕は呆然となつたよ。しかしお召は絶対であり、この僕が今までの世界から截然と別の世界にとびこむんだから、かへつて救はれたやうに思つたよ。徴用のときは辛かつた。といふのも、辛くなかつた生活と比較するからだよ。ところがお召となれば」と言つて気がついたらしく大友は、苦笑をうかべた。「君も徴用だつたね」／

「しかし僕の場合は、すべてが軍隊式だから、君ほどのことはないと信じるよ」／「さうかも知れない。君は徴用の国家性を十分考へてみたことがあるかね」／「さういふことを特に考へてみないほど僕の境遇はめぐまれてゐるとでも言へるね」／「軍隊では人間がかはるからね。ところが僕は○ケ月で除隊だつた。（後略）」

国民を組織化し、国家のために死んでくれる兵士として戦場に送り出すことを目的とする軍部にとって、召集の実態に関する話題はタブーである。国民の不満や不安が増幅すると軍の統制が効かなくなり、戦争の継続そのものが難しくなる。「お召」から「除隊」までの期間は伏字で表記され、読者に誤解を与えないような配慮がなされていることからもその緊張感は伝わる。にもかかわらず、丹羽文雄はここで登場人物に「徴用のときは辛かつた」、「軍隊では人間がかはるからね」と語らせ、戦争によって「青春の別れ」を強いられた若者の哀しみに焦点をあてる。

また、この小説では、四年ぶりに内地に帰った「私」が女学生の質素な服装に驚き、「内地も戦場の覚悟が、派手な色彩を抹殺してしまふのは当然であつたが、そのやり方が、その方法に女特有の或る種の怠惰がしのびこんでゐるのではないか。戦場覚悟が女のつつましやかな本能的な主張すら抹殺してゐるのは、ゆきすぎではないかと疑ふのである」と考える場面がある。極端な実利主義の統制によって「うす汚い」服装をさせられた女たちのなかに「怠惰」の匂いを感じるだけでなく、それを

「ゆきすぎではないか」と批判する場面もある。

さらに、作品内にはＢ29を見たことがあるかという話題が登場する。大友は「私」に向かって、「僕はあの爆音をきくと、君とはちがつた感じをうけるんだ。いや、敵ぢやないよ。敵を追ふ空冷式の双発の爆音だ。なつかしい双発なんだ。あの形態からうける感じは、とても温くて、切ないほどなつかしいんだよ。徴用時代の気持になるんだ。同時にあの苦しい時代がふいに迫つてくるよ」と語る。軍隊に召集されることへの恐怖。人間の本能を抹殺しようとする統制への嫌悪。そして、Ｂ29を追跡する日本の双発機をいかにも時代遅れの旧型として表象し、「切ないほどなつかしい」と語ること。同時代的な文脈からすれば、それは不謹慎な言説そのものである。沖縄では民間人を巻き添えにした地上戦が続き、日本各地で空襲が続いていた一九四五年五月に生きていた読者がこの小説に感情移入するのは難しかっただろう。だが、作者はそれを承知で書いている。いかなる言論統制によっても人間の内面を支配することはできないと訴えるために、敢えて戦時下のモラルに背を向けている。

### 第二巻第七号

第二巻第七号になると再び内容の充実した文学作品が掲載されるようになる。戦争末期の厳しい情勢下にあって、『月刊毎日』は総合文芸雑誌としての底力を発揮するのである。そのひとつが室生犀星の「片信」という小説である。戦禍を逃れて住み慣れた東京から信州のとある街に移住してきた

「彼」は、胃潰瘍の検査も歯の治療も時計の修理も断られ、「何処を歩いても人の笑ひ声がしない、陽気なあかるい声が絶えて」いる街を彷徨う。そんなとき、地方を巡回している交響楽団のポスターを見かけて会場に足を運んだ「彼」は、ひとりの気品に溢れた音楽家の歌を聴き、「無理や拵へもののない声」に思わず襟を正したい気持ちになる。戦中のうらぶれた街角の光景から演奏家たちに喝采する人々の姿まで、その描写は精密であり、主人公の悲哀が抑制のきいた言葉で表現されている。

この作品も、伊藤永之介の「日本の水」と同様、読点や段落替えなど微細な補筆を施しただけで、戦後に刊行された『信濃山中』（一九四六年、全国書房）に所収されている。戦争末期に書かれた作品でありながら、内容に関する削除や改稿をせずに公開できたということは、逆に、室生犀星という作家が国策文学に筆を染めることなく自らの世界観を貫いたことの証となっている。同書には初出が記されておらず、室生朝子・本多浩・星野晃一編『室生犀星文学年譜』（一九八二年、明治書院）にも書誌情報がないため、「片信」は戦争末期における室生犀星の創作活動を考えるうえで貴重な資料となり得るだろう。

同号には武田麟太郎の「嫌はれもの」も掲載されている。この小説は、語り手の「自分」が堂本という男の葬儀に出かける場面からはじまる。大陸を転戦したのちに壮烈な戦死を遂げた堂本は、その乱暴な性格が災いして周囲から嫌われていた。だが、彼には出征前に将来を誓い合った富子という女がおり、「自分」に彼女の面倒をみてくれるように託していた。実際、富子にそんな気持ちはなかったのだが、不器用な堂本は、富子のやさしさを誤解していたのである。

堂本が出征したのち縁談相手と結婚し、戦場に赴いた夫を待つ身になっていた富子は、そうした思いをひた隠しにして堂本の葬儀に駆けつけ、彼の遺骨を引き取っていく。作品の結末はやや唐突な印象を与えるが、誰からも愛されることなく死んでいった堂本の侘しさと、そんな「嫌はれもの」の死を静かに悼む人々の慈しみが鮮やかに描出された作品である。

ところで、武田麟太郎には「心境」(『中央公論』一九四一年一月)という小説がある。「心境」は、出征軍人である堂本と彼の一方的な求愛を受ける富子との関係を中心とした短篇小説であり、両作は同じモチーフを別の角度から書いた作品であることがわかる。それぞれはまったく別の作品ともいえるし、ひとつの事象を違うカメラで捉えた作品ともいえる。

### 第二巻第八号

終刊号となる第二巻第八号になっても、そうした文学作品重視の姿勢は変わっていない。同号には尾崎一雄「我が疎開記」と大下宇陀兒「我が残留記」が並んでおり、一方では、「戦争完遂に役立つ」ような文章を書きたいと思いつつ田畑を耕して食糧増産に協力しなければならない疎開生活者の葛藤が、もう一方では、帝都の機能を維持するために、居残った住民が力を合わせて空襲の被害から街を守ろうとする様子が描かれている。

また、同号には榊山潤が小説「山村」を書き、敵の空襲によって焼土と化しつつある東京から妻の実家に疎開してきた主人公と、彼を頼って家族を托す親友の交情を描いている。作品の収束部には特攻隊として出撃していった息子の死を新聞で知る老人のエピソードなども織り込まれ、戦争末期における農村の暮らしがリアルに描かれている。伊藤桂一・尾崎秀樹・小田淳編『回想・榊山潤』（一九九一年、榊の会編）によれば、この頃の榊山潤は「戦時日記抄――疎開文学者山村日記」（『文学報国』一九四五年三月）しか発表しておらず、同時期の榊山潤に関しては不明なことが多い。また、のちに「山村記」（『文芸』一九四六年五月）という文章を書いているが、それは戦後になって書かれたものであり、戦時中とは認識のあり方が大きく変わっている。その意味で、「山村」という小説は榊山潤における疎開という問題を考えるうえで貴重な資料となる。

## 7　女性作家の登用

『月刊毎日』の文芸欄で特に際立つのは女性作家を積極的に登用していることである。たとえば、第一巻第二号には、正岡子規の門下生であり、「アララギ」の中心であった岡麓とともに、島木赤彦の妻・久保田不二子が短歌を、砲兵少尉として従軍した体験を踏まえて詠んだ句集『砲車』

（一九三九年四月、三省堂）で知られる長谷川素逝、報知新聞の記者を経て句誌『辛夷』を主宰する前田普羅とともに、長谷川零余子の妻・かな女が俳句を寄せている。小説では、一九四〇年に「『小指』その他」で女性として初めて直木賞を受賞した堤千代の「女郎花《おみなえし》」が掲載されている。

「女郎花」は、おみやという女が友人の「私」に向かって、指輪にまつわる数奇な運命を語る話である。――おみやは、比島でひとりの青年を看病したお礼に指輪を貰って帰国する。そんなある日、おみやのもとに青年の義父がやってきて彼の容体を訊こうとするのだが、その義父こそは、若い頃におみやを弄んで棄てた男だった。過去の記憶が甦り、復讐の念に囚われたおみやは青年の妻と会い、自分が貰った指輪をわざと見せびらかす。「宅が、本当に思つてゐましたのは、私ではなかつたのでせうか」と泣き崩れた若妻は、もともとの病をこじらせて息絶える。

興味深いのは、この後の展開である。ある日、モンペ姿で勤労奉仕に出かける生活を送るおみやのもとに若妻の幽霊が現われて彼女を悩ますのである。男女の愛憎をテーマとするこの作品には、「男の人が、細君より他の女に、熱を上げる、それア、つまり浮気でせう。浮気なんて、うつちやつておけば、水の泡みたいに消えちまふものよ。そんなことで良人の愛を信じなくなるやうぢや、旦那さまが、可哀さうね」という台詞まであり、戦争末期に発表されたものとはとても思えない内容である。

第二巻第一号では壺井栄「村の運動会」が目をひく。この小説は、夫が戦死した報せを受けた妻が、子どもたちの運動会に参加して村の人々と交流するなかで、泣きたいのは自分ひとりではないのだから、という気持ちをもつようになるまでを義姉の視点から描いた作品である。ストーリーの展開としては、銃後を守る女たちの毅然とした姿を捉えた内容になっているが、「ほんとにくそ真面目であの人ほどロマンスのない人はなかつた」といった敵性語が使用されている。また、「雨上りの空は深く、星の屑まで数へられるほど澄み渡つた秋日和でした」という冒頭の一文を読めばわかるように、その表現は柔和かつ感傷的である。戦争末期、作者・壺井栄は児童雑誌に童話を発表したり短い随筆を書いたりした以外ほとんど小説を発表することができず、他のプロレタリア系作家と同様に生活が困窮していたが、この「村の運動会」は壺井栄が一九四五年に発表できた数少ない小説作品として重要な意味をもつ。

【図版５】「村の運動会」挿絵が入ったタイトル部分。

第二巻第二号には前号に論説を発表した齋藤瀏の娘・齋藤史が短歌「日常」を発表している。福岡県立小倉高等女学校在学中から若山牧水の奨めで作歌に取り組み、卒業後、父が所属する佐佐木信綱主宰の歌誌『心の花』に加わった齋藤史は、強烈なモダニズム色を放つ第一歌集『魚歌』（一九四〇年八月、ぐろりあそさえて）が萩原朔太郎に激賞されるなど、早くからその才能が注目を集めた歌人である。

第二巻第三号も文芸作品の充実ぶりは健在だが、特にこの号で目立つのは、「特輯 女子の戦力化」に阿部静枝、池田きみ枝、鷺沼登美枝が論説を書いているほか、生方たつゑ、窪川稲子（佐多稲子）といった女性の書き手を積極的に登用している点である。なかでも、「たゝずまひ」を書いた佐多稲子は、一九四四年から四五年にかけて新作の小説をほとんど発表していないため、壺井栄「村の運動会」と同様、極めて貴重な文学資料といえる。ちなみに、ここに登場する鷺沼登美枝は、戦後、佐多稲子、宮本百合子、山本安英、松岡洋子、三岸節子らとともに婦人民主クラブ（一九四六年三月設立）の呼びかけ人に名を連ねた女性解放運動家であり、そうした意味でも、この人選には特定の人脈らしきものが感じられる。壺井栄や佐多稲子といったプロレタリア文学系の作家が、なぜ戦争末期の雑誌に小説を発表することができたのかという点も含めて、『月刊毎日』に掲載された小説のラインナップには留意が必要である。

「たゝずまひ」では、縁故疎開に行く友だちと別れて集団疎開の列車に乗り込む我が子を見守る母親の心境に焦点があてられる。特に後半では、いよいよ空襲が頻繁になるなか、配給を受けながらつつましく暮らす街の人々の様子が淡々と写されている。母親と息子の会話に、「アメリカの敵機は人間ぢやないんだから」といった台詞が入ったりはするものの、戦争に対する思いは一切描かれず、空襲に怯えながらその日その日を精一杯に生きようとする人々の表情だけが切り取られている。

興味深いのは、戦後になって初めて佐多稲子の筆名を使った単行本『たたずまひ』（一九四六年、萬里閣）を出版する際、彼女がこの作品を表題作に掲げ、次のような改稿を施していることである。

［初出］庭につゞいた隣りの家で、今年五つの男の子が母に言つてゐる。／「母ちやん、敵機はもう来ない？」／「あゝ、もう来ないよ。逃げちやつたよ。」／「ほんたうにもう逃げちやつた。」／と、優しい気性の男の子がまだ不安が残るのかくり返して聞いた。／「あつ、逃げちやつたんだよ。」と、今度は母親は言葉をつよめた。／「今度、いつ来るの。」／「知らないよ。母ちやんそんなこと。アメリカの敵機は人間ぢやないんだから。」／「アメリカの敵機は、人間ぢやないの。」／「あゝ、さうだよ。」／幾枝は、母と子のおもしろい会話に頬《ママ》笑んでぢいつと聞いてゐた。／「夜、来ない？」／「うるさいねお前は。母ちやんは敵機の番なんかしてゐないから知らないよ。」と、母はうるさくなつたらしい。

［初刊］庭につづいた隣りの家で、今年五つの男の子が母に言つてゐる。／「母ちやん、アメリカの飛行機、もう来ない？」／「あゝ、もう来ないよ。」／「ほんたうに、もう来ない？」／と、優しい気性の男の子が、まだ不安が残るのか、くり返して聞いた。／「さうだよ。」／と、今度

は母親は言葉をつよめた。／「今度、いつ来るの。」／「知らないよ。母ちゃんは、そんなこと。」／幾枝は、母と子のおもしろい会話に微笑んでぢつと聞いてゐた。／「夜、来ない？」／「うるさいねお前は。母ちゃんは、アメリカの飛行機の番なんかしてゐないから知らないよ。」／と、母親はうるさくなつたらしい。

戦後、ＧＨＱによる厳しい検閲がなされていた時代にあって、「アメリカの敵機」を「人間ぢやないんだ」と表現することが許されるはずはない。それが出版社の意向なのか作者自身の自主規制なのかはわからないが、ともかく、占領国批判につながる表現を修正せざるを得なかったのは当然であろう。だが、ここで興味深いのは、このエピソードそのものを削除するのではなく、前後の辻褄を合わせて表現が巧妙に変えられていることである。佐多稲子は、読者が気づかぬように手を入れ、検閲の痕跡を感じさせないような工夫を施しているのである。

たとえば、『たたずまひ』（前出）と同年に短編集『ふたたび』（一九四六年、萬理閣）を出した壺井栄の場合は、同書に「村の運動会」を所収せず、その後、この作品に言及することもなかった。そこには、消極的なかたちであれ、銃後の女たちを励ますような小説を書いてしまったことへの贖罪意識があったと思われる。『ふたたび』の「あとがき」には、「殆ど戦争中に書いたものである。半分は既に出版された単行本の中から再録した。そのことが多少気になるのだが、戦時中の出版事情は再版が不可能であつたこと、発行部数が少なかつたことなどを理由に、比較的人目にふれなかつたものを選び、終戦前後の新しい作品と組合せてみた」といった弁明もあり、当時のプロレタリア系作家の困窮ぶりを顕わにしているが、そのような状況のなかでさえ、壺井栄は「村の運動会」を収録しようとはしなかったのである。

もちろん、だからといってアメリカに関する表現を手際よく修正して戦後版の単行本に収めた佐多稲子よりも、戦時中の自作を葬った壺井栄の方が、作家の戦争責任に対する自覚が強いと主張したいわけではない。見方をかえれば、一部の表現を修正するだけで戦後文学として通用する作品を戦中にも書き続けていた佐多稲子こそ、矜持を守り続けた作家だったと言えなくもないからである。ここで重要なのは、二人の選択に優劣をつけることではなく、戦後の新しい時代に臨もうとした女性作家たちが、自作の扱いに関してまったく異なった判断をせざるを得ないような状況があったという事実を正しく認識することである。

## 8　大佛次郎「遅桜」を読む

すでに言及した大佛次郎「遅桜」は、「たゝずまひ」の前月、第二巻第二号に掲載されている。「遅桜」の主人公・信乃は、学徒出陣で戦場に散った息子の死を悼むために建長寺のお堂を訪れる。「建長興国禅寺」という額が掲げられた楼門のあたりを歩いていると、突然、「昔の女」が現れる。彼女は、お互い惚れ合っていながら「うやむやに別れて了つた」相手だったのである。その後、信乃を慰めるため、わざわざ鎌倉まで足を運んできた友と酒を酌み交わすことになった信乃は、死んだ息子と「昔の女」の面影を交互に思い浮かべながら酩酊する。この作品は、戦死して「神」になった息子と「昔の女」が並行的に語られるなど、考えようによっては不謹慎ともいえる内容を含んだ作品であり、主人公たちが酩酊していく様子も時局に照らして問題のある表現と受け取られたかもしれない。だが、「本統に相手に惚れる」ことができるかどうかが「人間の値打」を決めるという友の台詞には、作者の強い信念が感じられる。

### 「乞食大将」の連載

さきにも述べたように、大佛次郎は一九四四年一〇月二五日から一九四五年三月六日まで『朝日新聞』誌上で「乞食大将」を連載していた。[10] 戦国時代の黒田藩を舞台とするこの作品は、武勇に秀でていながら地位や名誉に固執しない侠気の人として周囲の人望を集める後藤又兵衛基次と藩主・黒田長政の確執を描いた歴史小説である。戦国の時代にあって関ケ原の武勲によって筑前五二万石の太守にのぼりつめる長政。長政とは幼馴染の関係でありながら、権力者におもねることをせず、許しを得ないまま出奔してしまう又兵衛。作品では、隣国豊前の細川家に身を寄せたことで長政の怒りをかい、命まで狙われるようになった又兵衛基次が「乞食」に身をやつして放浪の旅に出る様子が描かれる。

「乞食大将」の冒頭は、若き日の又兵衛基次が手負いとなって戦場に置き去りにされるところからはじまる。作者・大佛次郎は、そのときの彼の心境を次のように描写する。

> この若者は黒色の立派な鎧を着込んでゐた。崖から落ちた時も放さなかつたと見え、長柄《ながえ》の槍を手につかんだまゝでゐた。もつと暗くなつてゐれば、崖の上から覗き込まれても見つかるまいが、日が沈んだばかりのところだつたので、危険なことだつた。若者は、敵の話声が近くなつて来るのを聞いてゐたが、不意と目を大きく開いて、そのまゝ閉ぢずにゐることにした。／大胆なことだが、かうしてゐる方が、敵のすることが見えて、いざと云ふ場合にも都合が好い。

ここでの又兵衛は、たとえ敵が近くに迫ってこようと決して目を瞑ったりせず、「目を大きく開いて」敵のすることを見続けることを決意している。死人の真似をすると相手の様子がわからないが目を見開いていれば「いざと云ふ場合にも都合が好い」と考える。実はこの冒頭部分は、戦後に書き継がれた「乞食大将」のラストシーンにある以下のような記述と鮮やかに対応している。そこには、以下のような場面がある。

——戦場の古強者《ふるつわもの》としての経験も鍛へ上げた力も揮《ふる》ふ余地があつて意味があるのであるが、さういふ機会もいよいよ失はれたのだから全部が無に帰したのである。しかし基次は意外なくらゐに落胆もしてゐなかつたし焦燥も感じてゐない。何か、これは新しいものなのだ。京へ出てから、無卿の間に眺めて来た四民の様子から、基次はかう見出してゐた。泰平無事の中で人がいきいきと生きてゐられるといふことに彼は興味を抱いた。自分が育て上げられて来た戦ばかりある世の中といふのが、急に遠く後方へ退いて、思へば奇怪な年月だつたとさへ見えるやうになつたのである。戦場でも彼はどんな窮迫した瞬間にも平静に物を見て来た男である。現在もその眼に狂いはなかつた。世間が彼に用はなくなつた。無関心な程度に冷静に、かう見えた。だから、悪く足掻く心持は更にない。況んや、感傷を湧かすことはない。寧ろ、おのれの境遇が失笑の種と成ることがあつても、世を恨むとか人を妬むといふ心は、料簡になかつた。与へられた条件を単的に受取るだけのことである。どこの戦場へ出ても彼はこの一分を捨てなかつた。冷静無類に自分が向ふところを判断出来たのも、そのせゐである。

戦時中に書かれた冒頭部と戦後になって書き継がれた結末部が対応するということは、当然、大佛次郎のなかに首尾一貫したモチーフがあったということである。どのような状況に追い込まれてもしっかりと目を見開き、「冷静無類に自分が向ふところを判断」すること。それは「乞食大将」という作品を規定する認識の枠組みなのである。

作品内における又兵衛基次は、戦に明け暮れた日々を回顧する場面で、「人間が、俺れは生きてゐるなと思ふ瞬間がある。基次の知つてゐる戦場と云ふ場所がそれだつた。次の瞬間のおのれの生死は分らずに、大きな展望の中にをさめられて緩慢な敵の軍勢の行動を見まもつてゐる時がそれであつた。また、何もかも忘れて敵と揉合つてゐて敵が仆れておのれが立つて残つてゐる瞬間に、遽《すみや》かに胸に差して来る明るい感動がそれであつた。生きてをる。生きて歩いてをる。命を一瞬に焼きつくしたと思はれる烈しい瞬間の後なので、これが我が事ではないやうな、けうとく深い感動を呼んで、時には全身に戦慄を呼び醒ますまでの快さを覚えるのだらうか。存分に働いたと自分も感じられる時、基次は何とも云へず嬉しいのである。男が存分に力を出したと自覚出来る瞬間、基次はこれを戦場に見つけて来たのである」と語ったりもする。彼にとっての戦は、生死を賭けた壮絶なぶつかり合いであると同時に、「俺れは生きてゐる」という深い感動を得ることができる瞬間でもあったのだ。

さらに、大佛次郎は連載開始にあたって、「死所を得るということが人間の脚下の生活に離れられない関係にあった時代の話だから、歴史小説には違いないが、私はまた、これは現代小説かも知れぬとも考へている」（『朝日新聞』社告、一九四四年一〇月一五日）と述べている。この一節からは、「死所を得る」という問題に対する大佛の並々ならぬ思いが伝わってくる。歴史小説でありながら「これは現代小説かも知れぬ」という断りを入れている点からみても、その背景に戦時下の情勢が深くかかわっていることは確かである。

小川和也『大佛次郎の「大東亜戦争」』（二〇〇九年、講談社現代新書）によれば、これまでの先行研究において、「乞食大将」は「軍人批判の書」として高く評価されてきた経緯があるという。「超国家主義に対する傍観者的態度をもってつらぬいたもの」、「理想化された武人」を描くことで「目前の軍人階級を批判」（「『鞍馬天狗』の進化」、『講座・現代芸術』第五巻「権力と芸術」一九五八年四月、勁草書房）したと指摘した鶴見俊輔、「当時、軍人の天下で最高位の大将の文字の上に乞食の形容句を冠することで、政治権力への批判を行ないたかつたことが分る」（『乞食大将 後藤又兵衛』「解説」一九八七年一〇月、徳間文庫）と述べた福島行一などがその代表である。

こうした読まれ方に対して小川和也は、「当時の支配者は軍人であり、軍人批判には相当な覚悟と勇気が必要だったことはまちがいない。その意味で、『乞食大将』は戦時下にありえた抵抗の文学の一つといえる」と述べて一定の理解を示すものの、「なぜ厳しい検閲の網をすり抜けて、軍人批判を盛りこんだ作品が新聞に掲載されたのか」という問いを立て、ちょうどレイテ戦が起こり、特攻攻撃がはじまりつつあった時期に書かれた連載第一五回（一九四四年一一月二日に執筆）の、

　如何な苦戦に際しても、相撲の土俵の剣ケ峰に踏み止るようにして、一分と譲らぬ剛気な者が

> あれば、逆に頽勢《たいせい》を押返して味方の勝機を導くことに成る。敵味方の我慢比べの梃子《てこ》に成る男たちである。頑として、屈辱をいさぎよしとしない不撓《ふとう》不屈の骨格なのである。これは燃え始めたら焼け切れるまで消えることのない若い生命力でなければならぬ。実践の現実の中心に成る男たちなのである。（中略）この危機を乗切って味方の戦意の低下を喰い止め、戦闘を一貫させる仕事は、この男たちの気力と肉体力で推進せられるのである。

という記述を紹介する。大佛がどのような思惑を抱いていたかはともかく、この文面に接した読者は戦局の「圧倒的な頽勢」を体当たりで挽回する「若き特攻隊員」の姿をイメージしたに違いないと指摘する。そして、戦時下に書かれた「乞食大将」は、「敗色が濃くなってきたなかで、諦めずに戦い抜く、敗れない精神」を描くことにその目的があった。つねに前線に立つ大将・後藤又兵衛は、「大佛が絶賛したもう一人の大将、海軍大将・山本五十六と重なる」と結論づける。

小川の分析は大佛の戦争認識を考えるうえで示唆に富む。戦時下の新聞記事と連載小説の連動性という点でも掘り下げる価値があるだろう。だが、さきに述べた作品全体の枠組み、すなわち、どのような状況に追い込まれてもしっかり目を見開き、「冷静無類に自分が向ふところを判断」するという認識に注目して本文を読むと、「諦めずに戦い抜く、敗れない精神」というものを「圧倒的な頽勢」を体当たりで挽回する「若き特攻隊員」に結びつける小川の解釈には留保が必要になる。戦局が厳しくなるなかで大佛が考えていたことは、必ずしも特攻隊のような戦い方を指しているわけではないのではないかという疑念が沸く。

「乞食大将」の前半には宇都宮鎮房《しげふさ》に攻めこまれた黒田勢が神楽山に立て籠る場面があり、

> ――城井谷の封鎖は、一箇年近く続いた。その間、田畑は手も入れられずに荒れて、糧食を外部から得ようにも交通はたち切られてゐたわけである。鎮房は敵が守つてゐる神楽山を奪還しようとして幾度か強襲を試み、その度に失敗した。損害を重ねるだけで成功は覚束なかつた。黒田勢には新しい鉄砲の準備が充分だつたし、城井谷のやうな山城の主人として平穏に人と成つて来た鎮房には、その用意が足りなかつたのである。兵糧にさへ深刻に苦しんで来たやうな境遇にゐて、鉄砲の補給などは思ひも寄らなかつた。敵が攻勢《こうせい》に出て山地へ踏込んで来てくれるならば、鎮房は勝つ自信があつた。が、敵は、孝高《よしたか》の厳重な下知《げじ》があつたとほり、鎮房の誘ひにも掛らず、神楽山から動かうとしない。

と描かれている。それは充分な武器を蓄えつつも亀が甲羅に閉じこもるように防御に徹する作戦だが、大佛はその戦略の有効性を認めている。自分から敵陣に飛び込んで自滅するよりは兵糧攻めに耐えながらじっと機会をうかがう方が賢いといっているようにもみえる。また、作品の後半において、すでに若さを失った主人公・又兵衛基次の内面に迫った語り手は、「基次は、肉体の動作の世界では老人らしく怠惰に動かずにゐても、心意の世界では壮年の潑剌としたものを決して失つてはゐなかつた。見やうに依つては故意に凝としてゐて基次は、昔ながらのおのれの熱情と対決を求めてゐたのである。この、已むを得ぬ無為に、どこまで自分が耐へられるか？　興味をそれに向けてゐるのである」と述べたうえで、

――基次は頭を屈しようとしないのと同時に、もがくやうなことを潔しとしない。戦場でしたのと同じことだ。新しい敵に向つて基次のすることは躊躇なくおのれの軀を持つて行つてから、呼吸を計つて動作に出るのだ。先づ相手の内懐に寄つて見ることだ。なるほど、なるほど、と小童のやうに素直に動く心で感心して見ることだ。

と結んでいる。ここでの語り手は、敵をしっかり観察せよと訴えている。戦いに勝つためには内懐に自分の身体をもっていくとともに、「素直に動く心」で相手に迫り、相手の呼吸を計りながら動作に出ることが重要だと述べており、やみくもに自分の命を投げ出すような特攻攻撃はもちろん、精神論で兵士たちを鼓舞して死地に向かわせるような行為そのものを退けている。

こうした書きぶりから推察するに、大佛の認識において特攻隊をはじめとする若者たちの死が、戦

争の局面を打開する有効な戦略として期待されていたとは思えない。大佛自身の表現に即していえば、それは「死所を得る」という思想と真逆の行為なのではないだろうか。

たとえば、「乞食大将」の又兵衛基次は、封建時代における絶対的な主従関係よりも自らの信念を大切にする新しいかたちのヒーローとして描かれている。本文中にも、以下のような記述がある。

> ――基次は、最初から態度を鮮明にしてゐた。主人が討手《うちて》を寄越すとわかつてから、一層それなのである。武辺の意地といふのは、徳川期に入つてからのものよりも、もつと強靭で太くたくましい。云はば、まだ後の封建的な体制も、それに付随して出来上つた封建的な風習や道徳も完成されてゐない時代で、主従の観念も違つてゐたのである。真正直に武士の一念を貫いてこそ忠義なので、主人の命令だからといつて、なまぬるく一分を枉げるのは、卑劣だし、武辺に有るまじき行儀だと信じられてゐた。上意が曲つてゐたら、これを叩きなほす勇気が必要なのである。その気魄《きはく》は人に共通してゐた。烈しさに時折、運命的な破滅を生ずることはあつても武士は飼犬とは性質を異にする。気に喰はぬものは、どこまでも気に喰はぬ。その強烈さが、主従の関係に根幹と成つてゐて、生死を賭して悔いぬ男の愛着も生れたのである。

ここで大佛が主人公に仮託しているのは、「武士の一念」を貫くことの大切さである。「武士の一念」を貫くためには、たとえ「主人の命令」であっても「上意が曲つてゐたら、これを叩きなほす勇気が必要」だと彼はいう。ここでいう「武士の一念」を同時代の文脈に置き換えると、当然、それは戦争に勝つこと、敵国から日本を守ることを意味する。また、特攻攻撃は「主人の命令」として下されるものである。

大佛はなぜここで「気に喰はぬものは、どこまでも気に喰はぬ」などという表現を使うのだろうか。それは、彼自身が特攻攻撃で死んでいく若者たちの存在に思いを馳せているからだろう。特攻攻撃に志願して敵艦に体当たりすることが、果たして「死所を得る」ことなのだろうかという問いに対する答えが見つけられないからだろう。残念ながら、「乞食大将」の新聞連載は一九四五年三月六日をもって中断されたため、戦時下における大佛の自問をそれ以上追及することはできないが、少なくとも、当時の大佛が「冷静無類に自分が向ふところを判断」すべきだという認識をもっていたことは確かだし、それは戦時下を生きる自分自身にも向けられていたはずである。

## 応答としての「遅桜」

『月刊毎日』に発表された「遅桜」は、まさにそうした問いに対するひとつの応答として書かれている。この作品が執筆されたのは一九四四年一二月である。本章の「1『月刊毎日』発見の経緯」でも述べたとおり、大佛次郎『敗戦日記』（前出）にはその過程が、「夜になってから月刊毎日の仕事にかかる。花頃の昭堂を書く（八枚）。十二時過ぎる。酉子を相手に白鹿を飲んでいるとまた警報。三時近くなりその後の警報は構わず酔って寝て了う。白鹿の一本、ワンラ（完了、おしまい）」（一九四四年一二月六日）、「遅桜を続け深夜になりて筆を置く。また警報出で静岡県下に投弾と情報を放送。白鹿二本目に手をつけて寝る」（同七日）、「「遅桜」に手を入れ送り新聞一回」（同八日）と記されている。

一九四四年一二月といえば、『朝日新聞』紙上における「乞食大将」の連載がはじまって一カ月半ほどが経った時期である。連載は第三二回「長袴（3）」（一二月二日―一二月一日は休載）までできている。同日掲載分は次のような一節からはじまっている。

その癖、基次は奇妙なくらゐに戦場にゐて自分が死ぬと云ふことを考へたことがなかつた。若い生命は、生きると云ふことだけで充実されてゐて、ほかのものが入る隙間もない。死は意識と裏側に差添つてゐるばかりで、生きるために薬味の役はするが、念頭には入つて来ない。入らうとすれば強力に排しのけられる始末で、生きる意欲の方が強烈に燃え立つて来てゐるのである。平素は極くあいまいに見てゐる四囲の自然の小さい特徴――夕空に生れ出る星の色や、冬木立に挟まつてゐる何かの葉の青い色などが、いつもと違つて目に見て鋭く鮮かに頭に残るのも、危険の度の強い戦場にゐる場合に多かつた。いのちを精一杯生き、たくましく呼吸してゐる事実を、裏附けてゐることである。戦国以来の武士の生活に、死と云ふことは生きることと同じく普通で、特に取上げて考へるに足りぬこととされて来た。基次が、これを念頭に置かなかつたとしても当然の生き方をして来たと云ふだけのことであつた。

ここで大佛次郎が焦点化しているのは、戦場に立った人間のなかに沸き起こる「生きる意欲」である。「いのちを精一杯生き、たくましく呼吸してゐる事実」を知った人間の目に映る「鋭く鮮か」な世界である。ここでの大佛は、「いのちを精一杯生き」ることの大切さを説くことで、「死と云ふことは生きることと同じく普通で、特に取上げて考へるに足りぬこと」とするような武士道精神を婉曲的に退けているのである。

それに対して、ほぼ同じ時期に書かれたと思われる「遅桜」は、主人公の信乃が学徒出陣で戦場に散った息子の死を悼むために建長寺のお堂を訪れる場面からはじまっている。また、作品の冒頭近くでは、「建長興国禅寺」という額が掲げられた楼門の近くを歩いている信乃の前に、突然「昔の女」が現れる設定が用意されている。戦死して「神」になった息子を弔う場所で「昔の女」と再会するというストーリーはいかにも不謹慎である。特にこの作品の場合は、お互い惚れ合っていながら「うやむやに別れて了つた」相手という設定になっているため、未練にも似たわだかまりが作品世界に漂うことになる。

在りし日を懐かしんだ信乃は、「南海に散つたと公電を受け取つて半月も経たず、二十三歳の我が子のいつまでも尽きぬ思い出と絡めて、花は念頭になかつた。鎌倉に寺の多い中にも禅寺らしい閑寂な環境、こゝの開山堂の昭堂の建物、これは自分が好きで、金釦学生服の衛を連れては再三、散歩に来た場所であつた」、「まだ子供のやうに信じてゐた衛に立派に死なれて見て、ふと或る時、昭堂のことを思ひ泛べて、身もふるへるほどに深い感動を覚えた。衛にわかつてゐたのか？ それこそ親の慾目と云ふこともあるのだから、さうと信じるまでに到らぬ。しかし採用となるまでは親にさへ遂に断りなしでゐて学鷲《がくしゅう》と成ると、若い命を捧げて潔よかつた我が子なのである」、「衛は口数のすくない子供であつた。物も云はずに、行動に出て、それが栄誉ある最期と成つたのである」といった言葉で息子の死を悼む。そして、「神」となった息子が自分を見守ってくれていると思い定めて、「きびしさに涙はなく男らしい、その快よさもあつた」と考える。

ここまでは時局に照らして順当な筋書きといっていいだろう。ところが、大佛次郎は、この後、鎌倉まで足を運んでくれた旧友と酒を酌み交わす場面を描き、酩酊していく二人の会話のなかに本音が顔を覗かせるような表現を試みるのである。

「どうも、何となく、……話が……やはり、なんだよ、息子の戦死と云ふ影か何か、君に取憑いてゐるんで……気の毒なやうで辛抱しながら聞いてゐたんだが……出てくれたとは、やつぱり昔の信乃公だ。どんな化物か知らぬが、これァよく出てくれた！」信乃もぷつと、吹出しながら も、／「真面目に聞いてくれよ。そんなもんぢやないんだ。」／「はゝはゝ……信乃公だ。信乃公だ。そんなもんぢやないんだ、も、久しいものだぜ。思ひ出すなあ。自由主義華やかなる時代、と近頃は妙ないびられ方をしてゐるが、もう、一代、もう一遍やつてくれと頼まれたつて、あんな馬鹿は出来るわけのものぢやないが、過ぎてしまへば、なつかしい。さう素直に白状出来ない奴がゐたら、俺れァ大嘘つきのこん〳〵ちきだと思ふ。」

ここには、「息子の戦死と云ふ影か何か、君に取憑いてゐるんで……気の毒なやうで辛抱しながら聞いてゐた」などという不謹慎ともいえる表現がある。また、「自由主義華やかなる時代」を「過ぎてしまへば、なつかしい」と回顧し、戦時下の窮屈な生活を皮肉るような言葉も出てくる。そして極めつけは、「素直に白状出来ない奴がゐたら、俺れァ大嘘つきのこん〳〵ちきだと思ふ」という台詞である。それは表面的には「昔の女」への恋情を素直に吐き出してしまえという意味なのだが、そこには、いまは自分が思ったことすら素直に「白状出来ない」時代だというメタメッセージが付随している。

戦死して「神」になった息子と「昔の女」を並列的に語る手法といい、主人公たちが酒に酔ってむかしを懐かしむ光景といい、この作品の状況設定は時局に照らしてかなり問題がある。日本国内の雑誌であれば間違いなく内務省の検閲で削除または修正が求められただろう。だが、「遅桜」を書く大佛次郎は、そうした忖度を少しも見せずに筆を進め、ついに「近頃」の世相を憂える語り口へと転じる。

「（前略）人間の値打は、この、……相手は、人にしろ仕事にしろ、本統に相手に惚れることが出来る人間かどうかで決ると云ふことだつたんだ。坊主臭くて憚り多いが、人生の第一義がこれさ。（中略）惚れるのは、心の真実な人間に限つてゐる。馬鹿か抜作かも知れんよ。しかし、そんな人間が目の前へ出て来たら、俺れァ本統に頭をさげる。」／「……」／「近頃の、街の人情、すたれたと云ふ。若い奴が、いくら工場で働いて草臥れてゐるか知れないが、電車の中で、よぼ〲の年寄を立たしておいて平気で腰かけてゐられる、と云つた、ありきたりのことなんだらうが、世間がそれかと思へば、見てゐてなさけなくもなれァ日本の行く末のことを考へて淋しいとも思ふ。人に、しん底から惚れたと云ふきれいな話が聞きたかつたんだ。えゝ。」

「人間の値打」、「本統に相手に惚れることが出来る人間かどうかで決る」という台詞それ自体はごく一般的な表現であり、時局批判とはならないだろう。だが、それが「近頃」の世相に向けられ、「世間がそれかと思へば、見てゐてなさけなくもなれァ日本の行く末のことを考へて淋しいとも思ふ」という台詞に接続することによって作品の色調はまったく違ったものになる。大佛は極めて高度な技法を駆使して時局に対する人々の憂慮を言語化しているのである。

　息子のことばかり口にし、「昔の女」については煮え切らない態度を見せる信乃に業を煮やした旧友は、信乃を薄情者と罵り、「淋しいや。人情だけは、ほんの切れつぱしでもいゝんだぜ。御時世の変つたのは、俺れだつて遅ればせながら充分承知のことだ。たゞ、その、人のなさけと云ふ奴よ」と嘆く。「それが一々、思ふとほり出して見せられゝば、この世に苦労はないのだ」と説き伏せられても憤りは収まらず、強い口調で「そんなことァ知つてらあな。だが、よその国ぢやない、日本によ。俺れァ嫌だね。薄情な奴は嫌ひだ」と抵抗する。

　こうして、久しぶりの再会を喜んでいた二人の会話は拗れはじめる。大佛はその白けた空気を払拭するわけでもなく、お互いの対立を深刻なものにしていくわけでもなく、言葉にならない寂しさのなかに溶け込ませていく。ラストシーンの、「何となく、外の世間と自分との間に在る喰ひちがひとでも云ふのか、こちらの胸に在るのは、その苛立しさに違ひなく、旧友に向けたものではなかつた」、「質実に誰れも目を据ゑて働いてゐる観のある現代の有りやうが、遽《にわ》かに山のやうに動かぬ重味のあるものと成つて、肩に迫るやうな心持であつた」という描写になぞらえていえば、それはまさに、「遽かに山のやうに動かぬ重味のあるもの」に押し潰されてしまった「日本」のありようということになるだろう。

# 9　石川達三「沈黙の島」を読む

## 戦時下における石川達三の言論

第二巻第八号には、一九三八年に「生きてゐる兵隊」（『中央公論』一九三八年三月）が新聞紙法に問われて発禁処分となり、禁錮四カ月執行猶予三年の判決を受けた経歴をもつ石川達三が「沈黙の島」という小説を書いている。

石川達三はこの作品が掲載される直前、一九四五年七月一四日から「成瀬南平の行状」という小説を『毎日新聞』に連載している。ところが、この作品はスタート当初から政府への批判的言辞がなされていると指摘され、七月二八日掲載分（第一五回）で打ち切りになっていた。

伊藤絵理子は「打ち切られた連載小説 国民の不満、代弁し」（『毎日新聞』朝刊、二〇一五年七月二〇日）において同作の打ち切り問題を、「「成瀬南平の行状」は、県知事に新任した幼なじみの要請に応じて「特別報道班」班長となった型破りな男、成瀬南平が主人公。県の宣伝工作を任され、美貌の戦争未亡人、先鋭な思想を持った片目の青年を従え県の変革を試みる。食糧事情が逼迫《ひっぱく》する中、県高官用の食堂は二重配給にあたり県民の戦意低下の原因だとして、各自弁当を持ってくるよう訴えたのが初仕事だった。／社史「毎日新聞七十年」によると、小説は官僚や官界に対する痛烈な批判として

「たちまち読者の熱狂的な人気の的となった」という。内閣直属の情報局は「官僚に対する侮辱」とみなし、連載開始直後から「注意」「厳重な警告」「筆者の執筆意図の変更の要求」などを相次いで出した。石川も毎日新聞社も取り合わず連載は続いたが、小説と挿画の事前検閲、7月28日の挿画掲載禁止を経て、ついに内務省が局長会議の末、28日限りの掲載禁止を通達した」と述べている。

石川達三は一九四四年七月一四日の『毎日新聞』朝刊に「言論を活発に」という論説を書き、「今日、言論統制はその方法を誤り、もしくは厳に失して言論抑圧の傾向を生じてはゐないか」、「言論を抑圧すれば民衆は反抗し、反抗を弾圧すれば民心は沈滞する」と主張するなど、過激な表現で体制を批判し続けた人物である。同論の主張は「沈黙の島」にも通底している。その一方、彼は同じ時期、『文学報国』に「公平に就いて」（五月一〇日号）、「サイパンの思ひ出――アンケート」（七月二〇日号）、「作家は直言すべし」（八月一日号）、「空襲奇談」（一二月二〇日号）を書く戦争協力者でもあった。一九四五年一月に文学報国会の実践部長に就任した直後には「動員に対する態度」（一月二〇日号）という論説を発表し、「第一目的は文筆活動ではなくてその与へられた持場に対する挺身活動であるのだ」とも主張している。

「挺身活動」という字面だけで判断すると、この論説は多くの作家を文学報国会の活動に煽動することを目的としているようにみえるが、そのあとの展開をじっくり読むと、その本心は別のベクトルを向いていることがわかる。たとえば、彼は「工場や農村や乃至は外地に活動するにしても、または自分の書斎にこもつて文学の仕事に没頭するにしても、等しく国難に処して挺身する文学者の態度でありさへすればいゝ筈だ。事務局の動員計画はたゞ会員諸氏の挺身せんとする情熱に対して、その実践方法を考慮してゐるに過ぎない」と述べている。また、「比島を中心とした太平洋戦局」に対しても、「吾々の希望的な観測は今日までに幾度となく裏切られてきた。今やこの戦局の様相を冷静に正視して感ずべき道を考へねばならない。国難は今後の半歳《はんさい》乃至一年のあひだに更に倍加するであらうことは否定し得ない」と分析している。石川達三は文学報国会の実践部長という立場にありながら、戦局が刻々と悪化しつつあることを隠さず、作家たちに向けて「戦局の様相を冷静に正視して感ずべき道を考へ」るべきだと訴えているのである。

戦時においては、天皇直属の最高統帥機関である「大本営」が戦況に関する公式発表を行った。一九四一年から終戦までの間に八〇〇本以上の発表がなされ、新聞やラジオを通じて全国に伝えられた。開戦当初は戦局を的確に伝えていたが、日本海軍が空母四隻を失ってアメリカに太平洋地域の制空権を握られる契機となった一九四二年六月のミッドウェー海戦を機に、戦果を過大に、被害を過小にという方向性が強まっていくことになる。そうした状況下にあって、『文学報国』紙上で大本営発表の信憑性に疑義を投げかけるような言動が許されるはずはない。

そこで石川達三は、論説の後半で「私は思ふ、今日必要なものは正確な理論でもなく謙虚な自省でもなく、たゞ一つ吾々の情熱とその実行とのみであらう。行動することのみが吾々の道である。／文学にたづさはる徒は、正義を感ずる事に於て、義務を感知する事に於て、衆に優れたる者であると私は信ずる。その正義感を以てその義務を実行に移さんがためにこゝに動員を行ふものである。実行によつてのみ吾々は国民の先頭に立ち得る。実行力のみが真の戦力であると私は信ずるものである」といったもの言いをして「挺身活動」一辺倒になることへの警戒を示している。その意味で、「動員に対する態度」における彼のスタンスは決して字義どおりに受け取るべきではないだろう。

では、石川達三はどのような思惑をもって文学報国会の実践部長に就いたのか。「成瀬南平の行状」を射程に含めて考えるなら、そこには、国家による言論統制に反発するがゆえに体制の内部に入ってそれに抵抗しようとするような捻じれがある。作家は優れた知性の担い手であり、その作家が「戦局の様相を冷静に正視」した文章を書けば愚かな国民たちを正しい方向に導くことができるという涵養的な思想も感じられる。もちろん、それはけっして平和主義や反戦思想のようなものではなく、言論を活発にすることで国威を発揚しようとする立場に他ならない。体制の懐に飛び込んで自分たちの存在意義を発揮しようとしても、結果的には体制の思う壺ということだっただろう。

だが、たとえ方法的に倒錯していたとしても、ひとつ間違えば国家への叛逆者として処罰されかねない状況のなかで言論の自由を訴え続けた彼の姿勢に関しては、正しく評価しなければならないと考える。戦争末期の石川達三は、『文学報国』に論説を発表する傍らで『週刊毎日』にも「国家宣伝に就いて」（一九四五年五月六日号）、「真相とは何か」（五月一三日号）、「声なき民」（五月二〇日号）を連続掲載し、六月二五日の『毎日新聞』には「遺書」と題する文章を発表しようとして未掲載となったというが、その行動を支えているのは、作家は言論の自由を尊重し、「声なき民」の導き手にならなければならないというある種の高邁さなのである。

　こうして、一九四五年八月号の『月刊毎日』に掲載されたのが「沈黙の島」である。作品は、「敵米軍の作戦がニューギニアから更にレイテ島に及んで」くるなか、補充部隊で勤務する「私たち」が乗っていた輸送船が撃沈され、命からがら小島に打ち上げられる場面からはじまる。ところが、作品世界にリアリズムの秩序が設定されているのはこの冒頭のみで、「私」が小島で体験することのすべては寓話的な語りで処理される。つまり、石川達三は、いかにも戦争小説らしい作品を書いている素振りをしながら、そのなかに体制を批判する劇中劇を用意している。

## 寓話としての「沈黙の島」

　上陸した島の住民は、「私たち」が近寄っても「何の興味もなささうな様子」でだらしなくバナナを喰っている。「この島に日本軍が居るか」、「アメリカ軍が居るか」と訊いても首を振るばかりで相手にならない。島民がぼろぼろの腰布一つをまとった恰好で「ひとことも口を利かない」ことを訝しく思った「私たち」は、食糧を求めて小高い丘の上に建つ立派な家をめざす。ところが、その途中には埋葬されないまま野晒しになっている白骨がいくつもころがっている。その様子は、「明らかに一年以上も経つた人骨が白く横たはつてゐた。葬られたものではなく、死に倒れてそのまま捨てられてゐるのであつた」と描写されている。

やがて大きな邸宅の前に来ると、「白い衣服をきた男」が「いくらか巻き舌の明瞭な英語」で「ああ！　日本の軍人だ、あなた方は日本の軍人ではありませんか」と近づいてくる。インドネシア人の系統と思われるその男は「私たち」を歓待し、「奇怪な島の奇怪な物語り」を次のように語りはじめる。

この島の名は高島と云ひます。現在この島は向ふに見える長島の大酋長の支配下にあります。私はその大酋長の代理としてこの島を治めに来てゐるのです。この島にも一年まへまでは大酋長カルクライが居りました。カルクライは一族の神祀りの司でもあり戦ひの指揮官でもありました。その頃の高島の一族は慓悍無比と言ひませうか好戦的と言ひませうか、何百隻のカヌーを連れて長島の岸を襲ひ、戦ひの度毎に必ず勝つたものでした。今でもここの原住民の骨格の頑丈さは昔の武勇を物語つて居ります。長島の大酋長は戦ふ度に敗れて和を乞ひ、女たちと、女が織つた布と、船と、それに武器を奪ひ取られたことは十回以上にもなるでせう。現に私の父はさういふ戦ひの中に死し、私の母は私を産んで二年目にカルクライに奪はれてこの島に連れて来られました。

大酋長・カルクライは「一族の神祀りの司」であると同時に「戦ひの指揮官」でもあるとされている。ここでの「神祀りの司」という表現は、たとえば、一九三七年三月に文部省が発行した『国体の本義』における、「我が国は現御神にまします天皇の統治し給ふ神国である。天皇は、神をまつり給ふことによつて天ッ神と御一体となり、彌々現御神としての御徳を明らかにし給ふのである」という文言と鮮やかに対応する。また、「戦ひの指揮官」という文言も、軍部が天皇の命令によって内閣や国会の意向と関係なく行動できることを規定する統帥権（大日本帝国憲法第一一条「天皇ハ陸海軍ヲ統帥ス」）を想起させる。戦時下においてこの記述を目にした日本人は、間違いなくカルクライ＝天皇と認識したはずである。「沈黙の島」は入れ子構造になった寓意小説であるため直接的には語られていないが、「一族の神祀りの司」であると同時に「戦ひの指揮官」であるという表現を同時代的な文脈で解釈すれば、そこには天皇という明確な対象が浮かびあがる。

また、石川達三はカルクライが支配する高島の島民を「好戦的」と形容し、「戦ひの度毎に必ず勝つた」こと、「昔の武勇」を物語ってばかりいること、そして、武力によって多くの物品や女たちを略奪してきたことを指摘する。カルクライが天皇をイメージさせる以上、当然、高島の島民は日本人ということになる。

注目したいのはこのあとの展開である。カルクライ率いる高島の軍勢にいいようにされていた長島の大酋長は、はじめ、現状を打開するため「不言実行」を指導綱領とする強力政治を断行しようと考える。「戦力の蓄積、船の増産と武器の増産」を進め、「精神の鍛練」を唱道することで、「最後の一人まで戦ひ抜かうといふ精神、島の伝統を守り島の名誉を護つて死なうといふ精神」を鍛えるため、朝となく夜となく島の一族に向けて指令を発する。総動員体制をとることで、長島は一時たしかに強くなる。だが、こうした「強力政治」は次第に長島の島民を疲弊させる。島民が疲弊すればするほど大酋長は自らの方針を批判する者が出ないように峻烈な罰則を設けて人々を監視する。――負の連鎖が続くことで長島の島民は戦闘意欲を失くし、「敗けることについて新たなる憤りも悲しみも湧いては来ない、さういふ無気力な民族」になってしまう。

　さきのカルクライ＝天皇という図式と同様、この記述は、国家総動員体制のもとで一億玉砕のスローガンを掲げ、多くの若者たちを特攻隊として送り出した日本の軍政に対する真向からの批判として機能している。「峻烈な罰則を設けて人々を監視する」ことで、島民はむしろ戦闘意欲を喪失するという主張が端的に示されている。作者は高島＝日本、長島＝日本の帝国主義によって支配された地域という単純な図式で「沈黙の島」を構成するのではなく、高島と長島それぞれに同時代の日本に通じる問題を振り分け、戦争末期における日本と周辺諸国との関係を戯画的に描いてみせているのである。どちらか一方を日本に見立てるのではなく、諍いを繰り広げる両島にそれぞれファシズムの陥穽を投影すること。それは、厳しい言論統制の下で当局や軍部の監視をすり抜けるための巧妙な仕掛けだったといえる。

作品の前半が権力の誤謬を描いているのに対して、後半では二つの島の命運がくっきりと分かれていく過程に焦点があてられている。強力政治が失敗だったと悟った長島の大酋長は、それまでのやり方を改め、全島民を「山の上の平らな草むら」に集めての大会議を催す。涙を流しながら、「一族の者よ、お前たちの中に神様から良き智慧を授かつた者が何人か居るかもしれない。お前たちの智慧を一族の為に捧げよ」と訴える大酋長の言葉に励まされた島民たちは、次々に意見を述べはじめる。

――最初に一人の青年が立つて自分の考へを申し述べました。それは平凡な考へで何の取り柄もありませんでした。しかしそれをきつかけに老人も青年も女たちも次々と立つては意見を語りました。彼等には語りたいことが無限に有つたのです。そして弦月が血にまみれた昨日の戦場の浜辺の波を光らせながら西に沈むころからは、殆ど全部の群衆がわめきあひ叫びあふやうな混乱にまでなつてしまひました。誰の意見を聞いて見ても大酋長より賢い考へはありません。みんな平凡な考へをわめいて居るばかりでした。大酋長は山羊の毛皮を草の上に敷きその上に胡坐を組んで一同の言葉に耳を傾けて居ました。私はその時の情景を忘れることはできません。月が沈み、日が昇り、さうしてその日の雨《スコール》が来るころになると、全民衆の混乱した意見は次第に融けあつてただ一つの意見にまとまつて行つた。その意見といふのは、もう一度戦はうではないか、戦つて必ず勝ち、奪はれた妻と母と娘とを奪い返し、さらにカルクライの一族の女たちをことごとく奪ひ取らうではないかといふ事でありました。

長島の大酋長は島民に言論の自由を保障する。老若男女がこぞって自分の意見を表明することで人々は団結する。それぞれの「智慧」を集めてひとつの方針を見出すことで士気が徐々に高まっていく。そこには民主主義の原型が企図されている。だからこそ、そのときの光景を語る男は、「私はその時の情景を忘れることはできません」という感想を添えるのである。

だが、ここで注目しなければならないのは、島民たちの意見がいずれも「平凡な考へ」に過ぎず、誰も「大酋長より賢い考へ」を述べることができなかったという点である。大酋長が「平らな草むら」で開催した大会議は、具体的な方策を検討するための協議ではなく、島民の不平不満をガス抜きして彼らの群衆心理を煽動するための場として機能しているのである。

一方、その頃、戦に勝ち続けていた高島のカルクライ一族の間では、「奪ひ取つて来た女たちと織物と武器と船との分配」を巡って紛争が起こり、訴えが絶えない状況が生じていた。ところが、カルクライは「民衆の訴へ」に逆行するかのように恩賞を「上に重く下に軽く」分配する。戦で良人を亡くした女たちにも「慰籍の方法」を取ろうとはしなかったし、男たちが奪ってきた女に対する妻たちの嫉妬も紛争の種になりつつあった。現状を打破しようとしたカルクライは、長島の大酋長と真逆の恐怖政治を断行する。「民衆の無智な発言をそのままに許して置いてはやがて島内の秩序は失はれ」

ると考え、「神よ、願はくば向ふ一ケ年のあひだ、わが一族の者より言葉を奪ひ給へ、彼等の言葉を奪ひ給へ。彼等は彼等の言葉に溺れてみづからを滅さんとする愚かなるものなり。彼等愚かなる者を滅亡より救ひ出さんが為に、神よ一年のあひだ彼等より言葉を奪ひ給へ」と祈って「服従の精神」を徹底させる。

その夜から、カルクライの一族はみな「唖」になる。他人の言葉も聞き分けられないし自分でも語ることができない「沈黙の民」となる。言葉を封じられた島民のなかには無秩序な暴動を起こす者もいたが、カルクライはそうした暴徒を厳罰に処し、「浜辺の巌の上から銛で突き殺して海中に投じ」る。「言葉を封じられ暴力行為も封じられ」た島民は、やがて「精悍な好戦的な気風」を失い、怠惰な暮らしを貪る。近くに長島という敵がいることさえ忘れて平穏な生活にうつつをぬかすようになる。かつて、「言論を活発に」（『毎日新聞』朝刊、一九四四年七月一四日）において、「今日、言論統制はその方法を誤り、もしくは厳に失して言論抑圧の傾向を生じてはゐないか」、「言論を抑圧すれば民衆は反抗し、反抗を弾圧すれば民心は沈滞する」と書いた石川達三は、こうして、小説のなかに自らの主張を具現化するのである。

作品の結末部。高島の島民が「沈黙の民」となってしまったことを知った長島の大酋長は、ここぞとばかりに総攻撃をかけて高島を制圧し復讐を果たすのだが、作者はここに極めて辛辣な表現を書き添えている。それは、「言葉のない群衆には心の統一がありません、民心の結束がなかつたのです。

翌朝までに戦ひは終り、カルクライとその血族とは悉く戦ひの中に勇ましく斃れました」という一節である。「沈黙の島」を寓意小説として読み進めてきた読者は、当然、この記述を天皇および皇室の滅亡として解釈したはずである。厳しい言論統制によって表現の自由を奪われた国家が滅び去るという設定を日本が直面するかもしれない最悪のシナリオとして捉えたはずである。その意味においてこの「沈黙の島」は、一九四五年八月という段階においていまだ戦争を遂行し続けようとする軍部を挑発する危険きわまりない作品だったといえる。同時代の日本国内では絶対に活字化することができない体制批判に彩られた作品だったといえる。

二つの島の歴史を知る長島の男は、ここまでをいっきに語り終えたあと、ただ一言「せめて彼等に言葉を返してやりたいのですけれども、カルクライが約束した神様への誓ひはカルクライの祈りによつて解かれなければならないのです。彼は戦ひに出て死ぬ前に、彼の祈りの誓ひを解いて置かなくてはなりませんでした」と呟く。まるで、天皇の戦争責任を追及するかのような意味深長な言葉を残して作品世界から姿を消す。

## 民衆は愚か者か？

「沈黙の島」における作者のスタンスは、戦争反対を叫ぶものでもなければ軍事力による他国への侵略を批判するものでもない。そこに希求されているのは言論の自由のみであり、他国を侵略すること／侵略されることの道義性を問う意識、すなわち、なぜ?・という問いかけはない。より正確にいえば、作者は戦争で勝つためにこそ言論の自由が必要だといっているのであり、その点においては大真面目に大政翼賛運動を推進しているともいえる。戦時中における文化人の活動は、しばしば賛成／反対、協力／非協力といった単純な図式に還元されがちで、戦争協力者たちはみな国家主義者であったかのような錯覚がまかりとおっているが、石川達三の場合は、そのどちらでもない角度から自説を展開しているのである。

また、「沈黙の島」においては、常に女の身体が略奪される対象として描かれ、男たちがその力をもってして女を従属させることが暗黙のうちに了解されている。作品の末尾で二つの島の歴史に関する語りが閉じられ、語りの主体が日本兵である「私」に戻ってくる場面には、なぜか「竹の筒に入れた椰子酒を持つて召使ひらしい腰蓑の女が広緑の奥から出て来た」という一節が挿入されており、「私」はその女の姿を眺めながら眠りに落ちていく。

ここに登場する「召使ひらしい腰蓑の女」が勝者である長島の男に与えられた戦利品であることはいうまでもない。兵士たちの屍が野晒しにされている光景も含めて、この作品には人間の精神の頽廃という問題と、女の身体を戦利品とみなすような認識のあり方が同時に横たわっているといえるだろう。

当時、一部の関係者や雑誌の寄贈を受けた者以外、国内でこの雑誌を手にした日本人はほとんどいなかったと思われる（発行直後に無条件降伏となったことで、第二巻第八号は北京周辺でも流通しなかった可能性が高い）。だが、「沈黙の島」は国家体制のあり方を厳しく指弾しつつ同時に戦争に勝つことを最終目標としている点、あるいは、言論の自由を叫びながら略奪した女を「召使ひ」にすることを是認している点において、極めて挑発的かつ両義的な作品だといえる。『月刊毎日』の編集部がどのような判断でこの作品の掲載を決めたのかは不明だが、ひとつ間違えば関係者全員が処罰を受けてもおかしくない作品であることは間違いない。戦局が著しく悪化しつつあった時期、この気骨溢れる独善作家に小説を依頼するのは相当の勇気を必要としたはずである。戯画化されているとはいえ、国家による言論統制を痛烈に批判するような小説を掲載することで、『月刊毎日』はおろか毎日新聞社までもが弾圧の対象とされる危険性もあっただろう。にもかかわらず、編集部は一九四五年八月という極めて重要な局面で「沈黙の島」を掲載するという英断を下した。それはある意味で、戦争末期の日本に向けて放たれた痛烈な言論の矢だったといえる。

ところで、石川達三が「沈黙の島」に描いた民衆イメージは敗戦直後に発表した「日本再建の為に」（『毎日新聞』朝刊、一九四五年一〇月一日）という論説とも呼応している。同論の冒頭は、

> 漸く物が言へる時代が来た。正しい意図をもつた言論が処罰されること無しに発表される時が来た。八月以前の数年間は日本の暗黒時代であつた。何といふ地獄を吾々はくゞり抜けて来たこ

> とか。いま私は処罰を恐れることなしに所信を記さうと思ふ。是は首相宮殿下と米軍司令官とにより保証された私の自由である。一ケ月前に私を取調べた官憲は、最早や同じ理由で私を取調べる機能を有しないであらう。吾々は一体日本といふ国をどんな風に考へてゐたのであらうか。日本は世界に於けるどのやうな位置に在つたのか。外国人は日本をどう見てゐたのか。今になつて私は自分の認識がどれほど歪んだものであつたかを考へる。八紘一宇の理想をかざし大東亜共栄圏建設を目標とした日本は、三十数年の朝鮮統治にも失敗し、満洲国経営に失敗してゐるのだ。吾々の自負がどれほど空疎なものであつたかを今に至つて悟る。

と書き出される。「成瀬南平の行状」の連載中止をはじめ言論統制によって自由にものを書くことを許されなかった石川達三は、戦時中を「暗黒時代」と呼ぶとともに、その時代を生きていた自分がいかに歪んだ認識をもっていたかを自己省察する。それに続く文章では、「日本は過去の国である。私はさう考へる。さう考へなくてはならぬと思ふのだ。日本の歴史も捨てよ、伝統も棄てよ、一切の誇るべきものを捨ててしまへ。たゞ皇統のみを護つてそこに将来の日本の根を据ゑるのだ。歴史も尊い。伝統も尊い。しかしその尊さを自負したがために吾々は母国の運命を誤つたのだ。吾々の認識を誤つたのだ。今や暫く歴史や伝統から離れて生きて見よう。旅に出るのだ」と述べ、日本は、「皇統」すなわち天皇制以外の「歴史」と「伝統」をすべて捨て去るところからはじめなければならないと主

張する。また、ＧＨＱが持ち込んだ民主主義についても、

> ――日本は民主主義国になるといふ。この事にも危険があるのだ。欧米各国に於ては自覚せる民衆が政府との戦ひによつて民主主義を獲得した。民衆の自覚といふ先決問題があつて成立したのだ。然るにいま日本の民衆の自覚は甚だ不十分だ。民主主義は形式のみ成立して内容空疎なるものが出来さうである。進駐軍は内容充実せる民主主義が完成するまで日本に止まり、日本の病患を余す所なく切開して貰ひたい。それが日本再建に是非とも必要な過程である。（中略）日本人は教養もあり日本的性格を持つてゐたが人格を持たなかつた。この事は重大である。人格を持たない、自律性をもたないのだ。さういふ教育であつた。その結果道義は頽れて百弊朝野に満つるに至つた。自律性のない民衆が政治に参与する場合を考へると、私はむしろ真に信頼するに足る極めて少数の人を選出して選挙権を与へ、本当の理想選挙といふものをやつて見たい気もするのだ。／私はマッカーサー司令官が日本改造のために最も手厳しい手段を採られんことを願ふ。

と指摘し、「民衆の自覚」が育っていないところに民主主義の形式だけを移入しても、結局は「内容空疎」なものになってしまうだろうと懸念する。自律性をもたない民衆が政治に参与するくらいな

ら、「真に信頼するに足る極めて少数の人を選出して選挙権を与へ、本当の理想選挙」をやった方がよいという。「沈黙の島」がそうであったように、言論の自由を御旗に掲げる知識人のなかに巣食う根深い愚民意識。それは、戦後日本の出発を考えるうえで、極めて重要なテーゼをはらんでいる。石川達三が捉える民衆はどこまでも愚かで信頼するに足らない存在として造型される。

## 10 『月刊毎日』と中国人作家

『月刊毎日』が発行された時代の北京は日本の統治下にあったため、当然のことながら、書き手のなかには、かつて日本に留学した経験などをもとに日本文学の翻訳や研究にかかわるようになった中国人作家、日本文学の影響から作家的営みをはじめたりした中国人作家がいる。

たとえば、当時、北京に暮らしていた作家の中薗英助は、『わが北京留恋の記』（一九九四年二月、岩波書店）のなかで戦時下の北京において中国人作家たちが置かれていた状況を、「中国（華北）側の状況はどうかというと、これは大きく分けて二派に代表されていた。周作人に代表される北京大学派は、平凡社の下中弥三郎が作った日華合弁出版社の新民印書館内に芸文社を設けて文学活動をした。これに対して、東北（旧満洲）から移動してきて文芸文化に携わった青年たちは、柳龍光および夫人梅娘に代表される華北作家協会に拠り、本部は武徳報社におかれた。周作人から破門された沈啓无は、このグループを支持することになる」と記している。彼らの多くは戦前・戦中を通じて親日的な態度をとっていたため、戦後は「文化漢奸」としての汚名を着せられることになるが、ここではその問題をいったん留保し、純粋な書き手として彼らを紹介する。

創刊号に随筆「雨の感想」を寄せたのは周作人である。二〇一五年三月に島崎藤村、武者小路実篤、谷崎潤一郎をはじめとする日本の作家、芸術家、政治家らが送った一、五〇〇点以上の手紙と葉書の存在が明らかにされて大きな話題となった周作人は、戦前の日本に留学したのち、実兄・魯迅とともに中国近代文学における言文一致運動や思想革命を推進した中国近代文学の先駆者である。「雨の感想」には政治性を感じさせる記述がいっさいなく、北京の街を機能不全に陥れる雨と、地方の農村に豊かな恵みをもたらす雨に関する感慨が綴られているだけである。当時、周作人が置かれていた立場を考えると、それは思慮深く計算された文章だったのだろうと思われる。

ちなみに周作人は、当時の北京大学[11]に東方文学系（日本文学専攻）を設置し、『月刊毎日』（第一巻第二号）に随筆「近譚一二」を書いた銭稲孫とともに、同大教授として後進の指導にあたった教育者である。さらに、この二人はいずれも図書館長を務めた経歴がある。確かな根拠はないものの、現在の北京大学図書館に『月刊毎日』が収蔵されることになった背景に周作人と銭稲孫が関係している可能性は十分に考えられる。

同じく、創刊号には梅娘《バイジョウ》が「私の随想と日本」を寄せている。日本に留学しているときに出遭った夫・柳龍光が雑誌『華文大阪毎日』の編集に就いた関係で、彼女は一九三八年から二年間、西宮で暮らした経験がある。また、一九四二年に北京に居を構えた彼女は、創作、翻訳、雑誌編集を精力的にこなし、華北における代表的な女性作家となったが、一九四四年に大東亜文学賞を受賞したため、戦後は日本の協力者として厳しい批判にさらされることになる。この随想では、日本で暮らしていたときに見かけた少年たちの思い出が、「少年等は、ほんとに高明なる先生の教誨を受けたのでした。当時日本国内では、一心一意、大陸へ向け軍隊を派遣してゐた最中でしたので、男の子たちは皆な将来の国家の干城を以て自任してゐました関係から、日本の敵と誤認された私を岐視したのでありまして、それは全く一種の自然な心理現象だつたでせう」といった表現で皮相的に語られている。周作人、梅娘、銭稲孫は、ともに同時代の中国を代表する知識人だが、日中両国の国策に翻弄され、その才能を十全に発揮することができないままその生涯を終えたのである。

　第二巻第七号には、当時、北京の日本語同人雑誌として大きな勢力を誇っていた『燕京文学』（一九三九―四五年の終戦まで継続）の主宰者である引田春海が、「苦悩する文学精神 中国を愛する作家たちの動き」という論説を寄せ、「事変後作家は分散し北京には周作人氏が留つた。その頃朔風といふ雑誌が発行され、多くは周作人氏其の他の作家が執筆してゐた。が、これは間もなく廃刊した。何故廃刊しなければならなかつたか、理由は極めて簡単である。日本人がその雑誌に宣伝をさせようとしたからである。その後いろいろな雑誌が宣伝といふことを背景に刊行され、それを利用する人物までも登場して来た。かうしたなかで、和平地区に新しく萠出た若い作家が如何に頽廃してゆくものか想像にあまるであらう」と記している。孫文らによって創設され、抗日派の牙城として機能していた中国大学に学んだ引田春海は、こうして中国人作家たちを報国文学に駆り立てようとする日本のジャーナリズムを批判するのである。

## 11　おわりに

以上、文芸作品を中心として『月刊毎日』各号を紹介してきた。同誌に発表された小説の執筆陣に共通するのは、従軍作家として活躍し、軍部とのつながりが深かった作家の名前が目立つことである。陸軍宣伝班員としてフィリピンに従軍していた尾崎士郎、文藝春秋社報道班員として中支戦線を取材し、文芸銃後運動の講師として満洲・朝鮮に赴いたあと、同盟通信社嘱託として南方に赴いた大佛次郎、陸軍報道班員としてジャワ島に滞在していた武田麟太郎、同じく海軍報道班員として東南アジア各地で取材を行った石川達三、一九四一年以降、陸軍航空隊の報道班員としてベトナム、タイ、ビルマを転戦した榊山潤など、多くの執筆者は、戦時中に報道班員として活躍している。また、文芸銃後運動講演会や大東亜戦争文芸講演会に参加したり、銃後文芸奉公隊の一員として外地を慰問したりした作家同士のつながりも感じられる。もちろん、報道機関である毎日新聞社は彼らに取材費を提供する側であり、阿部眞之助との結びつきも強い。

さらに、『月刊毎日』の場合、武者小路実篤、室生犀星といった文壇の大御所に原稿を依頼する一方、里村欣三、壺井栄、佐多稲子、伊藤永之介など、プロレタリア文学の系譜に属する作家たちを終刊まで継続的に登用している点にも注目する必要がある。『月刊毎日』の編集部は、一九四四年一一月の雑誌創刊時において、すでに戦争が日本の望むようなかたちで終結しないであろうことを予測していたと考えられる。彼らのなかには、「総力戦」に敗れてしまったら、そのあとに何が残るのだろうかという危惧があったと思われる。だからこそ、社賓である徳富蘇峰が会長を務める日本文学報国会で積極的に活動することを潔しとしなかった左翼系作家たちに作品発表の機会を与えることを厭わず、言論の自由を生き延びさせようとしたのではないだろうか。

なお、『月刊毎日』の特徴を際立たせるものとしてもうひとつ指摘したいのは、挿絵やカット担当者の充実ぶりである。目次には、横井禮市、小穴隆一、鈴木信太郎、棟方志功、宮崎丈二、江崎孝坪、野間仁根、川口軌外、恩地孝四郎、芹澤銈介、堀内巌、清水刀根、熊谷守一、脇田和、中村善策、伊原宇三郎といった名前が記されており、のちに名を馳せる著名画家たちが数多くかかわっていたことがわかる。また、同誌にはそれ以外にも、栗原信、宮田重雄といった画家が随筆等を書いているし、会津八一、中村草田男、前田夕暮などが短歌・俳句を発表している。第二巻第一号からはじまる一般読者からの「短歌・俳句募集」では、釈迢空（短歌）と水原秋櫻子（俳句）が選者を務めると告示されている（「北京支局内、月刊毎日社」に直接葉書で送るように求められている）。

　これまでたびたび繰り返したように、『月刊毎日』は大政翼賛体制のもとで発行された時局雑誌であり、主な論説記事は戦時スローガンをそのまま拡声する内容になっている。また、日本軍が事実上の統治を行っていた当時の北京において発行された雑誌ゆえ、誌面のはしばしに支配する側の驕りや傲慢さが滲みでている。だが、少なくとも、いくつかの文学作品にはそうした国威発揚の潮流に呑み込まれまいとする抵抗の姿勢が表現されている。「支那」の歴史や文化に通じた学者やジャーナリストが書いた文章にも、欧米列強の植民地支配からアジアを解放するためにもこの国の自立を促し、経済を発展させていかなければならないという認識がある。すべてが侵略者の論理で塗り固められているわけではなく、ともに発展していくための方策を考えようとする呼びかけがある。

＊

　これまで、現在確認できる範囲で『月刊毎日』という雑誌の詳細を追ってみたが、これだけ多彩な書き手たちに原稿を依頼し、敗戦を迎えるそのときまで贅沢な誌面を構成していたこの雑誌が、なぜ歴史に埋もれてしまったのかという問題に関しては、いまだ謎が残っている。この雑誌に作品を寄稿した作家が、戦後に発行した単行本や全集にそれを収録していなかったり、初出に関する情報が明らかにされていなかったりすることも謎を深める要因になっている。

　詳細は今後の研究を俟つしかないが、ひとまずの仮説としていえるのは次の三点である。――ひとつは、『月刊毎日』が北京を中心とする北支のみで読まれていた雑誌であり、日本国内に配送された形跡がないということである。今回、熊本の古書店で発見した一冊に「贈呈」の印が押されていることからもわかるように、『月刊毎日』を国内で読むことができたのは北京から個人的に郵送されたものに限られ、その数はごく少数だったと思われる。戦争末期の言論統制下において、この雑誌に書かれている内容はあまりにも危険すぎるからである。

　もうひとつは、寄稿者自身の自己検閲的な意識が働いた可能性である。いくら外地であったとはいえ、『月刊毎日』に発表された論説、随筆、創作の多くは大東亜共栄圏の理念や大政翼賛体制を推進するための戦時イデオロギーに染まっている。戦後、ＧＨＱ／ＳＣＡＰの占領下に置かれた日本において、戦争末期に書いたものをわざわざ掘り返すことにメリットがあるとは思えない。特に、新しい民主主義の時代を颯爽と駆け抜けようとした作家たちにとって、『月刊毎日』に掲載した作品は戦争協力とも受けとられかねない。多くの作家が自作を封印した理由はその一点にあると考えられる。

　こうした、出版流通や書き手の自己抑制とともに、もうひとつ重要なのは、そもそも『月刊毎日』

のような雑誌を保管し、敗戦後にそれを日本に持ち帰ることなどできなかったのではないかという問題である。たとえば、一九四一年春から一九四四年秋までの三年余り、北京日本大使館に副領事として勤務していた大柴衛は、『北京の追憶』（一九五三年五月、駿河台書房）の末尾を、

筆者が北京を引揚げたのは十九年秋であるが、戦争はまだ酣《たけなわ》であり、誰も日本の敗北など予想もしなかつた。ただ戦局は日増しに苛烈となり皆が戦争を実に身近かに感じた。現地召集も行われ始め、今までは応召すれば内地へ行つたが、これからは北支の部隊へそのまま入隊することとなつた。帰国の車中は内地へ引揚げる人が相当多数いた。もう大陸にいては危いと悟つて家族だけ帰らせたり、一家揃つて引揚げる人も相当あつたのである。車内は女子供で相当にぎやかであつた。当時既に内地へ一万円以上は持つて帰れぬこととなつていたから、止むを得ず何十万円か支那料理を食つて金を費つた人も多かつた。筆者が引揚げてから十カ月ばかりで終戦になつた次第であるが、その日のうちに北京神社は、一物も残らず中国人に壊され持ち去られた由である。日本人の家へはよく強盗が入つたという。また日本人が民衆に袋たたきにされるのを見たという人もある。併し終戦になってはじめて中国人は大国民であるということが分つたといっている人もある。

と結んでいる。雑誌が創刊された一九四四年の秋ですらこのような状況だったのだから、一九四五年八月以降、日本に引揚げた人々がどれほどの混乱、苦難を体験したかは推して知るべしであろう。ほとんどの家財道具を現地に残し、現金さえ一万円までしか持ち込むことができなかった人々が、わざわざリュックサックのなかに読み棄ての雑誌を入れて日本に持ち帰ろうとするはずがない。食糧を確保すること、生き延びることに精一杯の人々にとって、雑誌など無用の長物と思えたはずである。

　また、うたかたの夢に酔いしれた日本人が引き揚げてしまったあと自国の主権を取り戻した中国人にとって、日本語で書かれた『月刊毎日』は憎き支配者たちの残滓にしか思えなかったであろう。日本の敗戦を知るやいなや神社を取り壊し、日本人への敵意をあらわにした彼らが、それを後世に残そうと考えなかったのは当然のことかもしれない。その意味で、北京大学に所蔵されていた『月刊毎日』は、いかなる言論であろうとも、焚書という行為によって世のなかから抹殺してしまってはならないという信念をもった誰かが残してくれた貴重な遺産だったといえるだろう。

　だが、こうした仮説をもってしてもなお謎が解けないのは、発行元の毎日新聞社に『月刊毎日』に関する資料がいっさい残っておらず、社史にさえ記録がないという点である。意識的にそれを隠匿したのか、それとも、戦中戦後の混乱期ということで外地の自社活動が把握しきれていなかったのかは不明だが、発行にかかわった多くの記者たちさえこの雑誌の編集発行にまつわる思い出を記していないというのはどうにも説明がつかない。敢えていえば、編集および執筆者の選定などを実質的に担っていたと思われる阿部眞之助が、ちょうど『月刊毎日』が創刊される直前に毎日新聞社を退社していることは、ひとつの理由づけになるかもしれない。敗戦後、いち早く日本ジャーナリスト連盟を設立することからも明らかなように、彼のなかには、ジャーナリストとしての強い信念と気骨があった。言論統制の抑圧が及びにくい北京支局を拠点に雑誌の出版活動を継続したのは、戦時下においてもその精神を絶やさぬためだったと思われる。

すでに毎日新聞社の社員ではなくなっていた阿部眞之助は、こうしてフィクサーとしての企てを遂行した。毎日新聞社本体にも責任が及ばないようにするという周到な算段のもと、自らの人脈で執筆者を集め、日本国内ではとても書くことができない内容の誌面を作りあげた。石川達三が「沈黙の島」において、言葉を奪われた島の滅亡を描くことで警鐘を鳴らしたのと同様、そこには、言論の自由が封殺されることへの強い危機意識が働いていただろうし、毎日新聞社が同誌に関する記録を残さなかったのも、そのことに関連していると考えられる。

『月刊毎日』は、まだ第二巻第六号が発見されておらず、その全貌を明らかにするためには更なる調査が必要だが、最後にひとつ補足しておきたいことがある。二〇一六年秋、火野葦平資料館館長を務める坂口博氏から、玉井正雄（火野葦平の弟）が残した『従軍手帳』（日記）一九四五年八月一一日の欄に『月刊毎日』のことが書かれているという情報が寄せられた。同氏によれば、当時、陸軍報道班員だった玉井正雄は八月九日のソ連参戦を聞いて南京から満洲の新京に入り、奉天で終戦を迎えている。八月一八日には列車で釜山に入り、同月二〇日に船で博多港に戻っている。肝心の記述は南京から新京に向かう途中、八月一一日に天津で書かれたもので、坂口博氏から送ってもらった日記のコピーには「夕方、「湖南の兵隊」（月刊毎日）の原稿をかき、北京の岸さんへ手紙かく。涙のにじむやうな気がするのであった」という記述が確認できる。ここに名前が出てくる「岸さん」とは、当時『月刊毎日』の編集兼発行人を務めていた岸哲男のことであり、玉井正雄は八月一一日の段階で直接、北京の岸哲男に「湖南の兵隊」という小説を送っていたことになる。つまり、『月刊毎日』は戦局とかかわりなく一九四五年九月以降も発行を続けることになっており、実際の編集作業も行われていたのである。

　戦時中、外地で行われていた日本語雑誌の編集・発行に関しては、いまだ明らかになっていない問題が数多くある。特に、戦争末期から終戦直後にかけては、日本に郵送されたり持ち帰られたりした雑誌自体が少ないため、調査の手がかりを得ることすら難しい。したがって、今後は発行元となる新聞社、出版社の資料室に保存されているかもしれない記録を調査するしか方法がない。メディアの側としては、戦前・戦中の大政翼賛体制のもとで発行した雑誌に関する情報を開示することに抵抗があるかもしれないが、当時、国内ほど厳しい検閲や言論統制がなされていなかった外地の日本語雑誌を研究することは、戦時下を生きた日本人が何を思考しどのような認識をもっていたのかという実相を明らかにするうえで不可避の作業なのではないだろうか。

# 第2章　『国際女性』と谷崎潤一郎

## 1　『国際女性』の創刊

### 未見の号

雑誌『国際女性』（*INTERNATIONAL LADIES*）は、京都の国際女性社（京都市左京区吉田牛ノ宮町二一、京都帝大基督教青年会館内 京都市中京区烏丸通御池上ル 都ビル）が創刊した総合文芸雑誌である。ただし、現在その所蔵が確認できるのは、市川房枝記念会 女性と政治センターが所蔵する創刊号（一九四六年七月一日発行）、日本近代文学館の初秋特輯号（一九四六年九月一五日発行）、プランゲ文庫の一一・一二月号（一九四六年一二月一日発行）、第二巻第五号（一九四七年一月一日発行）、第二巻第六号（一九四七年六月一日発行）、第二巻第七号・秋季特輯号（一九四七年一〇月一日発行）の六号分のみで、第二巻第七号に至っては検閲用のゲラとして残されているだけである。したがって、『国際女性』という雑誌の出版状況を明らかにするためには、雑誌本体とともにプランゲ文庫に収められているゲラに付された検閲文書を読み解くことが重要となる。

序章でも述べたように、戦後、占領政策に乗り出したＧＨＱはＣＣＤを組織し、占領政策の浸透と思想動向の綿密な調査を行うことを目的とする検閲を実施した。だが、戦前の内務省が行っていた伏字などを施す検閲とは違い、ＣＣＤのそれは削除箇所の前後がつなぎ合わされており、多くの日本人は検閲の実態そのものを知らなかった。その後、ＣＣＤの廃止にともない、検閲は一九四九年一一月をもって終了する。プランゲ文庫に収められている検閲文書からは、『国際女性』の編集・出版に関わるさまざまな背景が浮かびあがる。

ところで、『新聞出版用紙割当事務局文書・雑誌用紙割当決定後・昭和22年度第2・四半期（7月―9月）雑誌割当原簿（広汎誌、総合雑誌）』（国立公文書館所蔵原簿）によれば、同誌の発行数は一、〇〇〇から一、五〇〇部となっている。同じ時期、総合誌で最多の部数を出していたのは『世界』の六万部や『中央公論』の五万部だが、これらを別格とすると多くの大衆通俗雑誌は一、〇〇〇から二、〇〇〇部であり、『国際女性』もその範囲内だったことがわかる。また、日本国憲法の施行によって女性の権利が著しく拡大したこともあり、戦後の出版界には婦人雑誌ブームが巻き起こっているが、こちらも『主婦の友』の七万部、『婦人之友』『婦人画報』の五万部などを別格として五、〇〇〇部前後のものが多い。したがって、『国際女性』に割り当てられた用紙量は、一九四七年当時に全国発売された大衆通俗雑誌や婦人雑誌の最低水準に近いものだったと考えてよいだろう。

しかし、『新聞出版用紙割当事務局文書』（前出）に掲載されている雑誌タイトルのほとんどが全国誌であるのに対して、『国際女性』は京都におけるローカル・メディアとしての性格をもっている。詳細は後述するが、同誌に掲載された広告はほとんどが京都市内の劇場や飲食店や小売店であり、雑誌の読者として想定されていた層はけっして広くなかったことがわかる。「*INTERNATIONAL LADIES*」という英文タイトルを併記するなどして国際性を謳いつつ、同時に、近隣の商店や地元企業を広告主として地域に根ざした記事を織り交ぜていくこと。それが『国際女性』の基本的な方針であったと思われる。

『国際女性』は一九四六年の刊行分が第一巻、一九四七年刊行分が第二巻と表記されているため、プランゲ文庫が所蔵する第二巻第五号（一九四七年一月一日発行）から逆算すると、一一・一二月号は第一巻第四号ということになる。その前の初秋特輯号は一九四六年九月一五日発行のため、それぞれは連続した号であると考えてよいだろう。また、第二巻第七号の検閲文書には国際女性社編集部からＧＨＱの雑誌検閲課（大阪市北区中之島 朝日ビルディング）に宛てられた休刊届が添えられており、「雑誌『国際女性』は、用紙配給僅少のため、月刊として発行不可能のため、七月、八月、休刊致します。右御届け致します。／昭和二十二年八月二十三日」と記されている。

ここに至って『国際女性』の発行状況をめぐるひとつの謎が浮上する。数字上は第七号まで発行されているのに、現在確認できているのは六冊であり、どこかに未見の号がある可能性が生じるのである。このような齟齬が起こる原因として考えられるのは、（1）創刊号と初秋特輯号のあいだに未見の号が一冊ある、（2）初秋特輯号と一一・一二月号のあいだに未見の号がある、（3）第二巻第五号は本来、第二巻第四号が正しいが誤って号数がひとつズレてしまった、（4）通常の『国際女性』とは異なる別冊のようなものが存在し編集部がそれを号数にカウントしている、のいずれかであろう。

　そこでまず創刊号と初秋特輯号の記事を比較検討すると、両方に田村恵美子「女性の解放」、「女性の解放（承前）」という論説が掲載されている。「女性の解放（承前）」の冒頭には、「前号に於ては、法律上妻のみに課せられてきた行為無能力と、法定財産制とが如何に妻たる女性にとつて不利益をもたらすか、即ち、男性は結婚に依つて一身上及び財産上、何等影響される事なきに反し女性は妻となるに及び、殆んど一個の人間として何一つ自主的行動をなす事が出来ず、経済的にも凡て一頭足、夫の指示の下にあり、従つて結婚生活を続ける以上、必然的に夫の隷属物として生きてゆかねばならぬ、と言ふ事を述べたのでありますが……」とあり、それが「女性の解放」の内容と一致しているため、創刊号と初秋特輯号のあいだには断絶がないことが確認できる。ここで（1）の可能性は消える。

　次に（2）である。初秋特輯号の編集後記には「哲学の権威野上博士に、興味ある、ためになる読物を来月号にも寄稿して頂ける事になつてゐる」とあるが、一一・一二月号以降の誌面にはそれに相当する記事がない。初秋特輯号にある尾瀬敬止「終戦後のソウ《ママ》エート婦人」は記事の末尾に「つづく」とあるし、織田作之助の連載小説「四つの手記」（文末に「以下次号」の記載あり）や廣瀬かに平「ひらかな月評」も、守屋光雄「乳幼児のための玩具、絵本、お話、音楽――新しい時代の母に」も、同号から連載がはじまっているが、一一・一二月号以降に続きが掲載されていない。つまり、初秋特輯号と一一・一二月号のあいだには明らかな断絶があり、つじつまを合わせるためには、未見の号が存在していたと考えるのがもっとも合理的である。最後の（3）、（4）については、その可能性を打ち消す根拠がないものの、編集部が自分たちの発行した雑誌の号数を間違えるということは考えにくいし、現段階では別冊にあたるような雑誌が刊行された形跡がない。つまり、『国際女性』は全体で七冊が発行されたが、初秋特輯号と一一・一二月号のあいだに発行された一冊が未見となっている可能性が高い。そこで、本章では全七号のうち第三号にあたる号が未見になっているという前提のもと、以下、創刊号から第七号までを通し番号で表記して考察を加えることにする。

## 『国際女性』の執筆陣

確認できる六号分の内容をみると、創刊号の表紙には「顧問 新村出・谷崎潤一郎」とあり、京都帝国大学教授を退官後も京都に在住して『広辞苑』の編纂にあたっていた新村出と、戦後、京都に移り棲んでいた谷崎潤一郎を顧問に据えていたことがわかる[1]。

各号には、谷崎潤一郎、吉井勇、織田作之助、藤澤桓夫、武者小路実篤、阿部知二、川田順、永井隆、真杉静枝、田村泰次郎といった文豪や戦後の流行作家が執筆しており、全集や単行本に未収録の作品もある。また、新村出はもとより、笹川臨風、千宗室、三宅周太郎といった京都在住の文化人も多数寄稿しているし、当時、京都市長だった和辻春樹、瀧川事件[2]で知られる瀧川幸辰、同事件に抗議して京都大学を辞職し『国際女性』創刊時は立命館大学総長になっていた末川博、戦前に治安維持法で逮捕されて同志社大学教授の職を辞したものの、戦後、夕刊京都新聞社社長などを経て同志社大学総長になる住谷悦治、ＩＣＵ（国際基督教大学）の初代学長となる湯浅八郎など、リベラリズムの立場から関西の学術研究や論壇をリードしていた知識人が名を連ねている。

また、子宮内避妊具である「太田リング」を考案して人工妊娠中絶運動を推進し、優生保護法（一九四八年年施行）の成立にも尽力した太田典禮、白樺派の作家たちとの交流、柳宗悦の民藝運動とのかかわりで知られる精神科医の式場隆三郎など、医学、心理学関係者の言説も多い。『占領期女性雑誌事典――解題目次総索引 第二巻』（二〇〇四年八月、金沢文圃閣）の「解題」で同誌の特徴を簡潔にまとめた吉田健二は、「女性の地位向上だけでなく、人間の条件として知性をもって生きることの重要さを読者に問いかけていた」こと、「京都の市井の知識人が新時代の幕開けに勇躍した、京都における出版文化運動」の一翼を担っていたこと、「戦後改革期の京都における学者・文化人の志や文化国家としての日本再建の意気込みが感じられる」ことを高く評価しているが、そうした充実した執筆陣を確保するうえで、谷崎の人脈が有効に機能していることはいうまでもない。

ただし、『国際女性』創刊号の内容には不可解なところもある。一九四六年四月三日に国際女性社から発行された連合軍最高司令部民間情報教育局編『日本女性の春 *JAPANESE WOMEN!! BECOME HAPPY BY VOTING.*』を見ると、『国際女性』の創刊予告が掲載されており、「日本女性の涙を拭ひ国際女性としての教養を育む 月刊誌国際女性創刊号近日出来 執筆者 クラフト大尉、市川房枝、三木清、中野五郎、新村出、式場隆三郎、サマン「半獣神の恋」一部五円」とある。この予告に接した読者は、当然、市川房枝や三木清の原稿が掲載された月刊誌が五円という定価で発行されるものと考えたはずである。

　ところが、創刊号には上記広告に名前が出た著名人の原稿がひとつも掲載されていない。「会員募集市川房枝女史の指導する新日本婦人同盟京都支部（京都市中京区二条駅前）」という会員募集広告はあるが、本人の言葉はどこにもない。雑誌の編集において、一部の掲載予定原稿が落ちてしまうことはよくあるだろうが、広告に名前のある人の原稿がないというのはどういうことだろうか。

　誌面をつぶさに見ていくと、この広告に名前のある著名人の多くが創刊号の「祝創刊」欄に登場していることがわかる。いま試みにその名前を列挙すると、「京都市長・和辻春樹、松竹株式会社京都撮影所、神海楼／東華菜館・于永善、京都果実合名会社代表社員・北井秀次郎、代議士・木村ちよ、国際タイムス社／国際映画株式会社社長・田中英治郎、代議士富田病院長・富田ふさ、京都府議会員・中川喜久、天理時報社社長／養徳社社長・岡島善次、西日本製紙株式会社社長・苅田與禄、東華菜館総支配人・江川辰雄、明治生命保険会社京都支店長・窪田重次、株式会社・石田大成社、西日本製紙株式会社常務取締役・田中定三、雑誌「世紀」の出版社・千染堂、日本自由党京都支部・高山義三、勤労婦人連盟、勤労婦人連盟代表・渡邊つるえ、新日本婦人同盟・市川房枝、朝日新聞東京本社・中野五郎、北海道興農公社京都出張所長・金井重夫、社会党書記長・片山哲、作家・宮本百合子、カメラの三條ツバメヤ、新日本婦人同盟京都支部、新日本婦人同盟京都支部長・森定春枝、女性研究会、代議士・大石ヨシエ、京都新聞政経部次長・池上貞美、菊水キネマ商会直営菊水映画劇場・河野美記、小山瀧之助、演出家・永見隆二、肥後良夫、日本医薬雑誌会社・金原一郎、シネマクラブ主催・山本恭子、弁護士／法学士・荻野定一郎、朝日新聞京都支社・住田壽郎、毎日新聞京都支社・村田一男、京都婦人会、国府台病院長・式場隆三郎、大海流師範・久保田文雄、日本羽毛株式会社・北川平三郎、私の大学／ユマニテ社総代・伊藤新一、文学博士・笹川臨風、七曜社印刷所・山本道三、日本羽毛工業会社常務取締役・渡邊佐一郎、菊水キネマ商会直営・宇治貞二（肩書きは同欄より※筆者注）」となる。創刊号の広告に登場した著名人の多くは、この広告欄に名前があがっている。つまり、創刊号で予告された次号「執筆者」は、『国際女性』創刊の支援者に名を連ねていた著名人たちを指しており、なんらかの理由で「執筆者」として紹介されてしまったのだろうと推察されるのである。

また、もうひとつの謎は、なぜこれほどの著名人が寄稿した雑誌がどこにも所蔵されていないのかという点である。この雑誌はどのような人々によって、どのような経緯で創刊されたのか？ 日本全体が極度の紙不足に陥り、配給を受けられる大手新聞社・出版社ですら新しい雑誌の創刊に苦慮していた一九四六年前後に、これだけの執筆陣を集めることができた国際女性社とは、そもそもどのような出版社だったのだろうか？という問題も含めて、明らかにしなければならない課題は多い。

## 2 〝京都〟と〝女性〟

『国際女性』の編集にかかわった徳丸時恵と古賀久留美は、いずれも京都で活躍した「女性知識人」（『占領期女性雑誌事典 第二巻』前出）である。創刊号の「祝創刊」欄において、宮本百合子や市川房枝をはじめとした勤労婦人連盟、新日本婦人同盟、女性研究会関係者が祝福していること、第二号に「京都女子自由党・婦人部長　鷲野光江（京都烏丸四条上ル）」の名前で「祝発刊」の広告が出ていること、同じく第二号に「新刊紹介 健実な歩みをみせる京都勤労婦人連盟出版の近藤とし子著『粉食の手びき』を紹介します（京都市左京区田中春菜町15）」という紹介文が掲載されていることなどから、この雑誌は、戦後、女性に参政権が認められるようになって新たに発足した女性政党、組合婦人部で活躍する女性たちのネットワークのなかで編まれていることがわかる。また、第四号に岸本千代子が書いた「京都婦人の動き（1）組合の婦人へ 全逓京都中話支部婦人部」という記事の「言葉にも文字にも出来ない程の犠牲を通して日本に初めて自分たちで判断し自由に行動する事が出来る時代が参りました」、「働く者に組合の結成を認められ私たちに団結の必要を感じさせてくれました」といった文言を読むと、出版社の編集体制のみならず、雑誌の内容にも同時代における婦人運動の熱気が伝わっている。

国際女性社は雑誌とともに単行本の発行も手がけており、前出『日本女性の春』、田岡良一『講和会議の予想』（国際女性社叢書、一九四七年）といった政治関連書籍の他、谷崎潤一郎『戯曲 お国と五平他二篇』（同年）、真杉静枝『愛情の門』（一九四八年）、田坂健三『未亡人と社会 ひとりのみちこいのみち』（同年）を発行している。その他、自社広告欄を見ると、評論として中野五郎『アメリカ文化』（自社広告では「既刊」となっているが実際に刊行されたか不明）、随筆として新村出『雪のサンタマリヤ』、妹尾百非『百非随筆』、小説として藤澤桓夫『新しい歌』の刊行を予定していたようである。

序章でも述べたように、一九四六年といえば日本全体が印刷用紙不足に陥り、配給を受けられる大手新聞社・出版社ですら新しい雑誌の創刊に苦慮していた時期である。第二号の編集後記に、

皆様も既に御承知のことゝ思いますが、さきに新聞紙上に報ぜられましたように、今後の出版は原則として配給用紙以外の紙を使用することが出来なくなりました。配給紙の入手状況は最近当事者各位の努力により、使用量の一部にも足らなかつた以前に比し、漸く好転しつゝありますが、その絶対量の不足は次号より減部数も止むをえないと思はれす《ママ》、なほ頁数もB５版は三十二頁に規定されましたが私達は質を以て現在の水準を維持する覚悟です。皆様の絶大な御援助御鞭撻を御願いたします。

と記されているように、『国際女性』は日本出版協会から割り当てられる用紙のみを使用して何とかやりくりしながら継続されたのである。

同誌の特徴のひとつは、いち早く誌名に「国際」という表現を冠している点である。この時期、女性読者層を狙って創刊された教養系の婦人雑誌には、月刊『家庭文化』（一九四五年一二月創刊、家庭文化社）、旬刊『婦人と子ども』（一九四六年二月創刊、中部日本新聞社、のち『婦人ウィークリー』と改題）、月刊『女性線』（一九四六年二月創刊、伊勢崎・吉田書房、のち女性線社）、月刊『スタイル』（一九四六年三月創刊、スタイル社、『女性生活』の復題誌）、月刊『婦人春秋』（一九四六年三月創刊、政経春秋社）、月刊『女性』（一九四六年四月創刊、新生社）、月刊『新婦人』（一九四六年四月創刊、能加美出版）などがあるが、その多くは新憲法が定める男女平等の原則を謳う一方で、女性を「家庭」や「生活」という枠組みのなかに配置することを前提としていた。男女平等とはいっても、女性の社会進出を促すような論調はそれほど多くなかった。『国際女性』は、このような時代にあっていち早く誌名に「国際」を掲げ、世界的視野に立って女性の生き方を問いかけようとしたのである。

また、『国際女性』の広告欄をみると、アストリンゼントローションのピノチオ、「生殖腺並ニ植物神経中枢整調作用脳下垂体前葉ホルモン」を謳うプレホルモン（塩野義製薬株式会社）、「生理不調・生理痛・腰痛・頭痛・肩凝・乳汁不足」に効果があるとするオイベスチン錠（武田薬品工業株式会社）、オレオン化粧料（オレオン化学工業所本舗）やパロン化粧料（楽喜堂）、リーベ化粧料（オレオン化学工業株式会社）といった化粧品が目立つなか、新京極・京都座、新京極・松竹劇場、喫茶と食料品の永楽屋、臼井書房、養徳社、天理時報社、楽器店の十字屋、喫茶店の家族会館、洋服店の一和、中華料理店の珍香亭、東華菜館、紙製品の都産紙店、ミシン製品の丸物、綜合強力調味料エーシオ、カメラのツバメヤ、小野洋装店、茶寮のちきりや、服装・服飾品のアリモト、デパートの藤井大丸、荷造り資材の日本輸出品材料包装生産協会といった京都市内の劇場、商店、飲食店も掲載されており、地域に根づいた雑誌であることを感じさせる。『国際女性』というタイトルには、もちろん、女性の意識向上、世界的な視野からの女性運動推進といった狙いが込められているのだろうが、実態としては、大量に印刷されて全国に流通していたわけではなく、京都市街の居住者、全国の活動支援者を主な読者とするローカル雑誌だったと考えられる。逆にいえば、そのような性質の雑誌だったからこそ京都市はもとより全国の図書館、資料保存機関に収められなかったということである。

　雑誌の内容で特に注目されるのは、ラジオで放送された講演、対談、討論会を記事に起こしたり、読みあげ原稿を採録したりしているケースが目立つことである。こうした方法をとることで、高額な原稿料を用意しなくても著名人からの原稿を集めることができたのではないかと考えられる。また、ラジオで放送される内容は多くの聴衆が関心を寄せる時事的な話題であるため、その点でも即応性のある記事を掲載できたのではないだろうか。

もうひとつの特徴は、京都の歴史、伝統、文化に精通する知識人や芸術家がその魅力を語り直していこうとする記事が多いことである。河合健二「京都緒雑感」、笹川臨風「茶のかをり」、日下喜久甫「生花の心得（第一講）」、高谷伸「郷土愛の正月――京の風物詩より」、千宗室の随筆「侘びに徹す」、「京都知識人のグループ友交会」の報告、吉井勇の短歌「乾山と穎川 京都博物館にて詠める」、「祇園懐旧」、青痴の俳句「京なまり」など、誌面には毎号のように京都の伝統文化、茶道や華道、旧い街並み、京都における婦人運動の現状が掲載されている。そこには、空襲などの被害を受けなかった京都に旧き良き日本を代表させることによって、敗戦によって喪われた日本人のアイデンティティを取り戻そうとする狙いが垣間見える。

ここで指摘しておきたいのは、敗戦直後における京都（ここでの「京都」はあくまでも京都市を指している）という都市の特殊性である。戦争末期、全国の主要都市はその多くが空襲で都市機能が奪われていた。罹災者のなかには焼跡にバラックを建てて暮らす人々も多かった。そうしたなか、空襲による被害が例外的に少なかったのが京都だった。

京都は一九四五年一月一六日に東山区馬町が、同年六月二六日に上京区西陣出水地域がそれぞれ空襲を受けており、併せて「一〇〇名弱」の死者と「六〇〇余戸」の被災家屋を出している。投下された爆弾の総量は約一四トンと推定されている。[3] だが、当時の京都は東京、大阪に次ぐ日本第三の都市であり、東京区部に投下された爆弾の総量一六、〇〇〇トン、大阪一一、〇〇〇トン、名古屋

一四、〇〇〇トンに比べればその数字が極端に少ないことがわかる。正確な数字は把握されていないが、印刷業者の罹災率も他都市に比べれば低かったと推定できる。

戦後日本では、京都の空襲被害が小さかったのはアメリカが京都の文化財の価値を認め、それを保護しようとしたからだという俗説が信じられてきたが、『語り伝える京都の戦争2　京都空襲』（一九九六年一〇月、かもがわ出版）や吉田守男『日本の古都はなぜ空襲を免れたか』（二〇〇二年八月、朝日文庫）によって、そうした俗説の根拠となる資料はどこにもないこと、むしろ、京都は終戦直前まで原爆投下の目標地として指定されており、それが空襲回避の最大要因だったことが明らかになっている。

だが、敗戦直後の日本人が真実を知るはずもない。たとえば、敗戦から三カ月後の『朝日新聞』東京版（一九四五年一一月一一日）が、「京都、奈良無疵の裏作戦、国境も越えて「人類の宝」を守る米軍の陰に日本美術通」という見出しを掲げて、「京都と奈良はなぜ爆撃されなかったか――たとえ軍事施設がないにしても、これはあの猛烈な空爆期間を通じて誰もが疑問としたところであろう。終戦後三箇月いま初めてこの疑問が解けた……美術と歴史を尊重するアメリカの意志が京都と奈良を「人類の宝」として世界のため、日本のために救ったのである」と報じたように、敗戦後の荒廃した社会を生き抜く多くの日本人は、〝強大なアメリカですら日本文化の価値を認めそれを大切にしようと考えた〟という、相手に媚びているのか自分たちを誇っているのかわからない屈折したプライドが植えつけられていく。

こうして、聖域として妄信された京都には全国から多くの移住希望が出される。主要都市の多くが焦土と化し、社会の荒廃が叫ばれていた時代にあって、戦前からの落ち着きと美しさを留める京都は憧れの街に他ならなかったのである。さきにタイトルのみ紹介した「京都緒雑感」（『国際女性』第五号）という随筆を書いた日本画家の河合健二が、

——東京や大阪から帰つて来て駅に降りた時から、何かやわらかい空気に包まれたやうな気がする。このやわらかさが京都の情緒を作つてゐるやうに思へる。自然の美さと云ふものは一様ではないが、しかし京都の自然の美さには何か特別のものがある。東京・大阪のガサガサした感じとまるで違ふ。それは自然の中に文化が染込んでゐるからだ。自然の中に人間の心や手が入り込んでそれが長い歳月の間に人工性を失つてゐるからだ。古いものと新しいものが程よく調和してしかも街が今日の生活をしてゐる。そこに京都の良さがある。どんなクラシックなものも新しいものも街全体を包んでゐる情緒的統一力と云ふ胃袋に入るとみな程良く血になつてしまふ、その意味では京都は日本一の健康な都会であらふ。

と記しているように、そこには、いまだ国民の多くが僅かな配給で飢えを凌ぎ、困窮した生活を続け

ていた時期に書かれた文章とはとうてい思えない優美な空気が流れていた。それを京都に住んでいた人々の共通感覚ととらえるのはあまりに乱暴であろうが、少なくともこのような言説が雑誌に掲載されても不平不満が起こらないような状況があったことは確かである。

『占領期女性雑誌事典 第二巻』（前出）の「解題」を書いた吉田健二が、「林和夫「フランスの女性」（第一巻四号）、二木澄「タイ国女性の思い出」（同）は本誌における世界の女性研究の事例であり、加藤美雄「バルザックの女友だちと作中女性」（第二巻五号）、川西良三「スタール夫人」（同）、菅泰男「ジュリエット」（第二巻六号）などは、近代世界文学の作中から、時代に真摯に向き合う女性の生き方や心情を探るものであった」と述べたとおり、『国際女性』には各国の女性事情や文学作品に描かれた女性像を紹介する記事も目立つ。創刊号の古賀久留美「中国婦人について」、第二号の尾瀬敬止「終戦後のソウエート婦人」も含めて、海外の女性が置かれている現況のリポートは、『国際女性』を特徴づけるための目玉記事的な役割だったと思われる。

実際、『国際女性』は創刊号の巻頭言「ことば」において、

――日本は決して滅亡したのではない、戦に敗れたのである。今迄は戦へば勝ち戦へば勝つた日本であつた。――それが故に勝ちつぷりは、――知つてゐても、敗けつぷりは知らなかつたのである。或る場合は敗けると云ふ事が絶対、その国に取つて必要である――と云つたら、誰

からか叱られそうな気もするが私はそう思ふのである。／国家を愛するならば、そしてその国家を健全な国状にするためには、時には鋭いメスを加へなければならない。果して日本の敗けつぷりは、上々であつたであらうか。

という問いかけをしている。また、それに続く中川善之助の論説「家のモラール」では、新憲法の下で議論が活発になりつつある家族制度のあり方をめぐって、農村部の嫁たちが置かれた「痛ましくも悲しい境遇」を改善することからはじめなければならないと訴えている。末川博「戸主制度からの解放」、田村恵美子「女性の解放」も併せて、創刊号に掲載された記事はその多くが日本の敗戦と旧弊な家父長制の敗北を並行的にとらえ、「女性の解放」こそ健全な国家再生への第一歩だと主張している。

　こうした論調を外側から補強するのが、編集部の古賀久留美と米婦人将校・ローゼンブルーム中尉との対談、および、連合軍提供の「之がアメリカの婦人だ」という論説である。前者は、対談といってもわずか一頁の問答にすぎず、必ずし内容が充実しているわけではないが、ここで古賀は、「日本婦人の地位を向上するにはどんなにすればよろしいか？」、「アメリカの職業婦人達は男の方と同じサラリーを貰つてますか？　又実際男子と同じ地位に居ますか？」といった質問を浴びせ、それぞれ、「日本の婦人達は今日、婦人参政権を獲得する事が出来たので、参政権を巧妙に用ふる事によつて女性の地位をよりよく向上させ、女性に対する法律を変改する事の出来る代議士を議会に送ることが出来ます。この方法によつて婦人の働きや生活の環境を改良するのです」、「それは決定的にイエスと言へます。私達は絶対に男子と同じ地位、サラリーを得てゐます。／私達女子の将校は、男子の将校と同様の地位で、同じ給料を支払はれます」という答えを引き出している。たくさんの女性を議会に送り込んで法律を変えればよいというアドバイスといい、職業婦人たちの地位やサラリーに関する平等原則といい、問答を読んだ多くの婦人たちはこの米婦人将校の発言に勇気づけられたはずである。

後者の「之がアメリカの婦人だ」に至っては、まさに連合軍が準備したプロパガンダの趣きさえある。冒頭で、デパートでの買い物や商品の郵便発注の仕組みに言及した報告者は、その後、ミシン、アイロン、洗濯機、掃除機、冷蔵庫などの家電製品、熱湯まで使える水道、石油・ガスのストーブやヒーターがごく普通の家庭にもあることを誇らしげに伝える。アメリカの婦人たちがいかに家事労働の負担から解放されているか、余暇の時間を使って自分を磨くとともに、家族の健康や幸福に注意をはらったり慈善活動に参加したりしているかをごく当然のように語る。そこには、日本の婦人たちが置かれている境遇とはまったく異なる魅惑的な人生が描かれている。『国際女性』という雑誌は、このような記事を数多く掲載することで、日本の婦人たちの意識を根底から改革していこうとしたのであろう。

第二号の巻頭言「ことば」には、「戦争による犠牲者を援護する組織が、各方面に出来つつある。／外地引揚者とか、戦災孤児とか、部分的なものに限らず、とにかく、この戦争に依つて犠牲を受けた人々に対して積極的な行動を開始して欲しい。／と同時に、私共婦人も、味はい深い行動をそれらの気の毒な人々の上に、さしのべなければならぬ。／それのみならず、とかく、そうした組織的なものに有り勝ちな弊害を出来るだけ少くして、より多く直接の福祉が齎らされん事を、乞ひ希ふものである。／そして本当によき地の塩となり得る様、最善の努力を捧げたいと思つてゐる」とある。ここでの「地の塩」とは、『新約聖書』に登場する山上の垂訓のひとつで、マタイ福音書に登場する言葉である。また、国際女性社が発足当初の所在地を京都帝国大学基督教青年会館内に置いていたこと、第四号の巻頭言には「神の傑作」というタイトルが付されていることを加味すると、『国際女性』の編集にあたった関係者はキリスト教関連団体とつながりをもった人々だったのではないかと類推できる。

## 3　顧問としての谷崎潤一郎

### 谷崎と検閲

谷崎潤一郎は「「細雪」回顧」（『作品』秋冬号、一九四八年一一月）のなかで、「細雪」執筆時期の状況を、「戦争といふ嵐に吹きこめられて徒然に日を送ることがなかつたならば、六年もの間一つの作品に打ち込むこともむづかしかつたかも知れなかつたのであるし、今云ふやうに頽廃的な面が十分に書けず、綺麗ごとで済まさねばならぬやうなところがあつたにしても、それは戦争と平和の間に生れたこの小説に避け難い運命であつたとも云へよう」と記している。自分の作品の持ち味である「頽廃的な面」を書くことができず、「綺麗ごと」で済まさなければならなかったことに自嘲とも憤りともつかぬ口吻を漏らしている。

　戦時中の一九四三年一月から『中央公論』に連載を開始したものの、軍部が一九四三年一月号掲載分について「内容が戦時にそぐわない」と判断し掲載中止に追い込まれた「細雪」は、私家版『細雪 上巻』（一九四四年七月、非売品）を親類知友に配布するなどしながら書き継がれ、戦後、『細雪 上巻』（一九四六年六月、中央公論社）、『細雪 中巻』（一九四七年二月、同）を刊行したのち、続きを『婦人公論』（一九四七年三月―四八年一〇月）に連載し、『細雪 下巻』（一九四八年一二月、同）としてまとめられた。戦時中、軍部からの圧力によって連載が中断され、戦後もＧＨＱが管轄するＣＣＤ（民間検閲局）の検閲を懼れながら執筆が継続された「細雪」は、実に六年という時間をかけてやっとその全容を明らかにするのである。「「細雪」回顧」にはその頃の心境が、「昭和十七、十八、十九、の三年間は熱海で書き、二十年になつて熱海も不安になり逃げ歩くやうになつてからは岡山県の勝山でやうやく五十枚くらゐ、平和になつてからは京都と熱海で書いた。興がのつてものらなくても大抵毎日六七時間きめて書いた。そして書きはじめると二十日ぐらゐはつゞけて書いた。長かつたから何と云つても肉体的には疲れた。最後の方になつて殊に疲れを感じたやうに思ふ」と綴られている。

　検閲に対する懼れは、『中央公論』一九四六年八月号に掲載予定だった「A夫人の手紙」でも経験している。この作品は谷崎の復活を予感させる戦後第一作として誌面を飾るはずだったが、CCDの検閲で軍国主義的と判断され、全文掲載禁止となる。(4) こうした掲載禁止措置は、当然、その作家のイメージそのものに影響を与える。出版物が発売禁止になれば多大な損失が発生するため、出版社は谷崎への原稿依頼に二の足を踏むことになる。作品を発表する媒体は激減し原稿料収入も途絶える。疎開先で心細い生活を送る谷崎にとって、それは大きな頭痛の種だった。

　敗戦直後に谷崎が中央公論社社長・嶋中雄作に出した書簡（水上勉・千葉俊二編『谷崎先生の書簡 ある出版社社長への手紙を読む』二〇〇八年五月、中央公論新社）をみると、

　小生も帝都や京阪神の様子一見いたし度候へ共先づ当分は創作三昧の日を可送覚悟にて目下着々細雪下巻執筆いたし居候／ついてはそのうち中央公論も復活いたす事と存候へ共然る場合はあのあとを続けて雑誌に掲載され候哉それとも直ちに単行本に被成候哉　あの上巻の中には英国や露西亜や蔣介石などの悪口も出て居り候に付もし雑誌に掲載するとせば早速その部分を修正仕度あのまゝ出されては困り候に付右御ふくみ置被下度候
（一九四五年九月二九日）

源氏は今度は先般の訳に手心或は削除したる部分を原文通りに改め完全なる飜訳として出版いたすも可、今一度ぐらゐあの紙型を用ふるも可、御考へ置き被下度、幸ひ山田博士も在京の御様子故博士の意見も伺度存候／しかし、あらゆる束縛が解けたる今日、創作の材料山の如くに有之、「細雪」が済んだら何から書かうかと迷つて居るくらゐにて昨今旺盛なる創作熱を感じ居り候

（同年一〇月九日）

戦後の新しい雑誌にのみ小生の名が現はれて中央公論に一つも掲載されぬといふことは小生としても何となく心淋しきのみならず世の誤解も招き易く候間是非共新年号に何か書かせて頂き度すでにその事は畑中君と書面にて相談済に付詳細は同氏宛小生の手紙を御覧被下度候猶々御芳書に「事情は一切口外なりませぬ事故」と有之候へども実は小生は余りの残念さと原稿の予定が狂ひし事情説明のため既に二三の雑誌社に口外仕り候段何分御含み置被下度候

（一九四六年九月一一日）

といった文面が続き、彼自身がＣＣＤの検閲に対して相当過敏になっていたこと、戦時中に発表できなかった自作を何としても刊行したいと意気込んでいたことが窺える。中央公論社社員として谷崎を担当していた小滝穆宛書簡に至っては、「マッカーサー司令部より昭和六年以後の小生著作品発行書

肆、発行部数等問ひ合せ有之候に付誠に御手数ながら貴社発行の左記著作品発行部数至急御調査の上御返事被下度候」（芦屋市谷崎潤一郎記念館所蔵）と記され、ＧＨＱからの指令に慄《おのの》いている様子が伝わる。

さきにも述べたように、谷崎がここまで躍起にならざるを得ない最大の原因は経済的事情にある。実際、当時の書簡には作品発表の機会を求める文面に並んで原稿料や印税の前借りや借金に関する話題が頻繁に登場する。特に金融緊急措置令（一九四六年二月一七日施行）にともなう旧円預貯金の封鎖と新円発行に関しては神経を尖らせており、「モラトリアムの事につき小生思ひ違ひをなし居りし点有之、十七日の発表に依つて始めて全貌を知り申候、依つて左に改めて御尋ね申上候／短冊百枚御届け致すのは来月と相成可申候、然る場合、新円を以て御支払ひ被下候ハヾ一層結構に候へ共已むを得され《ママ》ば小生名儀封鎖預金の中へ御振込被下候ても宜敷候又短冊と引換でなく時期は少々おくれても結構に御座候（中略）今後新聞雑誌社出版書肆等より小生が受取る原稿料印税等は全部凍結さるゝものに候哉　それとも一部現金にて（サラリー同様に）支払はるゝものに候哉　また神戸に所有する借家の家賃等ハ如何相成候哉 御高教を仰ぎ度候」（土屋計左右宛、一九四六年二月一九日）、「小生儀過日も一寸申上候通り此二三ケ月来印税の収入殆ど絶無と相成全く原稿料にて生活せざるを得ざる状態にてこれは昨今炎暑の折柄老骨には中々骨が折れ元来遅筆の小生いよ〳〵能率上らず此の歳になりて未だに日雇職人のやうなくらしをすることは情なき事と存じ候（中略）差しあたり目前の生計に困り居候に付此の八月中ぐらゐに御約束の中央公論創作原稿差上げることにして右稿料として五万円御都合下度此の手紙持参のいつもの青年に現金にて御渡し被下候はゞ幸甚に存じ候　右伏して御願申上候」（嶋中雄作宛、一九四七年七月九日）など、現金の都合を依頼する記述が増えてくる。この頃の谷崎は、『細雪』映画化の契約などが進み、東宝から「上映料六万四千円」の提示を受けたりもしているが、それでも逼迫するほど家計の支出が多くなっていたのだろう。すでに六〇歳を超え高血圧症による体調不良に悩まされていた谷崎にとって、検閲で自作を発表する媒体が奪われ原稿料や印税収入が途絶えることは、何としても回避したい負のスパイラルだったに違いない。

### 末永姉弟との出遭い

　こうして、疎開先の勝山を離れることもできず鬱々とした日々を送っていた谷崎のもとをひとりの文学青年が訪ねてくる。のちに京都時代の谷崎が秘書として身の回りの世話をさせる末永泉である。同氏が書いた『谷崎潤一郎先生覚え書き』（二〇〇四年、中央公論新社）によれば、戦争末期の一九四五年七月に谷崎が自宅近くに疎開していることを知った末永泉は、姉と友人を伴って短期間に三回もの訪問を重ねている。姉の徳丸（旧姓・末永）時恵と谷崎のあいだで京都移住のことが話題になったのはそのときである。

　だが、のちに末永泉が残した回想を読むと、その経緯をめぐってやや曖昧な記述がなされている。

『谷崎潤一郎先生覚え書き』（前出）には「先生が京都に移住されるときくと、女性解放運動に興味をもっていた姉は、京都に出ることにし、小さな出版社をはじめたのだった」とあり、谷崎の口から京都に移住する予定だという話を聞いた徳丸（末永）時恵が自分も女性解放運動にかかわるために京都に出ることを思い立ったように書かれているが、のちに末永泉が稲澤秀夫のインタビュー（『聞書 谷崎潤一郎』一九八三年、思潮社所収）に応じたときのコメントを読むと、「谷崎先生は岡山県の勝山に疎開で行ってらしったんですね。で、姉たちが勝山へ先生をお訪ねして、京都へいらっしゃいませんかということで、下宿を、最初はお部屋だけね、最初は銀閣寺の近くに借りたのかな、お部屋だけ」とあり、むしろ時恵が谷崎を京都に誘ったように書かれているのである。

　谷崎の京都移住をめぐる謎は、当時の谷崎が中央公論社社長・嶋中雄作に宛てた書簡の記述からも読み解くことができる。そこには、「先日「国際公論」の記者なる者二名来て寄稿を請うがマ司令部の後援で出す雑誌とのこと、中公の了解を得たらよしと言ったが、嶋中の快諾を得たと電報あり、確かか」（一九四六年一月一九日）とあり、ＧＨＱの「後援」で発行する雑誌に寄稿することについてわざわざ中央公論社の了解を得ようとしていたことがわかる。

　戦後出版史を精しくひもといてみても『国際公論』という雑誌は存在しないし、谷崎が同名の雑誌に原稿を掲載した記録もない。また、ＧＨＱの「後援」という表現に留意して考えると、ここで谷崎が記している『国際公論』とは、徳丸（末永）時恵らが京都で創刊し、谷崎が顧問を引き受ける『国際女性』を指している可能性が高い。誌名を書き違えている点については、谷崎の記憶が曖昧だったのかもしれないし出版社の都合でタイトルが変更になったのかもしれないため軽々な判断はできないが、国際女性社が一九四六年四月三日に連合軍最高司令部民間情報教育局編『日本女性の春』を刊行するところから出版社としての活動を開始していることも含めて、このとき谷崎のもとを訪ねた記者たちとは、徳丸（末永）時恵たちであったと判断してよいだろう。

終戦末期から谷崎と顔見知りだった徳丸（末永）時恵は、戦争終結とともにＧＨＱの支援をとりつけて国際女性社を発足させているが、一九四六年一月に谷崎のもとを訪ねて寄稿を依頼するとともに谷崎を京都に誘い、それを実現させたと考えることですべての辻褄が合う。当初は寄稿依頼にすぎなかったものが雑誌の顧問就任へと変化した理由も、ＧＨＱが後援していた出版社という事情を鑑みることで得心がいく。

ＧＨＱが後援する雑誌に協力すれば検閲が緩くなるかもしれないし、自作を発表する機会も増える。また、雑誌の顧問という位置づけは、けっしてＧＨＱに阿《おもね》っているようにみえないため、読者に対して占領政策に迎合したという印象を与えることもない。戦災被害に遭っていない京都で暮らすことができれば、戦後の荒廃した社会に身を曝すことなく静かな環境のなかで「細雪」の完成をめざすことができる。当時の谷崎にとって、それは願ったり叶ったりの提案だったのではないだろうか。

その証拠に、雑誌『国際女性』の顧問となった谷崎は末永泉を秘書として雇い、身の回りの世話をさせている。編集に携わった経験もない素人に反故となった原稿を処分させたり重要な遣いを任せたりしている。末永泉は『谷崎潤一郎先生覚え書き』（前出）のなかで、「昭和二十二年一月から昭和二十六年一月、発病して京都を離れるまで、谷崎先生の秘書をしていた。当時、私は京都で、姉が小さな出版社をはじめ、その手伝いをしていたのだった。その『国際女性』社で、先生の戯曲集を出版させていただくことになり、お宅に出入りしていて声をかけてもらえたのだった」と振り返っているが、こうした経緯をみても、谷崎が本当にこの青年の能力や人間的魅力に惹かれて秘書の仕事を任せたとは思えない。それは、戦後しばらく一般人の転入を認めていなかった京都に居を構え、『国際女性』の顧問という立ち位置で京都在住の幅広い学者、文筆家、芸能家たちと交流する機会を与えられたことに対する配慮、すなわち、姉である徳丸（末永）時恵への見返りだったのではないだろうか。

### 徳丸（末永）時恵の国際的人脈

徳丸（末永）時恵は、戦後、京都で活躍した婦人運動家である。一九一一年三月五日に勝山で生れ、一九三三年に東京女子大学英語部を卒業した彼女は、戦時中、駐日ドイツ国立航空工業連盟に勤務している。英語とドイツ語の能力が卓越していたため、ゾルゲ事件で知られるリヒャルト・ゾルゲとも親しく交際し、彼がスパイ容疑で逮捕される直前にはアクセル・ムンテ『人生診断記』（一九四二年、牧書房）の翻訳まで託されている。

さらに、戦争末期には代表秘書にのぼりつめ、日本とドイツの航空工業はもとより、航空技術の移転を通して両国軍事力を強固なものにするための働きをしている。自らが翻訳・編者を務めた『勤労の美』（一九四三年一〇月、科学社）の巻末にそえた「訳者のことば」に、「本書は前大戦の後、疲弊と困憊のために、なすところもなく、不平のみをこぼしてゐたドイツ国民に対し、ナチス政府が如何に、清新な空気を注入し、汗なくして働くことを叫んだかを、詳に述べてゐる。かくして、それまでに見られなかつた明確な国家意識の下に、逞しき勤労の歌は、ドイツの巷から巷へと繰り拡げられていつたのであつた。（中略）戦ひはまだまだ長い。／我々は焦らずに、じつくりと腰を落付けて、祖国未曾有の有事の今日、各自の勤労の歌を唱ひ続けやう。祖国の勝利のために、大東亜の創造を信じつゝ」と記してナチスドイツの栄光を謳い、大東亜共栄圏の思想を讃美したりもしている。

『ドイツ航空機の発展――ユンカースの即席』（一九四四年、牧書房）の「序」を書いたドイツ国立航空工業連盟日本代表のゲー・カウマンは、「日独両国民が密接なる政治的、軍事的友好関係の下に、正義の旗の下肩を竝べて戦ひつつある時」、「この世界を挙げての大戦争に於て航空の果す役割が如何に重要なものであるか、これは総ての人の知るところであらう」と宣言したあと、「日独航空関係を長年身近に見て来た末永さんは、まことに極めて賞賛すべき、価値ある仕事を完成することとなつた。本書が必ず二盟邦国間における相互の理解と善識に尽すところ大なるべきを衷心より信じるものである」と続け、訳者を高らかに称賛している。

ところが、戦後の徳丸（末永）時恵はそのような過去をすっかり脱ぎ棄て、女性有権者連盟の婦人運動家として表舞台に登場する。彼女自身が編集兼発行者となっている『京都 有名婦人の横顔』（一九四八年、国際女性社）には、自身の言葉で、

> 淑女高女教師徳丸賢之助夫人。子供なし。学校卒業後独逸人の名秘書として持ち前の正義肌と熱とを発揮してゐたが、その間においても筆を持つのが好きで〝勤労の美〟〝世界の航空路〟〝人生診断器〟等多くの翻訳書あり。翻訳の原稿のたまるのは、お腹の中の子供の成長を思はせるほど楽しい、とは彼女の言葉。横浜で戦災、終戦後女性啓蒙解放の為に京都で出版社国際女性社を創立、雑誌〝国際女性〟の出版、及び時折単行本を出す事になつた。その間女の手で切り廻し故幾多の労苦はあつたが、三号雑誌で終る事の多い中に、兎に角今日まで一国一城の主として社を継続してゐるから女にしては大したもの。最近は女性有権者連盟を作つて社会事業と女性の政治啓蒙すると張り切つてゐる。性善良。欠点は独断的で独裁的なる事。叩かれたいと言つてゐるし、事実もつと叩かれて伸びねばならぬ人。

と紹介されており、その転身ぶりに驚かされる。

さらに興味深いのは、国際女性社を閉じたあと離婚して末永姓に戻った時恵が、東龍太郎[5]と親交を

結び、結核予防医療を行う弥生会診療所を設立し、一九五二年から二〇年間にわたって理事長を務めていることである。戦後の結核診療所は国の厚生医療担当者の支援がなければ運営が難しい組織であり、素人が気軽に参入できる事業ではない。ドイツ国立航空工業連盟が航空機の輸入や技術移転などをめぐって軍部と深いつながりをもっていたのと同様、そこには、戦時中から培われてきた国や軍部との人脈や利権誘導の気配が漂っている。

戦時中から通訳・翻訳者として重要な機密事項を知り得る立場にあった徳丸（末永）時恵は、恐らく、そうした人脈や資本の力で京都に国際女性社を設立したのであろう。ＧＨＱがどのような経緯でこの国際女性社を支援することになったのかは不明だが、いずれにしても、語学に堪能で幅広い人脈を有する彼女が新しい時代を担う婦人運動家として活躍し、同社の出版物を通じて占領政策を適切に広報してくれることがＧＨＱにとって好ましい事態であったことは間違いない。

## 4　『国際女性』の文芸記事

### 谷崎潤一郎

一九四六年五月二〇日、京都市上京区寺町通今出川上ル五丁目鶴山町三番地「中塚せい方」に家族

を迎え入れて仮住まいをはじめた谷崎は、それから約一〇年にわたる京都での生活を開始する。途中、たびたび転居を繰り返し、熱海とも往来するようになるが、結局、占領期の谷崎は京都を引き払おうとしなかった。その最大の要因は、戦災で大きな被害を受けた都市で生活したくなかったからであろうが、「細雪」を脱稿したあと「源氏物語」の完訳をめざしていた谷崎にとって、京都で築いた新たな人脈や土地の風土が好ましい環境と映ったことも確かだろう。

　こうして創作活動に適した環境を手に入れた谷崎潤一郎は、『国際女性』における「顧問」という役割を相応に果たしている。さきにも述べたように、『国際女性』には吉井勇、織田作之助、藤澤桓夫、武者小路実篤、阿部知二、川田順、真杉静枝、田村泰次郎、笹川臨風、三宅周太郎などの名前が登場するが、こうした顔ぶれを揃えるためには、谷崎の人脈が不可欠だったと思われる。

　また、谷崎はこの新興雑誌に自身の貴重な日記を提供するなど、強い肩入れをしている。ここでは、そうした事情を考慮しながら『国際女性』の文芸記事を読んでみよう。谷崎と『国際女性』のかかわりにおいて、まず注目したいのは第二号に掲載した日記「二年前のけふこのごろ」についてである。この日記は、戦後、疎開先の勝山から京都に居を移した谷崎潤一郎が戦争末期の生活を回顧した一九四四年九月四日から二二日までの日記である。同号の編集後記に「顧問 谷崎潤一郎先生から、特にお願ひして頂いたもの「二年前のけふこのごろ」は何回読返して読んで見ても。《ママ》味はい深いものを感じ簡素なこの日記体の中に偉大なるものを収得する」と記されていることからもわかるように、

「顧問」を務めていた谷崎潤一郎は、当時、未公開だった日記の一部を編集部に委ねることで『国際女性』の発展に寄与しようとしたのである。ちなみに、谷崎潤一郎は戦中末期から敗戦までの日記を『人間』（一九四六年一〇月）、『新文学』（一九四七年二月）、『新潮』（同年三月）、『花』（同年三月）、『新世間』（一九四七年四月）、『婦人公論』（一九四九年九月）などに分載し、のちに「疎開日記」として『月と狂言師』（一九五〇年三月、中央公論社）に所収するが、今回、発見された「二年前のけふこのごろ」は「疎開日記」の一部を構成するものであり、敗戦直後における谷崎潤一郎の動向を考えるうえで貴重な初出資料となる。

　続いては第四号に掲載された三宅周太郎との対談「文楽を語る」である。同対談は一九四六年九月二一日に京都放送局で放送された録音の全文であり、対談の末尾には「本誌に掲載するに当つて、谷崎先生、三宅先生並びに京都放送局の御好意を感謝いたします」という記者の言葉が付されている。書き言葉としての加筆修正などを施していないため、会話の遣り取りは阿吽の呼吸で進展しており、冗長と省略が混在している印象を受ける。

　ここで谷崎潤一郎の注目すべき発言をいくつか拾っておこう。たとえば、彼は歌舞伎や文楽の時代物の「欠点」として、「非常に不必要に腹切りのところに力を入れ過ぎてゐる」こと、「子供の身代り」や「迷信」が頻繁に出てくることを指摘するとともに、新作を待望する声に釘を刺し、文楽は非常に専門的な世界なのだから素人の手に負えるものではないこと、ひとつの作品をどんどん書き直してよりよい物に仕上げていくことが重要であることを説いている。

また、後半では「文楽に限らず、上方の特有の芸術、例へば地唄のやうなものにしても、舞のやうなものにしても、此の頃は地元では次々と衰へて、東京の方で活動するやうな傾向になつて来てゐます。これはいやですね」などと発言し、近松物などは「今日の新しい情勢、時勢にそむかない」ものがあるだろうから、そうしたものから復興を進めていったらよいと述べている。三宅周太郎が人形浄瑠璃における「日本婦人の美徳」に言及すると、すかさず「それは過ぎ去つた美しさでせうけれども」と退けているし、義太夫において「妙な笑ひ方を長い間する」ことにも嫌悪感を示している。全体として、谷崎潤一郎は関西における歌舞伎や文楽の衰退を嘆きながら思いつくままの質問を浴びせ、三宅周太郎がそれに応答していく流れになっているが、逆にいえば、ここでの谷崎は非常にリラックスした物言いをしており、好悪の本音が明確に表出しているともいえる。

ちなみにこの対談については『谷崎潤一郎全集』（一九八一―八三年、中央公論社）に収録されておらず、小谷野敦／細江光編『谷崎潤一郎対談集 芸能編』（二〇一四年、中央公論新社）の巻末に収録されている対談・座談会リストにも記載がなかったが、『谷崎潤一郎対談集 文芸編』（二〇一五年、同社）の一覧表ではじめて項目が収録された。こうした事実からも、『国際女性』という雑誌の稀少性が裏づけられる。

日記や対談とは別に、もうひとつ指摘しておきたいのは、第二号に「国際女性社刊 谷崎潤一郎 お

国と五平　Ｂ５判　価二十八円　送二円（他に十五夜物語・白狐の湯）★巨匠谷崎氏が自選名作に終戦後初めて全篇に渉り自由に補筆改訂を加へたる決定版　★樋口富麻呂画伯快心の装幀並挿画九月下旬発売」という広告が出ていることである。谷崎の著書については、前述した『日本女性の春』にも「世界の文豪　谷崎潤一郎自選名作集　限定版出来　毎月一冊出刊　一部　概算二十円」という広告があり、国際女性社が谷崎潤一郎の自選名作集を企画していたことが明らかになっている。戦時中、思うような創作活動ができず金銭的にも苦労していた谷崎にとって、自選名作集の出版は確かにありがたい提案だったと思われるが、自他ともに認める文豪がなぜ国際女性社のようなローカル出版社にそこまで肩入れしたのだろうか。この企画は実現に至っていないためその答えは謎のままだが、少なくとも国際女性社と谷崎とのあいだで出版に関する合意ができていたことは間違いないし、谷崎の側にそれを承諾してもよいと思えるだけのメリットがあったことは確かだろう。

　ところで、当時の谷崎をめぐっては、第五号に面白い随筆が掲載されている。それは、谷崎潤一郎に京都の仮住居を貸した大家の目から書かれた森定子の「谷崎先生のこと」という随筆である。筆者は谷崎自身が下見に来たときの様子を、「今年の春のことだつた。突然京都の姉から電話で、今日の午後谷崎潤一郎先生を案内してあなたの家に行くといふ。私にとつてはまさに原子爆弾以上の驚きだ。／あの耽美派の雄と謂はれた大文豪とたゝへられる谷崎先生が、このうす汚ない私の家へいらつしやるといふ、これも戦争のおかげだ。昨年の空襲で阪神間にあつた先生のお家も戦災に会はれ、以後仮住居を続けていらつしたが京都にお家を定められる間の足場として、今度九州へ引揚げる私の家を一時的に借り受けたいとの御意向に、今日はその下見分なのだ。（中略）「ふんこの家はなかなかよろしいね。便所は鬼門ぢやないかな、台所のせまいのは人手のないこの時丁度いゝね」などと、美しく聡明な奥さまに話される。急な二階の階段に「こりや二度はきつと落ちるな」と高々と笑はれた」と記し、谷崎の気さくな一面を照らし出している。

**織田作之助**

続いては谷崎以外の書き手による創作である。第二号には織田作之助の小説「四つの手記（第一回）」が掲載されている。当時の織田は『読売新聞』に「土曜夫人」を連載（一九四六年八月三〇日―一二月八日）しており、極めて多忙な毎日であった。また、一九四六年一二月五日の未明に大量の喀血をして絶対安静の状態となり、病床に臥したまま翌年の一月一〇日に亡くなるため、「土曜夫人」は未完のまま終わることとなった。したがって、掲載開始時期という観点で考えると、「四つの手記」は織田作之助が構想した最後の連載小説のひとつということになる。

「四つの手記」は、織田作之助の没後に発見された遺稿をもとに「冴子の外泊」に改題され、『織田作之助全集 第七巻』（一九七〇年、講談社）に所収されているが、同作を見ると「織枝の手記」、「冴子の手記」、「瀧の手記」、「津田の手記」の四章から構成されていたことがわかる。全集の「作品解題」

（青山光二）にも、「『国際女性』（昭和二十一年九月号）に前半の二章を発表、後半の二章は未発表のまま遺稿として残された。／四人の登場人物それぞれの手記を、いわば輪舞形式に配置して、愛のすれちがい、行きちがいを軽快に描いた読物ふうの作品」と記されている。しかし、実際の雑誌をみると『国際女性』の同号に発表されたのは第一章「織枝の手記」のみで、第二章「冴子の手記」は未見の第三号に掲載されている可能性が高い。恐らく、同全集の編集担当者も『国際女性』の現物は確認しておらず、遺稿をもとに初出を明記してしまったものと思われる。

この作品は、皮膚美容院を経営しながら女手ひとつで娘の冴子を育ててきた「私」（＝織枝）が、二〇年も前に振った津田という男と再会し、彼が独身であることを知って「小娘のやうな気持」を昂ぶらせていくところからはじまる。冒頭は「……何といふ私は母親だらう。世間の母親なら、そんな場合、ほかのことなぞ、頭に泛ばず、まづ何よりも娘の身の上を案じた筈だ」と書き出されており、『国際女性』という雑誌の特性や読者層を意識したテーマを選んでいたこともわかる。

かつて青白い文学青年だった津田は、ずっとハワイで暮らしていたが、交換船で日本に戻ったあと、未亡人となった「私」のところを頻繁に訪れるようになる。だが、その津田が娘の冴子に興味をもち二人だけで出かけるようになったことで、「私」は嫉妬と妄想をつのらせていく。あるとき無断で外泊した冴子を問い詰め、その相手が津田ではなかったことに安堵した「私」は、相手の青年が「薄給のサラリーマン」であることを承知のうえで、早く冴子を結婚させてしまおうと企む。第一回は、そんな「私」の思惑を弄ぶかのように相手の青年が冴子との結婚を拒むところで終わる。夫の死後、一七年ものあいだ、ずっと「男気なしに暮して来た」自分のなかに沈殿している欲情を処理できないまま、ひとりやきもきする「私」の言葉が手記というかたちで綴られていく。

タイトルが示すように、織田作之助はこの連載小説において、四人の登場人物の視点を交錯させるように描くことを構想していたものと思われる。ミステリーではよく見られる手法であり、心理劇としての面白さを演出するには有効な面もある。だが、四人の登場人物に均等な「私」語りをさせながら、同時に、破綻のないように全体のプロットを組み立てていくのは至難の業である。作者の死去によりこの作品は完成をみないまま中絶してしまったが、この頃の織田作之助が常に新しい表現世界を追い求めていたことの証左にはなるだろう。

## 5　女性解放への提言と「姦通」をめぐる議論

第五号は、国際女性社の強力な支援者だったと思われる末川博の「女性解放の春」が巻頭言を飾り、「配偶者の選択、財産権、相続、住居の選定、離婚並に婚姻及び家族に関するその他の事項に関しては、法律は個人の尊厳と両性の本質的平等に立脚して、制定されなければならない」と定めた日本国憲法第二四条を実現し、女性が真の意味で解放されるためには、女性自身が日常生活において教養の獲得につとめ、「我」の自覚と個性完成への不断の努力を続けることが重要だと述べている。

同号の誌面で特に目立つのは、「一九四七年を迎えるに際して御希望又は御計画」と題するハガキ回答が企画されており、編集部と関係の深かった学者・文化人はもちろん、川端龍子、湯川秀樹、高峰三枝子、東郷青児、堀内敬三、市川房枝など二二名の著名人が意見を述べていることである。個々の意見は無難なものが多いが、少なくともこれだけの著名人からハガキ回答を得られたという点で、同誌編集部にとっては大きな激励となったはずである。

プランゲ文庫に収められた同号のゲラを見ると、辻久一「女性の型及びその創造について（一）」の「敗戦の結果、外部からあたへられたものにもせよ」という表現に「Delate」と記されている。また、朝日新聞社前特派員・中野五郎が寄せたハガキ回答の、「一九四七年は希望の年であると共に苦難の年でもある。それは日本の民主化が一層前進するであろう一方、連合国の対日賠償取立てが実施されるので、日本の敗戦の痛手は深刻な苦痛を覚えるであろう」という記述にもチェックを入れている。ＧＨＱの検閲が細部の表現にまで及んでいた事例として記憶に止めておく必要があるだろう。

第六号は六六頁のボリュームを誇り、短命に終わった『国際女性』のなかではもっとも頁数の多い号となっている。巻頭随筆として武者小路実篤「若い人々へ――教養のある人」を置くとともに、阿部知二「恋愛について」、座談会「青春を語る」、コラム「青春の思索」などが掲載され、誌面全体に

「青春」を生きる若者たちへのメッセージが行き渡っている。敗戦後の日本にあって、男に媚びたり自らの美しさをことさら誇ったりする女性が増えつつある現状を憂い、内面の「奥床しい」品位を大切にして欲しいと訴える武者小路実篤。「恋愛」という言葉には「何かしら深い人間的なおもいがこもつて」いて、「私たちの生活のあらゆる面がうつくしく濃密な匂にみちてくる」として、日本人もまた西洋の人々と同様に「恋愛」の「壮麗な夢」を抱くようになって欲しいと訴える阿部知二。そして、現役の教員や女子大生たちが自分たちの関心事や「男女同権」への期待を語る座談会「青春を語る」。それまでの『国際女性』が、どちらかといえば婦人運動に関心のある女性を対象としていたのに対して、この号では若い学生の感受性に目を向け、これからの時代を担っていく人々の意見を吸い上げようとする編集方針がとられている。

　個別の記事で特に注目されるのは永井隆「原子学と女性」である。論説の冒頭には「大へんおそくなつてすみませんでした。一月以来病勢が悪化して絶対安静を保つてゐましたので気にはかゝりながら出来ませんでした。少しものが言えるやうになりましたから口述筆記してもらい、やうやく務を果しますが、何分病中のこと故、自信のある文章を書くことが出来ず、又制限された研究題目であるため自由に書くことが出来ません。もし貴誌にふさわしくなかつたならば潔よくすてゝ下さい。京都帝国大学のレントゲン科の末次教授は私の恩師でありまして、此の方面の権威であります。どうかお暇がありましたら御訪問なさつて下さい。きつと御満足のゆくお話をして下さることゝ思います。それではおわび旁々一言御挨拶まで。／長崎市上野町三七二／永井隆」という書簡の全文が紹介されており、当時、絶対安静の状態にあった永井隆が口述筆記までして送り届けた原稿だったことがわかる。同論で原子学の発達を、原子の自然崩壊、人工放射能、ウラニウムの核分裂という三現象から説明した永井隆は、そのすべてにキュリー夫人をはじめとする女性研究者がかかわっていたと指摘する。また、原子学が医学の領域で活用されるようになれば乳がん、子宮がんなどにも応用され、多くの女性の生命を救えるようになるだろうという期待を述べる。

だが、そのようにして編集部からの要望に応じる一方、同論には「原子爆弾をうけた時、私は人類は戦争に対する魅力を失つたと直感しました。ピカドンの一瞬間に何も彼も失くなつてしまうのです。私はつぶされた部屋のなかから血まみれになつてはい出して、あたりを見まわした時、実に味のない感じにうたれました。勇者も卑きよう者もなく、働くことも逃げることもなく、訓練したものと怠けた者との区別もなく、人間と虫戸の区別もなく、否生物も無生物もおしなべてみぢんにくだかれ、ぽつと燃え上つてしまつたのです。そこにはなんの美しさもなく、なんの感激もなく、たゞ無味乾燥な破滅があるだけでした」といった記述もあり、当時、病床から起き上がることが難しくなっていた永井隆の心境が切々と表現されている。ＧＨＱが検閲において最も神経を尖らせた話題のひとつである原爆被害の状況は生々しい言葉で語られているが、検閲用のゲラを見てもＧＨＱが永井隆の言説にクレームを入れた痕跡はない。

創刊号から第六号までの誌面構成が、婦人向けの総合文芸誌としての体裁を遵守する方針だったのに対して、第七号は、特集企画を前面に押し出した内容になっている。分量も三二頁に半減しており、印刷用紙の入手が厳しくなっている。「御覧の通りの薄い雑誌になつてしまつた。殆どを六号活字にして、ギリギリにつめてみたが、やはり、半分は半分である。しかも、つめ込んだため、醜い誌面になつた。原稿を賜はつた先生方にはお詫びしたい」という編集後記の言葉からもその危機感が伝わってくる。編集部は、すでに雑誌の継続が困難になりつつある現状をふまえて、最後に強いメッセージ性のあるテーマを特集しようとしたのかもしれない。

第七号の目次には「姦通と離婚」という特集タイトル（なお、同論における「姦通」の表記はすべて伏字で「[redacted]通」や「〇通」となっている）が付されており、まさに刑法改正によって廃止されようとしていた姦通罪（一九四七年一〇月二六日に廃止）をめぐる議論に特化した企画が組まれている。また、編集後記には「離婚と[redacted]通と云う言葉はちよつと考える《ママ》関連がなくておかしいが、日本の女の、大きな問題がこの二つの言葉にかくされていたのではなかつたろうか。この二つの言葉は男性が女性に向つて投げつけた石であつた。この石によつてどれだけ多くの女性が不合理にこの世から葬り去られた事であつたろう。然し、今は違う。女性達は、この二つの言葉と理性をもつてみつめなければならない。議会は[redacted]通罪の有無をどう定めるか今は判らない。然しその有無に関らず、女性がこの二つの言葉を判断し、正しく裁く事によつて、家庭生活、し《ママ》いては社会の平和を保つ事が出来るのではないだろうか。男性は一昔前にすでにこの二つの言葉を判断し裁いている。片手落ちである。今こそ両者は対等にこれについて、いさめ合い、かばい合い、そして公平な判決を下そう」とあり、編集部が並々ならぬ決意でこの特集を組んでいることがわかる。

さきにも述べたように、巻頭論文の「姦通は法律で罰すべきか」を書いた瀧川幸辰は、瀧川事件で京都大学を去った刑法学者である。また、この論文は一九四七年七月二八日に日比谷公会堂で行われた放送討論会（他は法務省刑事局長・国宗栄と参議院議員・奥むめを）の内容をまとめたものであるため、刑法改正委員会の決議を踏まえて「男女平等不処罰」の方向性を示した国宗栄、姦通を罰しなければ放蕩や不行跡が後を絶たないとして「男女平等処罰」を訴える奥むめをの意見を参照し、会場につめかけた一般参加者からの質問にも応答するかたちで議論を展開している。

ここでの瀧川の認識を端的にまとめると、女性の社会的地位向上や社会の進化という観点からみて、姦通を罰することは罰しないこと以上に社会に不利益をもたらすため、姦通は「離婚の原因」として認めるに止めるべきであるということになる。続く末川博は民法の改正によって婚姻と離婚の条件がどのように変更されるのかを具体的に説明したうえで、夫婦生活においても男女の平等と自由を実現するためには貞操を女にだけ求めるような封建的な因習を改め、姦通罪を廃止しなければならないと主張する。

そして最後に登場するのが、当時、『肉体の門』（『群像』一九四七年三月、同年五月、風雪社）がベストセラーとなり、戦後文学の寵児ともてはやされていた田村泰次郎「○通と離婚」である。この論考において、実際の離婚問題において大きな障害になっているのは女性が「経済的独立力」を有していないからだと喝破した田村泰次郎は、谷崎潤一郎『蓼喰う虫』や菊池寛『新恋愛論』に登場する男女を事例として「現実的な幸福追求のやり方」を紹介し、法律は人々が自由に生きることを秩序化するものでなければならないと主張している。

その他、特集「姦通と離婚」には式場隆三郎と三好達治が短文の回答（恐らくハガキ回答と思われる）を寄せており、それぞれ「姦通罪 撤廃すべし／理由 これは道徳的に解決すべきことで法律でしばるべきではない。悪用するものはこの法律があつてもなくても同じことと思ふ」（式場）、「姦通は感心しませんが法律で禁遏しようとするのも感心しませんね。離婚の理由にはなるやうにしておいて貰ひたい」（三好）と述べている。

＊

雑誌『国際女性』のうち第三号を除く全六冊の内容を紹介してきたが、戦後、間もない時期に京都で創刊されたこの雑誌は、

（1）関西文化圏にかかわりの深い政治家、学者、文化人、作家、芸術家などの言論を幅広く集めていること。

（２）世界の女性事情や文学作品に描かれた女性の生きざまを掘り下げ、女性読者の意識向上を図っていること。

（３）戦後に施行された日本国憲法が定める男女平等の理念を社会生活のなかで実現していくための方策を議論していること。

（４）京都における婦人運動の動静を伝えるなど、地域に根ざした活動を展開していること。

（５）京都の街並み、歴史、伝統、文化を紹介するとともに、戦時中、さまざまな制約をかけられていた芸能の復興などに努めていること。

以上の点において極めて意義深い雑誌である。世界に目を向けた婦人雑誌の嚆矢としても、京都という都市に生れたローカル雑誌としても重要である。戦後日本における雑誌出版文化、戦後の文学、そして婦人運動の観点から、この雑誌を多角的に分析することが喫緊の課題であると考える。

また、作家による寄稿はそのほとんどが谷崎潤一郎の人脈を通じて集められている点にも注意が必要である。若い頃はともかく、その作家生活を通じて女性解放運動にほとんど関心を示さず、協力の意思を示すこともなかった谷崎は、ＧＨＱの支援を受けるこの雑誌に協力することで頽廃的・享楽的な作家というレッテルを解除し、厳しい検閲対象となることを回避しようとしたのではないだろうか。多くの文筆家、学者、文化人と交流して原稿を依頼するとともに、自分自身も新たな作品発表の場を開拓していこうとしたのではないだろうか。

その意味で、『国際女性』という雑誌は、戦後の婦人運動を隠れ蓑として新たな事業を起こしていった徳丸（末永）時恵と、書くことの自由を求めていた谷崎の利害が一致するところで編集された雑誌であったといえる。谷崎は彼女との接点を日記や書簡というかたちで残しはしなかったし、徳丸（末永）時恵もまた谷崎との思い出を語ることはなかったが、二人はＧＨＱを媒介しながら目に見えない紐帯で結ばれていたのである。

# 第3章　雑誌『新生活』とGHQの検閲

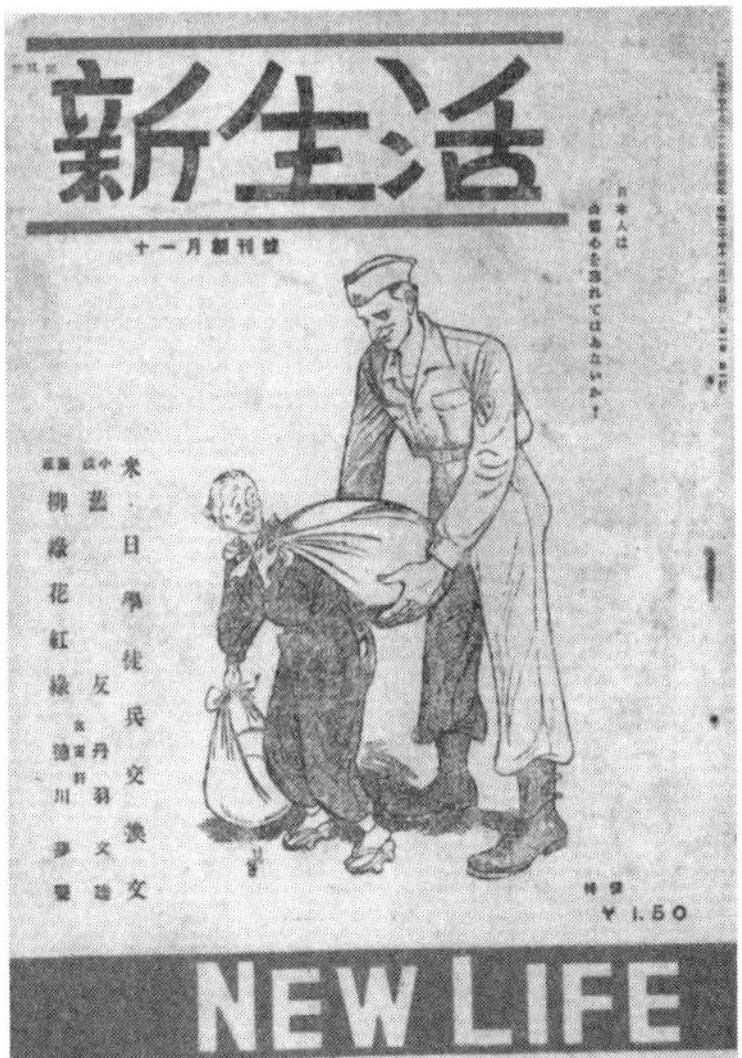

## 1　『新生活』とはいかなる雑誌か？

『新生活』は一九四五年一一月に新生活社が創刊した文芸総合雑誌である。誌面の構成をみる限り、本来は月刊誌をめざしていたと思われるが、敗戦後の紙不足により予定どおりに発行することができず、次号にあたる第二巻第一号が出たのは一九四六年一月、その後は、第二巻第二号（同年二月）、第二巻第三号（同年三月）、第二巻第四号（同年五月）、第二巻第五号（同年六月）、第二巻第六号（同年七月）、第二巻第七号（同年八月）、第二巻第八号（同年九月）、第二巻第九号（同年一一月）という具合に発行が飛びとびになっており、毎月は出ないものの隔月には確実に発行という状況だったことがわかる。

　ところが、一九四七年になるとなかなか次号を出せなくなり、第三巻第一号（一九四七年五月）をもって終刊してしまう。第三巻第一号の「編集日記」には、事情により編集部が企画した「新人創作評論——募集」企画を中止せざるを得なくなったこと、「すでに印刷進行中だつた」ために募集案内を削除できなかったことが記されており、『新生活』の終刊がいかに唐突であったかがわかる。足掛け三年間にわたって継続された『新生活』は、何の前触れもなく雑誌としての生命を終えるのである。

福島鑄郎が『戦後雑誌発掘――焦土時代の精神』（一九七二年八月、日本エディタースクール出版部）のなかで、「こういう題名は、当時最もよく受け入れられた。表紙絵（本章扉参照 ※筆者注）のような光景は日常の出来事であった。米兵と老婆、敵愾心を解くのにうってつけの絵で、しかも敗戦に打ちひしがれた日本人の心に、これほど人間性を感じさせるものはなかった。企画編集員（菊地《ママ》武一、谷川徹三、高見順、辻二郎、中野好夫、宮沢俊義）の心づかいが感じられるようだ。昭和二十一年五月号から、これも当時流行した与論調査（編集部でテーマを提示）が毎号発表になり、ユニークな内容を作っていった」と紹介しているように、『新生活』は菊池武一（英文学者）、高見順（小説家）、谷川徹三（哲学者）、辻二郎（化学者）、中野好夫（英文学者・評論家）、宮沢俊義（法学者）の六名が企画・編集の中心を担った正統派の雑誌であった。

ただし、この六名が企画編集委員（正式には「編輯企画委員」）になったのは第二巻第二号からである。同号の「編輯室だより」には、「今回、『新生活』の企画、編輯陣を強化するため、別に御紹介致しました一流文化人、菊池、谷川、高見、宮澤、中野、辻の六氏を本誌企画編輯委員としてお願ひ申し上げ、御快諾を得ました。徳川夢聲、宮田重雄、石黒敬七その他の諸氏の所謂、風流クラブと言ふ別動隊と相俟つて、本誌編輯は、更に光彩を放つことでせう」とあり、この編集委員はあくまでも雑誌に箔をつけるために選定されたメンバーだったことがわかる。また、高見順が残した日記にも、「「新生活」の文化時評二十枚を書く。西川君への義理で断り切れなかったのだが、もう当分こういうものは書くまいと思う」（一九四五年一二月二日、『高見順日記 第6巻 昭和20年10月〜21年3月』一九六五年、勁草書房）、「西川光君と一緒に三越の旧映配の事務所へ行く。そこで「新生活」の顧問（？）会議。映配の事務所とどういう関係があるのか不明」（一九四六年一月一一日）といった記述があり、同誌の編集は実質的に新生活社の西川光がひとりで担っていたことがわかる。中野好夫の自筆年譜（『日本人の知性6 中野好夫』二〇一〇年五月、学術出版会）に至っては、「昭和二十年（１９４５）四十二歳。／敗戦。／著作活動は事実上不可能。わずかに東大における講義が細々とつづけられたこと、また毎週一回、自宅における数人の友人たちとの読書会をついに一回も中止することなかりしことなどを、たのしき思い出とするのみ」と記すだけで、『新生活』の企画編集委員としての活動などには一切言及していない。したがって、ここに名前が挙がっている六名は定期的に編集会議を開く関係ではなく、執筆者の紹介や斡旋を主な役割とする顧問的な役割だったのだろうと推察される。

　創刊号の奥付には、「毎月一回一日発行　昭和二十年十月二十五日印刷納本／昭和二十年十一月一日発行／発行人 西川光／編輯人 春田武／印刷人 小坂孟／東京都牛込区市カ谷加賀町一ノ十二／印刷所 大日本印刷株式会社 東京都京橋区銀座七ノ三／発行所 新生活社 電話 銀座（57）六四二一番／京都市上京区小山板倉町一 新生活社関西支部 寺井龍男／電話 西陣六二二三番／東京都神田区淡路町二ノ九／配給元 日本出版配給株式会社／購読料 一部一円二十銭〔送料十銭〕六部七円二十銭〔送料別〕

十二部十四円四十銭（送料別）／誌代払込は小為替を御利用下さい。郵便切手代用は一割増に願ひます／▽広告 本誌に広告掲載御希望の方は左記へ御申込み下さい 東京都京橋区新富町三ノ二 三及社電話 築地（55）三二二三番／特価 一円五拾銭」とあり、発行元の新生活社は東京と京都に事務所を構えていたことがわかる。地方読者のために六部や一二部で発送できるようにしていることから、購読者が全国にわたっていたであろうことも推察できる。

つまり、『新生活』は露店などに並ぶ娯楽雑誌ではなく、一定の見識をもったインテリ層の読者を対象として全国に頒布していた教養雑誌としての性格を有していたと考えられる。第二巻第一号の「編輯室だより」を読むと、「創刊号は一部も剰さず売切れとなり、前金御送付の方方の御手許にもおとゞけ出来なかつた事を深くお詫び申上げます」という文面があり同誌が大変な売行きだったことを裏づけているが、それはこの雑誌がそうしたインテリ層の心をしっかり捉えていたことの証左であろう。

一方、『新生活』というタイトルが示しているように、同誌は人々の生活に密着し、その改善をめざす啓蒙雑誌としての側面も有している。創刊号の「編輯室だより」に記された「「みんな、確りやらう」「かういふことをしてゐては駄目だ」「こゝはかうやらう」と偽瞞《いつはり》のない日本を築き上げる道標《あんない》として創《うま》れた雑誌が『新生活』である」、「激しい人生の中に、ホッとする様な美を捉へ、血潮がほの暖くなる様な喜びを味ひ、あゝ生きてゐることは素晴しいと瞳を輝かすやうになれば『新生活』が世に現れた目的の一つは達成されたことになる」という言葉からもその狙いは明らかである。

また、第二巻第二号の「編輯室だより」をみると、「読者諸兄姉よりの御注文、御激励のお葉書が殺到致しております」といううれしい悲鳴をあげるほどの人気ぶりを示している。第三巻第三号の表紙ゲラにはＧＨＱ検閲官によって「10,000」という数字が書き込まれているが、『新聞出版用紙割当事務局文書』（前出、残念ながら同資料には『新生活』の項目がない）に出ている同系雑誌との比較でいうと、恐らくこの数字は雑誌の販売部数だと考えられる。

だが、現在この雑誌を通覧することができるのは国会図書館プランゲ文庫のみで、その他には日本近代文学館、東京都立多摩図書館、いくつかの大学図書館（大妻女子大学、昭和女子大学、東北学院大学、同志社大学、弘前大学）が一部を所蔵しているだけである。雑誌『新生活』に関する研究は皆無であり、総目次はもちろん、掲載された主要作品に関しての紹介もない。『日本近代文学大事典』（一九七七年一一月、講談社）には項目すらなく、戦後占領期の文学雑誌を横断的に検証した紅野敏郎、栗坪良樹、保昌正夫、小野寺凡編『展望 戦後雑誌』（一九七七年六月、河出書房新社）、大本至『雑誌で読む戦後史』（一九八五年八月、新潮選書）でも言及されていない。大久保久雄・福島鑄郎監修『戦後初期の出版社と文化人一覧』第1巻―第4巻（二〇〇五年一二月、金沢文圃閣）をみても、『新生活』を発行していた時期の新生活社に関する記載はない。

新生活社は、雑誌『新生活』を手がけると同時に新生活叢書として高見順の短編集『山の彼方の空遠く』（一九四六年四月）、丹羽文雄の長編『春の門』（同年四月）、織田作之助の短編集『天衣無縫』（一九四七年三月）、藤澤桓夫の短編集『純情物語』（未見）を企画しており、文芸出版社としては順調なスタートを切っているようにみえる。ところが、その後の出版履歴をみると数年間にほんの七、八冊を刊行した程度で出版社としての華々しい業績はない。

雑誌『新生活』の基本的スタンスは創刊号の巻頭言に集約されている。そこには「日本は新生活の発足を開始しなければならない。徒らに古き日本に拘泥してゐては、われ等が日本は崩壊の一途を辿ることとならう。／われわれは古き衣を、潔く脱ぎすてて、敗戦日本の真の姿を凝視し、われ等の行くべき大道を、自ら開拓しなければならない」とあり、日本の「再建」が第一目標に掲げられている。また、それを実践するためには「あらゆる社会的事象を明確に把握する」ための「批判的精神」を樹立するとともに、「整然たる社会的秩序」のもとで「互ひに楽しく明るい生活を営む」ことができるような文化的環境を整えなければならないと訴えている。特定の主義主張を排除し、ジャーナリズム精神に則って誌面を構成していくこと、読者自身が生きるための「糧」をみつけられる雑誌をめざすことが力強く宣言されている。

だが、創刊号の表紙絵と、そこに付された「日本人は公徳心を忘れてはゐないか！」というキャプションからもわかるように、『新生活』の誌面にはその背後にＧＨＱの影を感じる。米国連合通信社（Ａ・Ｐ）のムーリン・スペンサー記者に日本社会の印象を語ってもらう「敗戦後の日本を見る」（第二巻第二号)、米軍女性将校と日本の女性有識者による座談会「女性と新生活」(グレイト・オルト少佐、カロライン・ロイド・ジョーンズ大尉、メアリ・ヂョイス、佐多稲子、三岸節子、信千代、石田アヤ、赤松俊子、司会・中野好夫教授、通訳・阿部妙子、第二巻第四号)といった記事はもちろんだが、海外小説の翻訳にせよ海外からのニュース通信にせよ、同誌の記事はＧＨＱを通して提供されたのではないかと思えるものが数多く掲載されている。広告欄をみると『GUIDE TO JAPANESE』なるガイドブックを発行したり、進駐軍関係文書を翻訳するＹ・Ｓ・Ｂという会社、進駐軍慰問専属〝ニッポン・ファンタジー〟花柳舞踊団(花柳啓之事務所)がスポンサーになっており雑誌本体の紙質も極めて上等なのが、むしろ奇異な感を抱かせる。

## 2　主要記事の紹介

### 敗戦直後のルポルタージュ

創刊号から「漫筆 柳緑花紅録」の連載を開始した含宙軒《とくがは》無聲(徳川夢聲)は、「仮りに七円の外食券を買つて、一回金五十銭といふ食事をすると、酷く高いもののやうであるが、これを万事ヤミ値に計算し換へて見ると、あまり高くないといふことになる」と記し、ヤミでの食糧確保に頼らざるを得ない日本の状況を憂いつつ、アメリカ軍士官専用のキャバレーを見学したときの様子を仔細にリポートしている。この連載は、第四回（創刊号の「編輯室だより」によれば当初は「半ケ年連載の予定」だったが、実際には四回で打切り）まで続き、日本人の「イバリ」根性を痛烈に批判したり（第二回）、「自信を失ひ、希望を失ひ、自棄となり、果ては自棄になる気力すら失つて、今日の如き天下最大の下らない表情になつて了つた」日本人に喝を入れたり（第三回）、天皇、父親、息子といったかたちで「縦の継がりだけで生きて」きた日本人の服従精神を皮肉ったり（第四回）、縦横無尽の毒舌ぶりを発揮している。敗戦後の暗い世相を観察し、うちひしがれた人々を励まし続けるとともに、自分たちがなぜそこまで堕ちてしまったのかを冷静に分析するその書きぶりは、痛快であると同時にうら悲しくもある。

ルポルタージュとしては、「特殊慰安施設協会」の実態に迫った「敗戦考現学第一課」（創刊号）、「東京俘虜収容所とは？」（第二巻第二号）、「アメリカ点描記」（第二巻第四号）、「ピカドン――広島紀行」（第二巻第五号）、「婦人代議士訪問記」（同）、「延安の生活」（第二巻第九号）などがある。なかでも、「原子爆弾災害調査診療班」の一員として被爆直後の広島に入った医学生・舟橋俊行がまとめた「ピカドン――広島紀行」は、いまだ原子爆弾による被害状況などが報道されていなかった時期に書かれている点で先駆的な文章であると同時に、広島の人々がいまどのように生きているかを捉えた貴重な記録である。

いまやヒロシマは世界的になつた。他の土地と同じではない。大学からも調査に来た。アメリカからさへもやつて来る。この事が何か広島の人々を得意にさせてゐる。原子爆弾のあの瞬間については、自分達しか語ることが出来ない。さあ何でもお訊きなさいと、それが一種の得意気なものになつて見える。この見方はあの人達を苦笑させるかもしれない。しかし多くの人々が、ピカドンについてとなると、夢中になつて話してくれた。よろこんでわれわれの質問のどんな事にでも答へてくれたのは事実である（中略）よろこんで話す、といつたが、実際他人事のやうにといつてもいいかもしれない。あれほどの事を極めて冷静に語る。両親を失つた女の子から、その両親の病歴を聴いた。他人事のやうに彼女は話してゐた。しかしふつと彼女は口を噤んでしまつた。と堰を切つたやうに急激に泣き出してしまつた。冷静なのは無感動だつたのではない。度を過した感動《ママ》が人々を虚脱の中に陥れてしまつたのである。氷が融けるやうにその虚脱が緩みはじめる。するともう堪へられない。私はペンを擱いてただ彼女を泣くにまかせた。

敗戦直後、多くの日本人は広島・長崎で何が起こり、どのような被害があったのかを知らされていなかった。原子爆弾の投下によって大勢の死者が出たことは理解していたが、火傷や原爆症に苦しむ人々、家族を失って途方に暮れる人々の存在はほとんど報道されることがなかった。プレスコード

（一九四六年九月二一日、民間検閲部）には「連合国占領軍に就いて破壊的批評や占領軍に対し不信、又は怨恨を招くやうな記事を掲載してはならない」とあり、ＧＨＱの占領政策の方針や内容に関する言及はそれ自体がタブーであった。だが、医学生が書いたこの文章には被爆地に生きる人々の姿が等身大で捉えられている。過度な同情やヒューマニズムのお仕着せではなく、ひたすら状況を的確に伝えようとする文体になっている。

もうひとつ、ルポルタージュで興味深いのは、大森収容所における収容者たちの実態に迫った津田俊「東京俘虜収容所とは？」である。こうした記事の多くはいま現在の様子を描くことに終始しがちだが、津田の場合は、かつてこの施設に連合軍の俘虜が収容されていた事実に着目し、「戦時中、連合軍俘虜たちは如何なる生活を送つてゐたか？」という想像をめぐらせる。かつてそこにいたはずの人間たちに意識をめぐらし、関係性が逆転した世界を複眼的に捉えようとするその視点は、極めてシニカルである。

『新生活』における記事構成の特徴は、映画、演劇、美術、文芸、音楽、新聞、ラジオ、社会、スポーツといったジャンルごとに「時評」を掲載し、それぞれの識者が最新の動向を論じていることである。執筆陣には、大江良太郎、水町青磁、宮田重雄、八田元夫、津村秀夫、野崎彊、高田保、土方與志、双葉十三郎、金子洋文、今村太平、高村豊周、飯島正、岡倉士朗、平野謙、瀧川太朗、由井正、岩崎昶、和田勝一、大兼實、福井直弘、北川冬彦、北村喜八、福澤一郎、園部三郎、桐原五郎、

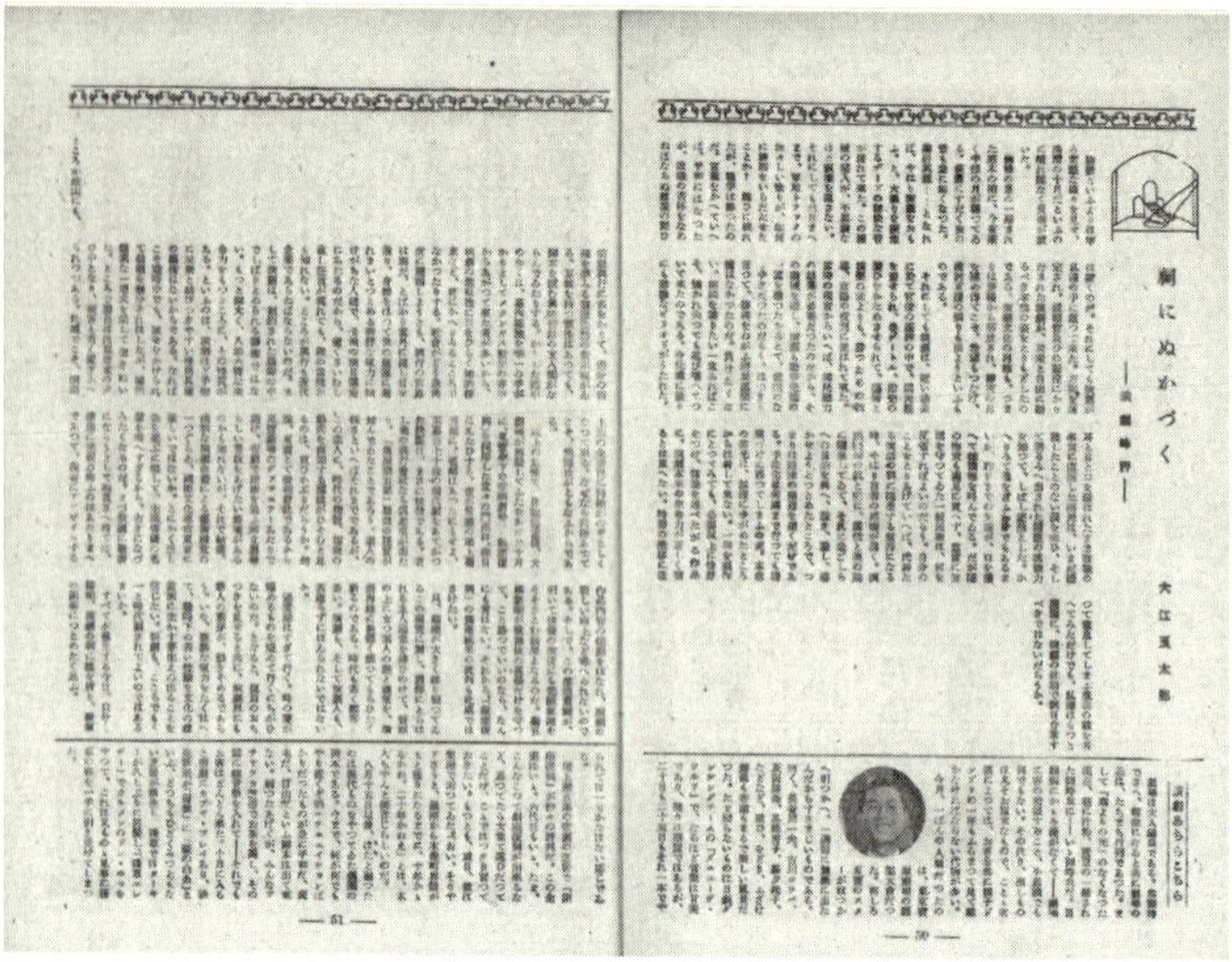

祠にぬかづく
—演劇時評—
大江良太郎

— 51 —

— 50 —

【図版６】右頁下段と左頁の上段に、検閲によってできた空白がある。

荒正人、登川尚佐、上村鷹千代、筈見恒夫、村山知義、上野鶴之介、脇本楽之軒、辻久一といったそうそうたる識者が名を連ねており、内容的にも読みごたえがある。いわゆる提灯記事ではなく、それぞれの領域における新たな表現や潮流と批評的にかかわっていこうとする意欲にみちている。なお、大江良太郎が創刊号に書いた「祠《ほこら》にぬかづく——演劇時評」には八二五字分の空白箇所【図版６】があり、GHQの検閲によって削除を命じられた箇所がそのまま残っている。GHQの検閲は基本的に読者にわからないように文章をつなぎ合わせ、削除や修正の痕跡を消す方法だったが、この記事に関しては時間的な余裕がなかったのであろう。

## 四つのテーマ

また、編集部が特に力を入れているテーマは、（1）戦争の記憶と検証、（2）婦人問題、（3）生活と文化の再建、（4）政治への期待などであり、それぞれを論じる際には政治的な立場やイデオロギーに対して可能な限り公平な立場をとろうとしている。たとえば、（1）に関しては「日米学徒兵交換文　戦場を離れた学徒兵は真理探求の自由を叫ぶ！」（創刊号）、「臨軍費はどこへ行く」（同）、「座談会　暗黒政治の裏面を衝く　第一線新聞記者」（第二巻第一号）、「財閥の解体と其の主人」（第二巻第二号）、「対談会　敗戦後の日本を見る」（同）、寺澤寅男「ルポルタージュ　戦場の記録　南鳥島」（第二巻第五号）、「華北より復員して」（同）、「ルポルタージュ　戦場の記録」（第二巻第八号）に採用された若麻績正見「レイテ敗戦記」と九鬼千秋「野戦貨物廠」があり、いずれも事態を大局的に俯瞰することを戒め、個々人の体験や認識にもとづいた記述を心がけているように見える。同じく（2）については、「座談会　敗戦前後を語る　未婚女性の会」（創刊号）、「新日本建設と婦人　女性の求めるもの」（第二巻第一号）、「日本婦人論」（第二巻第四号）、「座談　米軍女将校と語る女性と新生活」（同）、「婦人代議士訪問記」（第二巻第五号）、「母親と学校」（第二巻第六号）があり、米国社会に学ぶスタンスをとりながら男女平等の時代に即した社会環境の整備が議論されている。（3）に関しては、毎号のように関連記事が掲載され幅広い観点から問題点が抽出されているが、記事の内容としては、戦災復興共同組合を立ち上げた玉置桂一に取材した「戦災者の理想郷」（第二巻第二号）、「魅力ある二つの平和運動　ノーベル賞とオリムピック競技」（第二巻第九号）、「鼎談　東西文化談義」（同）がある。（4）については、「正しき選挙を」（創刊号）、「三政党の指標」（第二巻第二号）、「新旧選挙人」（第二巻第三号）、「内閣六十年史」（第二巻第四号）、「危機脚下に迫る」（第二巻第六号）、「各界総まくり縦横対談会」（第二巻第七号）、「風雲閣清談」（第二巻第九号）があり、人々が政治の動向を厳しく監視し、自分たちの手で民主主義を育てていくことの必要性が説かれている。

その他、特徴的な記事としては、当局の戦災都市再建計画に民衆の意見を反映させようという目的で企画された「都市建設への指標」（創刊号）が興味深い。「中心のない町。住めば中心で、誰にとつても自分のゐる処が中心のやうに思へる町」と答えた高田保をはじめ、ユニークな回答が数多く寄せられている。「私の愛読書」（第二巻第一号）では、井伏鱒二が「いま読みたいのは過去十余年間の日本歴史です。誰か枢要な地位にあつた人の日記でもよろしい。陳述でも告白でも、何でも偽らぬところを。／しかし、それも不可能らしい。いま僕は支那の古典を独学で愛読中」と答えている。

## 3 『新生活』の文芸欄と文学者たちの言説

『新生活』に掲載された文芸作品（実際に発行されたかどうか確認がとれていない第三巻第一号掲載分の作品は後述する）は、小説、詩歌、批評、随筆など多岐にわたっており、同時代を代表する著名作家が名を連ねている。特に小説は、創刊号の丹羽文雄「旧友」以降、サトウ・ハチロー「浅草小章」（第二巻第一号）、織田作之助「船場の娘」（同）、藤澤桓夫「その女」（第二巻第二号）、北條誠「女三人」（第二巻第三号）、和田傳「娘」（同）、船山馨「薊屋敷」（第二巻第四号）、武田麟太郎「勝敗」（第二巻第五号）、井上友一郎「筑紫少女」（同）、北畠八穂「神を招いた遊女」（第二巻第六号）、芹澤光治良「松下の場合」（同）、大原富枝「泰子抄」（第二巻第七号）、多田裕計「青の女」（第二巻第八号）と続いている。

## 武田麟太郎の「遺稿」

なかでも武田麟太郎「勝敗」には、「この小説は武田氏が急逝直前に執筆された外字雑誌への未完の短篇を、特に本誌に掲載したものであります」という補記とともに「遺稿」の文字が記されている。武田麟太郎が昭和二一年に発表した小説として知られているのは「風俗一齣」（『言論』一月）、「田舎者歩く」（『旬刊ニュース』一月―四月）、「ひとで」（『夕刊 新大阪新聞』二月―三月、未完結）、「東京暦」（『上毛新聞』三月一三日―四月一六日）のみで、「勝敗」という作品はその存在自体が知られていない。大谷晃一『評伝 武田麟太郎』（一九八二年一〇月、河出書房新社）にも同作に関する記述はない。それが「遺稿」だとすれば、戦後の武田麟太郎を考えるうえで極めて重要な新資料となるはずである。

「勝敗」は、かつて親友だったにもかかわらず、ひとりの女を巡って対立することになった二人の男が軍隊で再会する話である。母子家庭に育ったため苦学を強いられていた「私」は、親友の山本から紹介されて愛子という資産家の娘の家庭教師になる。やがて、「私」と愛子のあいだには恋心が芽生えるが、身分の違いから彼女の両親に反対され、愛子はあろうことか山本のもとに嫁ぐことになる。愛子が最初から山本の許嫁《いいなずけ》であったことを知った「私」は、親友を憎むとともに自暴自棄な気持ちのまま徴兵される。そんなある日、「私」が教育係をしている班にあの山本が新兵として入隊する。復讐心を募らせた「私」は、慣れなれしい態度をみせる山本をめった打ちにし、冷たい雨のなか直立不動の姿勢で立ち続けることを命じる。

三角関係の愛憎劇、貧富の階層差、そして軍隊内における非情な上下関係……。この作品には偶然や因縁の働きを重視する通俗小説の要素と軍隊生活における不条理に迫る諷刺小説の要素が混在している。また、屈託のない表情で旧友との再会を喜ぶ山本と嫉妬や怨念のかたまりとなった「私」を対峙させることで、人間の卑小さ、惨めさを浮き彫りにしている。前半の展開からみて、この後にまだ続きがあったのではないかと予感させる内容ではあるが、武田麟太郎らしい筆致で人間の生々しい姿が捉えられている。

なお、「勝敗」掲載頁の脇には「武田麟太郎氏病床日記」なるものが紹介されており、三月二十三日（土）東京よりの帰途、大磯まで乗越して、豪雨の中を徒歩にて茅ケ崎駅に至り、深夜新聞原稿を執筆、払暁帰宅。／三月二十四日（日）昼頃、原稿を持つて出京。帰宅後再び執筆。／三月二十五日（月）発熱。四十度近し。臥床。／三月二十六日（火）四十度の高熱を押して、新聞原稿執筆。／三月二十七日（水）発熱を押して、新聞原稿の執筆を続ける。熱は依然下がらず。／二《ママ》月二十八日（木）遂ひに原稿の執筆もならず、昏々として眠る。／三月二十九日（金）意識明瞭なれども高熱つづく。／三月三十日（土）遂ひに昏睡状態となる。医者の診断によれば、急性脳炎とのこと。／三月三十一日（日）依然昏睡状態なり。郷里より早朝御尊父到着さる。午前九時二十分、御尊父、令夫人、令息に診とられつつ、遂ひに永眠。痛惜に堪へず。

とある。武田麟太郎の死因に関しては、浦西和彦・児島千波編『人物書誌大系21 武田麟太郎』（一九八九年六月、日外アソシエーツ）が「肝硬変症のため、片瀬西方町の仮寓先で死去」と記すなど、「肝硬変症」という見方が一般的だが、同資料が出てきたことによって、少なくとも亡くなる一週間前までは電車で東京に原稿を届けていたことが明らかになった。ちなみに、同誌企画編集委員のひとりである高見順は生前の武田麟太郎と親しく交わっており、亡くなった直後には「武田麟太郎の死」（『東京新聞』一九四六年四月三日）を書いているが、その段階では『新生活』への「遺稿」掲載に言及していない。恐らく、亡くなったのちに原稿の存在が明らかになり、急遽、一九四六年六月一日発行の第二巻第五号に掲載することを決めたのであろう。

## 小説・論

和田傳「娘」も全集・単行本等未収録の作品である。この小説は、「県道をジープが頻繁に通るが、町を占領してゐるアメリカ兵がよくこの前をぶら〳〵やつてをり、時には寄りこんで覗いてゆくことなどもあつた」といった表現を交えつつ、「蟹が甲羅を干すみたいに背中をあたためながら」井戸端会議に夢中になる娘たちの様子を描いている。栄養のある食べ物が摂れないため母乳が出ない女のこと、家畜や畑の肥料のこと、そして衣類を編むための緬羊のことなど、彼女たちの話題はもっぱら日々を生きぬくためにはどういう工夫が必要かということばかりである。慎ましくも明るく語り合う娘たちの朗らかさが印象的な作品である。

その他、織田作之助「船場の娘」は、大阪船場にある瀬戸物問屋のお嬢さん・雪子と奉公人・秀吉《ひできち》の身分違いの恋を描いたもの。秀吉は店を去って東京で雪子と一緒に暮らすことを考えるが、地震で連絡が途絶えたあと五年の歳月が流れる。ルンペンになって大阪に舞い戻った秀吉は、道頓堀で芸者になった雪子との再会を果たす。彼女は秀吉が地震で死んだものと思い込み、親の勧めるままに嫁いだものの妾腹だということを理由に離縁され、芸者に身を落としていたのである。秀吉がすでに別の女と暮らしていることを知った雪子は、静かに微笑んで彼の前を去っていく。この作品については浦西和彦編『織田作之助文芸事典』（一九九二年七月、和泉書院）に、「〔初出〕「新生活」昭和二十一年一《ママ》月一日発行。未確認」とある。この記述からも、プランゲ文庫公開以前には『新生活』を手にとることが難しかったのであろうと推測できる。

　論説としては、なかのしげはる（中野重治）「独立の民族として」（第二巻第九号）が充実している。同論の冒頭、中野は、天皇の全国巡幸に関する記録映画を観たとき、あちこちに「おじぎ」をする天皇の姿に対して観客のなかから「ゲラゲラ笑ひ」が起こったエピソードを紹介し、「八方へぺこぺこする天皇、紋切りがたの文句をところきらはずくり返す天皇は、その映画で実におかしかつた。しかしそれを頂いてゐる自分とそのものとの関係をおもひ出すことなしにゲラゲラ笑ひ出せるといふことの方が一層滑稽で情なくはないか。その笑ひに国民としての自嘲がひそんでゐたかとも、いまは考へる。しかし、そこでは自嘲としては聞かれなかつた。それは無責任なゲラゲラ笑ひだつた。結局してそれは丸めこまれた笑ひだつた」と説く。また、マッカーサー元帥が天皇に対して「なぜ宣戦布告に署名したのか」と訊いたところ、天皇が「もし自分が署名しなければ別の天皇が署名しただらう」と答えた（中野は、昭和二一年五月放送ラジオ番組「真相箱」で聴いたと述べている　※筆者注）ことに呆れ、「日本民族の一人としてわれわれがこれをどう取るか、そのなかには、日本人が日本人としてこの戦争にどんな形で責任を取るかといふことがふくまれてゐるのだらうと思ふ」と述べている。

　なお、この論説については、『梨の花通信』第57号（二〇〇九年一一月一〇日）の「資料紹介」に全文が掲載されている。また、同「資料紹介」では検閲文書の一部も図版で紹介されており、「「削除部分によって生じた8、9、10、11ページの空白については広告をもってあてよ」との英文による指示がある」という解説が付されている。

企画編集委員に名を連ねる高見順は「文化への反省」（第二巻第二号）を書いている。「「文化」を生活や人間性から切り離して考へるところに、日本文化の「特徴」があつた」と述べて封建的な価値観に支配された日本文化の狭量さを批判した文章だが、やや抽象的な議論に終始しているきらいがあり、読物としては印象が薄い気がする。

郭沫若「日本人の中国人に対する態度」（第二巻第一号）は、「日本人は我々中国人の毎日抗日を説くのがお好きである。而もこの「不逞」の挙動が大抵日本留学生に発祥することを、彼等は頗る不可解としてゐる。彼等はしよつちう驚異する。欧米に留学した学生がみんな親欧米的であるのに、何故日本に留学した学生は揃つて抗日的なんだ? かういふ質問を、自分はうるさいほど聞かれたことがある。（中略）それは外でもない、日本の教育が良好なる結果を収め得たといふことである。日本の国民教育の大本なるものは、忠君愛国である。中国の留学生は、かゝる教育の薫陶の下に生活し、帰国すると、成程忠たる可き君こそ居らぬが、しかし愛すべき国はあるのだ。かういふ関係から、中国留学生は「不逞」たらんとした。／日本の教育家、政治家、乃至一般の驚異を抱いてゐる人々は、皆これを引いて慶事となすべきであらう。日本人はこの点に於て、欧米人よりも少しく真面目でなければならぬ、といふのは、一方は刀の中に笑ひを蔵し、一方は笑ひの中に刀を蔵してゐるからである」と痛烈な皮肉を述べている。郭沫若は外にも「日本の過去、現在、未来」（第二巻第八号）という論説を書き、「正義とヒューマニズムの破壊者」である日本が「公理の勝利を確信し、全民族の力を結集」した中国に敗れたのは必然だと主張するとともに、「敗戦日本国民に寄す」という檄文を付し、「侵略戦争の罪は諸君の双肩にのみ帰せられるべきではない。諸君はあまりに弱すぎて、ファシスト的軍閥の残酷な圧迫に対抗しえなかつたのだ。もし、罪ありとすれば、それは諸君の弱さにある。日本の大衆諸君よ、元気をだせ、そして諸君の真の日本を創造せよ」と綴っている。

## 文芸時評

文芸時評に関しては、平野謙と荒正人が論陣を張っているが、彼らは一方で戦後の新しい文学に期待を寄せつつ、同時に、文学者の戦争責任に関しても一時の感情に流されず冷静な判断をしようと試みているようにみえる。たとえば、「文壇往来」（第二巻第二号）という無署名記事に、「「士と兵隊」にしても、誰があの作品によつて奮起したであらうか。我々はむしろ戦場に於る兵士達（将校ではない）の異様な苦労に、胸をうたれただけだつた。惨憺たる兵士の苦労を、あの作品から、われわれは感じとつたのではないだらうか。／それよりも、日本精神だのなんだのを、神がかり状態で物を書いてゐた連中こそ、この際文筆稼業から遠慮すべきだらう」という記述が出た直後、「ひとつの反措定

――文芸時評」（第二巻第四号）を書いた平野謙は、「おそらく火野葦平の戦争犯罪的摘発は免れがたいところだろうが、『麦と兵隊』を書いた当時の火野が、一青年作家としていかに初々しい柔軟な心情を抱いてゐたかは、中山省三郎に宛てた当時の書簡に明瞭である。小林多喜二の生涯がさまざまな偏向と誤謬とを孕んだプロレタリア文学運動のもつとも忠実な実践者たることから生じた時代的犠牲を意味してゐたとちやうどうらはらに、『麦と兵隊』に出発した火野葦平の文学活動もまた侵略戦争遂行の凄まじい波に流された一個の時代的犠牲ではなかったか。誤解を惧れずに言へば、小林多喜二と火野葦平との表裏一体と眺め得るやうな成熟した文学的肉眼こそ、混沌たる現在の文学には必要なのだ」と主張し、火野葦平を擁護する。

また、荒正人も「二つの批評――文芸時評」（第二巻第八号）に「小林多喜二は農民文学『不在地主』（昭和三年）のなかで、貧農と都市プロレタリアートの提携といふ積極的な主題を取上げたのであるが、生きた人間をただのひとりも登場させることができなかつたために、こんにちでは、それより二昔もまへに長塚節のかいた『土』（明治四十三年）の方が、数等すぐれたものと見做されてゐるのだ。一方があらゆるよき意図を裏切つて、吉川英治の『鳴戸秘帖』と本質的に大差のない愚作に終つてゐるのに、他が、近代日本文学史上、農民を描いたものとして唯一無二の傑作となつてゐることの秘密はなんであらうか。至極かんたんなことだ。節は、イデオロギーなどといふものはなにも弁へてゐなかつたけれども、アララギ派歌人の、狭くはあるが「鍼の如くに」鋭い感覚を唯一の頼りに、鬼怒川べりの自然と、貧農勘次一家の人間群像を丹念刻明《ママ》に造型していつたのだ」と書き、イデオロギー批判を試みている。いずれも舌鋒鋭い文芸時評であり、この時代の文学に対する期待の大きさが窺える。

### 詩・俳句・随筆

詩歌や俳句では、久保田万太郎の俳句「日記より」（創刊号）、佐伯孝夫の詩「朝の鏡」（同）、菊岡久利の詩「裸の時に」（第二巻第一号）、「大川」（第二巻第七号）、長谷川素逝の俳句「十二月好日」（第二巻第一号）、前田夕暮の短歌「山峡――奥秩父・入川谷にて」（同）、安齋櫻磈子の俳句「山ざくら」（第二巻第四号）、佐藤一英の詩「一本松」（第二巻第五号）、丸山薫の詩「山の媪」（第二巻第八号）、吉野秀雄の短歌「ひぐらし――亡妻小祥忌の前後に」（同）、佐藤佐太郎の短歌「昭和新山」（第二巻第九号）がある。

随筆に関しては、働く女性のもんぺ姿を讃美する花柳章太郎「もんぺ」（創刊号）、写真用カラーフィルムの発明を紹介する鎌田彌壽治「天然色写真の話＝近き将来には天然色時代が出現する＝」（第二巻第一号）、知人から貰った鶏の飼育を日記風に綴った澁澤秀雄「養鶏記」（第二巻第二号）、一定のリズムで淡々と作業を続ける樵夫《きこり》の姿から、「「張り切り」は即ち緊張であつて、長続きせず過度の疲労を伴ひ、仕事の効果に比べて犠牲が多く結局能率的ではない」という結論を導き出す田所耕耘

「樵夫の音律」（同）、「せめて男も、をんなも、いまはとりわけ妙に歪められない、正しい、いさぎよい、おしやれ心を失はずにゐたいものである」と訴える花森安治「歪められたおしやれ」（同）、ひとりひとりが戦争の責任を痛感し、真摯な態度で新しい日本の建設に邁進しようと訴える山田耕筰「人の目の塵」（第二巻第三号）、列車の車中で同席したひとりの米国人老紳士が「私」に向かって、「本居宣長の自然主義を賞揚して、其の「カミ」に関する解釈に於て「カミ」に二義あり、一は「神」であるが、一は「上」といふことで、是が、即ち天皇の尊貴なることを表はす「カミ」の意味であり、此の自然主義による説明方法こそ、科学的思想を有する米国人に解し易い見方である」と説く桑木嚴翼「ジープ・列車」（第二巻第四号）、「憲法改正に関して国民の熱狂が不足だ」と嘆く佐野学「熱狂の不足――憲法改正に関連して」（第二巻第五号）、「戦争は戦争、学問は学問、すべて文化に携る人たちにとつて、戦争の勝敗などによつて、その交情が変へられてたまるものですか」と語る孫楷第《ソンカイダイ》氏との思い出を綴った奥野信太郎「北京から北平へ」（第二巻第六号）、軍国主義によって世界征服を企んだ日本のひとりである自分を「野蛮人」に見立て、「文化国家」に生れ変わった日本ですくすくと成長した娘を、「他人」として描くとともに、それぞれの微妙な関係性を洒脱に表現した渡邊一夫「野蛮人とその娘」（第二巻第七号）など、『新生活』の随筆欄には多彩な顔ぶれが並び、それぞれ味わい深い文章を書いている。

## 4　検閲、そして『風報』へ

『新生活』は、第二巻第九号から第三巻第一号の発行までに半年もの空白が生じている。プランゲ文庫に収められている第二巻第九号の事前検閲用ゲラを見ると、その原因の一端がよくわかる。たとえば、論説のなかに「天皇制について」という章を設け、「君主といふものは専制国においては結構であらうが、立憲民主国の君主はなかなかむづかしいもので、君主にいただかれて、かへつてご迷惑である場合もあります」、「いかに国民が天皇陛下のためにつくしたところで、陛下ご自身はご満足されないだらうと思はれます」と述べるとともに、天皇制の維持を「自滅の道」と云い放った咢堂・尾崎行雄の「風雲閣清談」(第二巻第九号)の文章に対しては「I think this should be deleted」とコメントされている【図版7】。

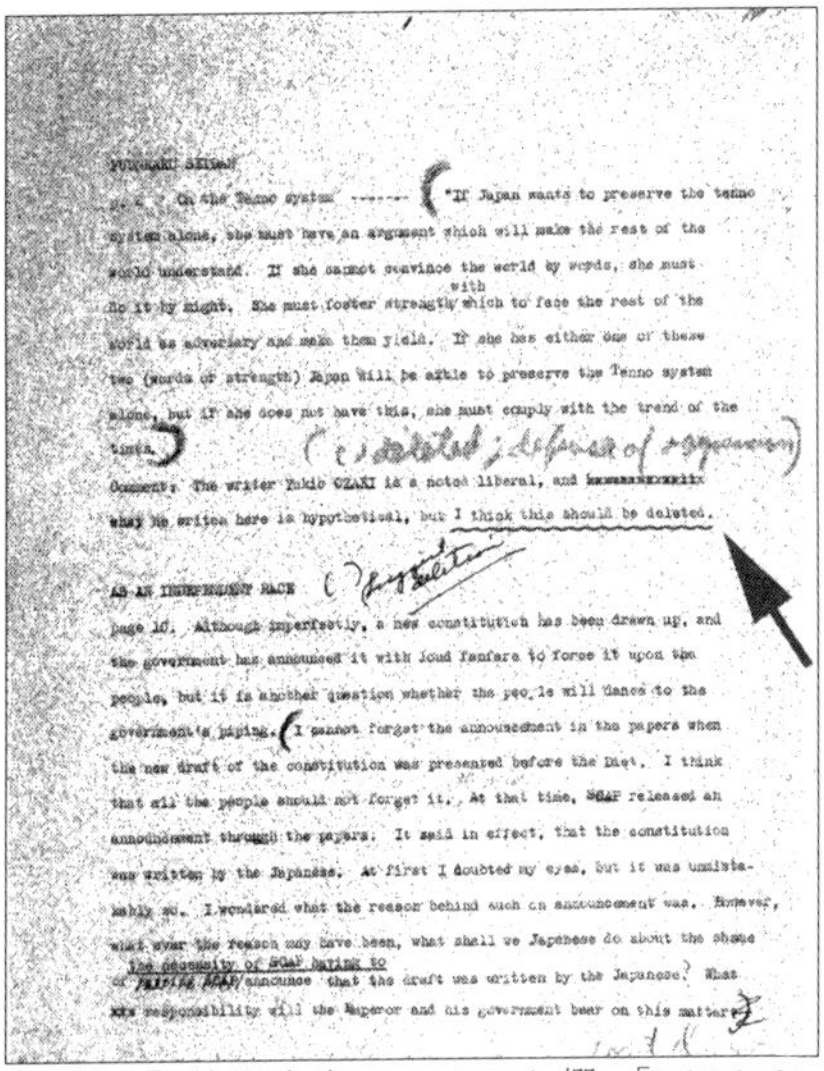

On the Tenno system ------ "If Japan wants to preserve the tenno system alone, she must have an argument which will make the rest of the world understand. If she cannot convince the world by words, she must do it by might. She must foster strength with which to face the rest of the world as adversary and make them yield. If she has either one of these two (words or strength) Japan will be able to preserve the Tenno system alone, but if she does not have this, she must comply with the trend of the times.

Comment: The writer Yukio OZAKI is a noted liberal, and what he writes here is hypothetical, but I think this should be deleted.

AS AN INDEPENDENT RACE

page 10. Although imperfectly, a new constitution has been drawn up, and the government has announced it with loud fanfare to force it upon the people, but it is another question whether the people will dance to the government's piping. I cannot forget the announcement in the papers when the new draft of the constitution was presented before the Diet. I think that all the people should not forget it. At that time, SCAP released an announcement through the papers. It said in effect, that the constitution was written by the Japanese. At first I doubted my eyes, but it was unmistakably so. I wondered what the reason behind such an announcement was. However, what ever the reason may have been, what shall we Japanese do about the shame of the necessity of SCAP having to announce that the draft was written by the Japanese? What responsibility will the Emperor and his government bear on this matter?

【図版7】検閲文書のコメント欄。「I think this should be deleted」は矢印で示した下線部分にみられる。

また、なかのしげはる（中野重治）「独立の民族として」（同）に関して、ＧＨＱは「連合軍は一々のことで直接日本国民には命令をくださない。日本の政府に自ら進んでやらせるといふのがその建前である」という記述に続けて「曲りなりにも新しい憲法ができたといふので、これを国民に押しつけるために政府はお祭り騒ぎを計画して発表してゐるが、国民が政府の笛太鼓で踊れるかどうかは別問題である。／天皇とその政府とその政党とは、今度の戦争の性質説明といふことでは完全に頬かぶりで通してしまつた。そしてそこからまつすぐにあらゆる戦争の放棄といふ極点へ突進して行つた。しかしそれならば、あらゆる戦争の放棄ということで日本政府は今度たたかつた連合軍側の戦争、またそのやうな戦争をも認めるといひ切るつもりだらうか。民主主義のための戦争もファッシズムのための戦争も、戦争である以上一しよくたにしてかまはぬとすれば、日本政府には便利かもしれない。さうすれば、今度の日本側の戦争がフアァ《ママ》シズムのための戦争だつたことなど論外になつてしまふからである」という部分をＧＨＱは問題視している。この文脈は日本政府への批判であると同時に、それを裏で操るＧＨＱの占領政策に対する批判とも受け取れる内容になっているからである。これらの記述はプレスコードに抵触しているどころか、ＧＨＱがもっとも神経を尖らせている占領政策上の重要課題に関する地雷をやすやすと踏んでいるのである。

　追い込まれた状況のなかで最終号を送り出すことになった編集部は、第二巻第一号を「小説特輯号」と銘打ち、雑誌の最期を華々しく飾ろうとする。同号には室生犀星、田中英光、張赫宙、北條誠

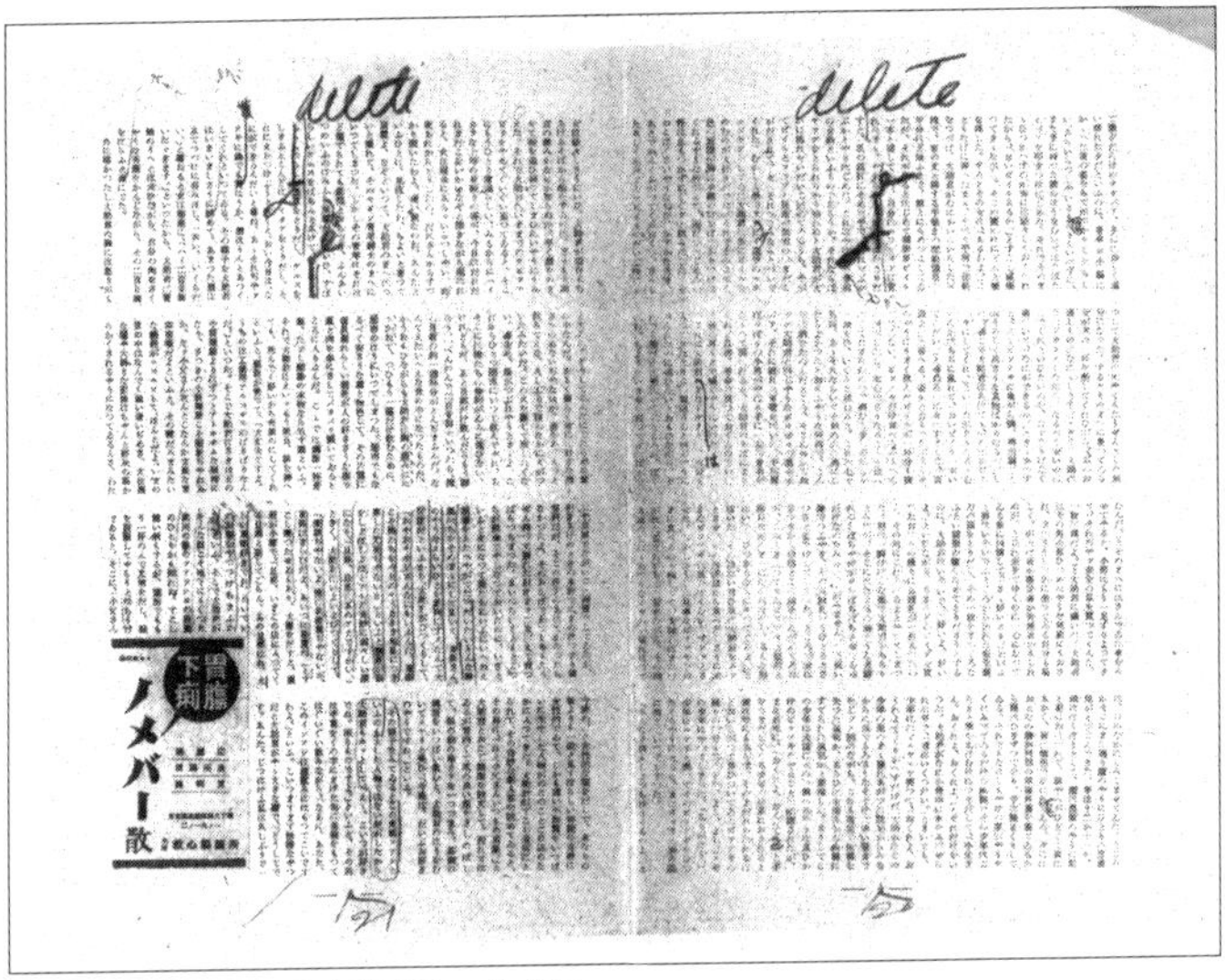


【図版８】「delete」の文字が入ったゲラ。

の小説、三好達治、草野心平、春山行夫、堀口時三郎の詩、短歌が並ぶことになる。だが、前号の段階でＧＨＱから要注意と目されていた『新生活』は、第三巻第一号においてより厳しい検閲を受けることになる。

　同号のゲラにはＡ４判二三枚にも及ぶ膨大な検閲文書が付されており、おびただしい箇所に「delete」（削除）の文字が書き込まれている【図版８】。原稿そのものが完全削除されたものも多いため、誰が何という題名で書いた文章なのかもわからないが、「delete」の箇所をいくつか挙げると、（Ａ）「だいたいあんな野郎たちをそのまゝにして置いて、東條さんのやうなえらいひとを裁判にするなんて大間違だといふから、大助君がびつくりして、「おやおや小父さんなにをいふんだ、東條こそ俺たちを今日のやうな生き地獄につき落した元兇ぢやないか」といふと親父が眼をしよぼしよぼとさした奇妙に弱々しい顔になり、「旦那、旦那はあのアカですかい。」ときく。大助君がいよいよびつくりして、「冗談ぢやないよ俺は共産党ぢやないが、東條はきらひだよ、あいつは悪魔だ。」とすこし酔つたせゐもあり、大声をだすと、親父が小声で、「旦那、いまこの店に入つてくる旦那と話してごらん。あの旦那はね、えらい東條好きでね、たいていのお客をやつつけちまふから」といふ。そこで大助君がそんな奴こそ地下にもぐつた国民の敵のフアッショの残党のひとりかも知れぬ、……」、(B)「一人の吝嗇漢が大きな番犬を買つた。泥棒が現れた。ところがその番犬は主人を護らずに、自分の肉片をくはへて逃げてしまつた。これが露仏同盟の顛末である」、(C)「戦争と云ふものはな、八の力を十に使ふところに妙味があるのぢや。それをお前は十の力を八にしか使はん。兵隊の病気と云ふものは何んな病気でも気力で治るのだ」といった記述にチェックが入っている。また、ゲラを見ると巻頭が四九頁からはじまっており、ノンブルもまともに打たれていない。

　こうした検閲の痕跡を見る限り、GHQが『新生活』の言論に神経を尖らせ、廃刊に追い込もうとしたことは明白である。恐らく、検閲担当者は第三巻第一号の各文章に関してさまざまな削除や修正の要求を出して文章のつながりをズタズタにするとともに、そうした指示のやりとりに時間をかけることで雑誌の発行を遅らせ、新生活社に対して強い圧力をかけたのだと考えられる。前号から同号まで半年もの空白が生じたのは、そうした圧力によるものだったのではないだろうか。

ここではそうした認識のもと、第三巻第一号を読んでみよう。小説の巻頭を飾るのは室生犀星「紀有常」である。「伊勢物語」巻一六段をモチーフとするこの作品の主人公・有常は、かつて三帝に仕えて権勢を誇った人物である。だが、「野に降つて」くらすようになったいまでは、明日の生活にも困るほどうらぶれた生活をしている。そんなある日、四〇年連れ添ってきた妻・高嶺から「床避け」（年老いた女が俗世を離れ、尼になって仏に仕えること）の時期が近づきつつあることを知らされる。すでに尼になっている高嶺の姉から寝具や引出物の準備が必要だと迫られた有常は、大切な太刀を売ってそれを整える。夫の「心からの最後のおくり物」を受け取った高嶺は、愁いの表情を浮かべながら「わたくしへもお心置きなく何とぞすこやかにて」と言い残し、有常の許を去っていく。――この小説はオー・ヘンリーの『賢者の贈り物』を思わせるようなメロ・ドラマであるが、敗戦後の荒廃した世相のなかに置いてみると、貧しい暮らしのなかでもお互いを思いやり、深い情愛をもち続ける二人の姿は清新である。室生犀星は、そうした老夫婦の情愛をとおして生きることに自信を喪った人々の心に潤いを与えようとしたのであろう。

なお、同作に関しては、大森盛和〔他〕企画・編集『室生犀星事典』（二〇〇八年七月、鼎書房）にも記載がなく新発見資料である可能性が高い。また、同事典によれば室生犀星は一九四五年から四六年にかけて小説を一編も発表していないことになっているため、この時期の室生犀星がなぜ歴史的人物に焦点をあてた作品を書いたのかという点も含めて、「紀有常」に関してはさらなる考察が必要になるだろう。

続く田中英光「酒のみとインフレ」は、インフレによって物価が高騰しヤミ市が横行する世の中にあって、酒や女の誘惑に靡《なび》くこともせずひたすらまじめに働き、家族を養っていく主人公を描いた作品である。あらゆる物の値段を事細かに記録するその手法は経済小説のような趣をもっており、敗戦後の荒廃した世相を知るための資料的価値が高い。

同じく、戦後の世知辛さを描いたのが張赫宙「妹へ」である。戦後、ヤミ物資を売り捌く商売人に口説かれて子どもや義母を棄て、金回りのよい生活を送っている妹・貞子に向けて兄の「私」が真相暴露の手紙を書くという形式で綴られたこの作品は、ユニークな語り口とミステリー風の結末が効果を発揮している。

小説の最後を飾るのは北條誠「亡霊」である。この作品は、戦争が激しくなるにつれて没落していく資産家の家族を、その家から見下されていた親戚筋の村井夫妻の視点から捉えたものである。封建的な家庭の様子。よりよい縁談を捜しているうちに嫁ぎ先がないまま「職業婦人」になっていく三人姉妹。そして、ヤミの物資を手に入れることを拒んだため栄養失調になって死んでいく当主と末娘……。そこには、気位の高い人間が落ちぶれていくさまが皮相的に描かれている。

これらの作品は、いずれも室生犀星の「紀有常」と同様、全集や単行本に未収録である。第三巻第一号には、草野心平「少年思慕調」（詩）、三好達治「紅梅花」（詩）、春山行夫「小さな町」（詩）といった全集・単行本等未収録の可能性がある詩歌や俳句も掲載されているため、今後はそれぞれの全集や研究史に照らしての出典情報を調査する必要があるだろう。

　こうして『新生活』は終刊となるのだが、同号をあらためて精読すると奇妙なことに気がつく。巻末の「編集日記」には、終刊の理由が「用紙事情の悪化その他の点」からとしか説明されておらず、それに続く「「新生活」から「風報」へ」という社告を読むと、

> いくたびもの危機に遭遇しながらも、ともかくも出版界の難路をきりぬけて、今回の小説特集号まで、「新生活」も十一冊を世におくりました。ひとえに読者諸氏の御支援のたまものと、感謝いたします。／出版界の前途、いよいよ困難を加えると思われます今日、小社は出版社本来の目的たる良書の普及に向けて全力を傾けるべく、社の組織を改革、株式会社新生活社として再出発することとなりました。この面目一新のあらわれとして、雑誌「新生活」を「風報」と改題し、尾崎士郎、尾崎一雄両先生の編集により続刊いたします。／小社のあたらしい進路、抱負は雑誌「風報」が明確に語ってくれましょう。／「新生活」改め「風報」のたくましい前途のために、読者諸氏の一層の御支援御鞭撻をお願いもうしあげます。
>
> 株式会社新生活社「風報」編集部

という説明がなされている。この文章を額面どおりに解釈すれば、『新生活』から『風報』への改題は会社組織の改革によるものであり、『新生活』という雑誌の内容や売行きが芳しくなかったわけでも編集委員のなかでもめごとがあったわけでもなさそうである。にもかかわらず、新生活社は尾崎士郎、尾崎一雄という二人の作家を編集に起用して「面目一新」を図ると宣言している。旧編集委員の意見やコメントは一言も紹介せず、彼らの存在を完全に消去している。つまり、この文章には『新生活』を終刊させなければならない理由がなにひとつ書かれていないし、そもそも、なぜ「面目一新」した『風報』が『新生活』の「改題」なのかも説明されていないのである。

さらに奇妙なのは、同号に「無形の公会堂（フォーラム）――本誌再出発に際しての編集者のノート」（N）というもうひとつの社告が挿入されており、「孵化《ふか》する雛は殻を破らねばならない。殻を破る力のない雛は死ぬ」という意味深長な言葉とともに、以下のような説明がなされていることである。

> 米国教育使節団ウツドワード女史はフオーラムforumといふ言葉を総司令部記者会談で述べられた。／「雄鶏通信」十二月号ではフオーラムを討論会と訳してゐるが、原義は古代ローマの公会《ママ》所のことである。（中略）公会堂には多くのひとびとが出入りする。色々の関心を持つて。ときには全員ががやがやと議論することもある。少数の賢者を中心に落ついた研究が行はれることもある。そして問題は解決され、日時計は歩み、夕が訪れ、ひとびとは平和と希望のなかに明

日を迎へる。／われわれは二月号よりフォーラム的編集方針を採用したい。それによつて、従来わが国にはなかつた新しい一つの型を造り得ると信じる。だが従来なかつた試みである。われわれは文字通り寝食を忘れてその研究と設計に没頭してゐる。われわれの意図がどの程度に実現するかは、実物を見ていたゞくより外はない。たゞ少数の編集者の頭から生まれた雑誌ではなく、著名な大学教授の御定説の有難い受け売りではなく、全読者の討論の場所としての雑誌、テーマが提出され、批判討論される場所としての雑誌、無形の公会堂としての雑誌といふものを考へたい。

この文章は、以下三点において『新生活』という雑誌の終わり方に関する重要なヒントを含み込んでいる。ひとつは、わざわざ「米国教育使節団ウツドワード女史」の名前をあげて「総司令部記者会談」での発言に則った書き方をしていることである。『新生活』廃刊の原因がＧＨＱの厳しい検閲と関連しているとすれば、この一節は明らかにＧＨＱに対する媚態を意味することになる。また、それを確定的にしているのが「われわれは二月号よりフォーラム的編集方針を採用したい」という一節である。第三巻第一号はゲラの奥付が「昭和22年5月20日」になっている。だが、この文章の内容に従えば、当初は一月に発行して「二月号」から新体制で臨もうとしていたことがわかる。つまり、その間の約五カ月近い歳月は、ＧＨＱが検閲を目的に『新生活』の発行を差し止めていた時間ということになる。それは同誌が廃刊に追い込まれた客観的な根拠となるだろう。

そしてもうひとつ重要なのが、「少数の編集者の頭から生まれた雑誌ではなく、著名な大学教授の御定説の有難い受け売りではなく」という表現である。それは明らかに『新生活』の編集委員をしていた六名に対する皮肉を意味している。『新生活』が失敗した原因をそこに擦りつけているようにもみえる。また、ＧＨＱへの媚態という観点でいえば、こうした表現を用いることで、新たに誕生する『風報』では『新生活』の掲載作品にあるような過激な表現はしません、という言い訳をしているようにも受け取れる。

編集委員として名を連ねていた六名の識者は、誰ひとりとして『新生活』から『風報』への改題に不満を洩らさなかったし、のちに『新生活』という雑誌の存在やそこで自分が果たした仕事について詳細を明らかにすることもなかった。『風報』の編集担当となる尾崎士郎、尾崎一雄の場合、自分たちがどのような経緯でそれを引き受けたのかを記録した言葉はどこにもなかった。

また、『風報』創刊号（昭和二二年九月）の奥付をみると、編集兼発行人は山本博吉に代わっており、『新生活』の発行人・西川光、編集人・春田武の名前はどこにも残されていない。その意味で、『新生活』から『風報』への移行は、それにかかわった人間が誰もそこに至った背景を語らないという不可思議な状況を呈している。逆にいえば、その闇の深さそのものがＧＨＱの検閲の実態だったのかもしれない。

# 第4章　原節子「手帖抄」を読む——雑誌『想苑』

# 1　はじめに

原節子は現役時代を通じて多くのインタビューを受け、座談会や対談にも出席した。仕事をともにした映画監督、スタッフ、俳優仲間も多くの証言を残している。新聞や映画雑誌の記事に至っては、信憑性の高いものから悪意を含んだゴシップまで玉石混淆の情報が飛び交っており、引退後の私生活に関する噂や憶測を加えるとその数は膨大なものになる。

一方、原節子が自らの意志で書いた文章は極めて少ない。もちろん、原節子の名で刊行された著書は一冊もない。その美しい笑顔や憂いを帯びた表情をとらえたグラビアが女優としての軌跡や存在感を雄弁に語るため、私たちはつい原節子を神話化してしまいがちだが、いざ彼女の実像に迫ろうとすると手がかりとなる言説がそれほどないことに気づかされる。その意味で、原節子は終生にわたって女優としての他画像を護ったといえる。女優という立場を離れて自らを語るのを厳しく戒めることで人々の夢のなかに生き続けたといえる。

かつて、『東京新聞』夕刊が「早春夜話①〜⑥」（一九五九年二月二〇日、同二七日、三月六日、同一三日、同一八日、同二七日）というインタビュー記事を連載した際、彼女は第一回「生れつきなまけ

者」において、

〝永遠の処女〟とか〝神秘の女優〟なんて、名前はジャーナリズムが勝手につけてくれたものですから責任は負わないけど、私だってカゼを引けばハナも出るし、寝不足なら目ヤニも出るし、別にカスミを食べて生きてゐるわけじゃないんですよ。さっきもいった通り、ものくさの上に口下手ときているので、なかなか理解してもらえないんですね。ただ私生活の上でファンの方の夢をこわすようなことだけはしたくないと、それだけはきびしく自戒してきたつもりです。ジャーナリズムに何とかかんとかいわれたのも、そんなことからじゃないかと思っているんですよ。

と発言しているが、この一節には興味本位の偶像を作りたがるジャーナリズムへの批判とともに、彼女の尋常ならざる信念が込められている。一九六二年に東宝創立三〇周年記念作品「忠臣蔵 花の巻・雪の巻」（監督・稲垣浩）に出演したあと何の予告もなく映画界を去り、公の場から姿を消した原節子の生きざまは、この「自戒」を前提とすることではじめて理解可能になる。そこには、終生にわたって自分を支えてくれたファンが抱くイメージどおりの存在であり続けたい、という強固な意志がある。

だからこそ、女優としてのイメージをより鮮明にすることができる局面において、原節子は驚くほど饒舌になる。同じように繰り返される質問に対しても、まるで初めて問われた事柄であるかのような身ぶりで応答する。それはひとつの物語として自分を語っているともいえるし、活字の世界において自分に期待されている役柄を演じ切っているともいえるが、いずれにしても、彼女が書くこと／書かないことを意識的に選択し、双方向から圧力を加えることで自己の輪郭を際立たせたことは間違いない。同時代に活躍した多くの映画女優が、銀幕の世界はもちろんのこと仕事を離れた私生活をも朗らかに語り、自由奔放に語れることをひとつのステータスと捉えていたのに対して、原節子の場合は、自分のイメージが壊れることを懼れるあまり女優を退いたあともひとり夢の舞台に立ち続けたといっていいかもしれない。

そんな原節子の足跡に迫ろうとするとき、彼女の私生活に関する情報がとりわけ不足しているように感じられるのは、戦争末期の一九四四年から敗戦後の一九四八年頃までの混乱期である。近年、石井妙子が詳細な調査に基づく評伝『原節子の真実』（二〇一六年、新潮社）を上梓したことでその空白は少しずつ埋められつつあるものの、この頃の原節子はやはり謎めいた暗闇の向こうに佇んでいる。

四方田犬彦が、

――彼女は「永遠の処女」というニックネームを与えられ、ＣＩＥが提唱する民主主義啓蒙映画、すなわち「アイデア映画」の女神に近い存在となった。その美しさは正義の美しさであり、個人主義と自由の美しさであった。スターとしての原節子の神話化が完璧なものとなったのは一九四九年である。

（『日本の女優』二〇〇〇年六月、岩波書店）

と指摘するように、敗戦後の原節子はＧＨＱの占領政策を体現する存在だった。黒澤明監督の「わが青春に悔なし」（一九四六年一〇月二九日封切）をはじめ数多くの民主主義啓蒙映画に主演するとともに、資生堂のイメージ・ガールとなり、その美しい笑顔が戦後初の多色刷りポスターとなって大量に流布している。翌一九四七年に『映画ファン』（二月号）が行った女優人気投票では高峰三枝子、高峰秀子、田中絹代らを抑えて第一位になっている。

だが、原節子自身は「『わが青春に悔い《ママ》なし』の撮影が終つて、『かけ出し時代』まで十カ月間遊びました。この時期が私にとつて経済的にも精神的にも苦しんだ時期です」（「私の歴史4 いつまでたつてもラブシーンは苦手の私」、『映画ファン』一九五三年二月号）と回顧するばかりで、当時の私生活について多くを語ろうとはしていない。ときには、「終戦直後まだ笹塚に住んでいたころ京王電車で多摩川の方へ野菜の買出しなんか行くと、帰りによく大映の女優さんと乗り合わせるんです。するとむこうの方で「気の毒に……原節子が野菜背負ってるわ」というんでかえって気がねしちゃうんでしょうね。こっちは平気で話しかけようとするのに知らん顔をされちゃったことも何度かありました」（「早春夜話②　あだ名は〝五センチ眼〟」前出）といった調子で敗戦後の苦労を語ることもあるが、そうしたエピソードはたいてい女優としての覚悟を決めるための糧へと変換される。そこには、「厳しい職業意識の目覚めは、終戦の頃までありませんでした。戦争の終つた年に私は二十六でしたが、戦後のあの世相で、私はそれなりに物質的にも苦労して、職業意識が他の考え方と一緒に目覚めてきました。／そのときから、キャメラが廻り出し、その前で芝居をしても、恥ずかしくなくなつたのです」（「私の歴史4　いつまでたつてもラブシーンは苦手の私」前出）といった優等生的な結論が用意されているだけである。

また、原節子が書き残した数少ない文章のひとつに「このままの生き方で――よそほひその花の一つにしかざりき」（丸ノ内書房編集部編『映画スター自叙伝集』一九四八年、丸ノ内書房）という随筆があるが、そこに書かれている内容も、

> 戦争が終つてから、わたしは、どこの会社の映画にも出演できることになりました。この間、久しぶりで、大映多摩川で「時の貞操」に出演するため、一ケ月ほど通いましたが、思えば、ここは、わたしの映画生活でのふるさとのような気がしました。十二、三年ぶりで、ここで仕事をしまして、深い感慨に似たものがあります。いつの間にか、足掛け十四年の映画生活をおくつてきたのでした。／女としては、女優でいることよりも、妻であり、母であつたほうが本当の生活

> かも知れないのでしょう。でも、わたしにとつては、今のところ、映画以外の生活はないのです。これから先、どう気持が変るかもわかりませんが、当分、このままの生き方で、それなりに懸命に生きて行きたいのです。

といったお行儀のよい言葉に終始している。「女優でいることよりも、妻であり、母であつたほうが本当の生活かも知れないのでしょう」と述べることで、女優として華やかな世界に生きることが必ずしも結婚して子どもを育てる人生よりも幸せとは限らないというニュアンスを伝えている。嫌みのない謙遜によって多くの女性読者を味方につけている。不器用でもいいから「懸命に生きて行きたい」と訴えるその姿勢からは、驕《おご》り高ぶったものがいっさい感じられない。原節子は、ここでもつくられた虚像として私たちの前に提示され、第三者の思惑がさまざまに錯綜する物語のなかで生き延びている。

ここに紹介する「手帖抄」は、そんな彼女が『想苑』（一九四六年一一月号）という雑誌に発表した随筆である。これまでの原節子研究において一度も紹介されたことがないことから新資料と考えられる。一九四六年一一月といえば、東宝の従業員組合の政治闘争が激しくなり、それに反対する俳優陣によって「十人の旗の会」が結成された時期である。原節子もまたメンバーのひとりとして大河内伝次郎、藤田進、長谷川一夫、高峰秀子、山田五十鈴、花井蘭子、黒川弥太郎、入江たか子、山根寿子ともにゼネストの反対声明（一九四六年一一月一三日）を出し、彼女も東宝を離れている。自分ひとりの仕事で多くの親族を養い、買い出しにもでかけて戦後の食糧難を凌いでいた原節子にとって、それは身を切るような決断だったはずである。「手帖抄」は、そうした状況にあった彼女が、映画会社や出版社の思惑とは無関係に、自分の思いだけを綴った貴重な記録である。

## 2　『想苑』について

「手帖抄」の内容に入る前に、まずは掲載誌である『想苑』について解説しよう。同誌は一九四六年に福岡県久留米市の金文堂出版部が発行した季刊随筆雑誌である。現在確認できているのは、第一輯（一九四六年七月、一二〇頁、六円）、第二輯（同年一一月、一二六頁、六円）、第三輯（一九四七年四月、一二九頁、一二円）、第四輯（同年八月、五三頁、一二円）、第五輯（一九四八年五月、七一頁、二五円）の五冊。恐らく第五輯をもって終刊となったと思われるが、同号の「編集雑記」にもそれを告知する記述はない。

次に『想苑』の流通についてだが、第二輯の「あとがき」には、創刊号について「☆第二輯を贈る。季刊なので、秋の号といふわけだが、年に四回、いい雑誌をつくりたい、と念ふだけである。／

☆第一輯は、東京でも好評だつた。同業や多くの著名人から賞讃をうけてゐると、東京支所からの報告。ほめられると、やはりうれしい。しかし、生れたばかりの赤ン坊は、誰でも、一応はほめるものだ。まあ、猿みたいですね！とは云はない。人類の美風なのだらう」（Ｍ生）とあり、東京で好評を博すとともに同業者や著名人からも賞讃されたという。具体的な発行部数は不明だが、この「あとがき」を読む限り、売行きは比較的順調だったのではないかと推察される。

だが、公共図書館、資料館、大学図書館で同誌を保存している機関は限られており、全五輯を保存している国立国会図書館を除くと日本近代文学館などに一部が入っている程度である。また、戦後占領期に発行された雑誌であるにもかかわらず、検閲文書つきでプランゲ文庫に収められているのは第四輯のみである。

金文堂出版部は、明治二三年に菊竹嘉平が久留米市に創業し、戦前、九州はもとより中国・四国地方、朝鮮半島、満洲などに幅広いネットワークをもつようになっていた菊竹金文堂の出版部である。また、昭和一一年六月には東京の神田錦町に東京出張所を構えるようになり、徐々に勢力を拡大している。『出版情報』（一九四七年五月一日）に掲載された「菊竹の人々」という記事には、その繁栄ぶりが以下のように記されている。

――終戦後一時に勃興した新興出版社には地方書店に対し甚だ智識がとぼしい。文化の最前線

> で敢闘努力する有力書店を認識することは出版社として最も必要なことであらう。／こゝに、西日本のひとかたまり、菊竹金文堂系の連鎖配給網に就いて紹介の筆を執る。／久留米の菊竹金文先代嘉市氏の創意によつて、金文堂の年期を卒へた者に独立開業を援助することになり、そのトツプを切つて明治四十三年大牟田市に金善堂が生れ、次いで熊本、福岡に屋号に金の字を使用した新店が出来た。爾来この行き方は、当主大蔵氏の代となつても継続され、その連鎖店は九州の主要都市をはじめ、中国、四国に延び朝鮮、満洲に拡がりその数三十を越した。事変以来、金文堂は卸業七十年の暖簾を、日配に統合されたが、その傘下に、昭和十八年五月には南方遠くジヤカルタまで進出し配給に当つた。終戦前後にはこの連鎖内にも大きな変化があつた。戦災者が相次ぎ、戦死者、海外引揚者、廃業、隠退者を出した。中でも広島市の山本氏を原子弾の犠牲にし、大分市の塚本、門司の原田両氏が第一線を退いた。かくて一時の戦後の虚脱状態が過ぎるや出版復興に呼応して、昭和二十一年十月には、陣容立直しをやり、現存営業の会員二十五店をもつて新に金友会が組織せられ、新時代の完全配給をめざして発足、一丸となつて西日本文化再建の一翼として邁進している。

『想苑』を読むと「夏季文化講座聴講者諸賢へ」という案内が出されており、「弊社主催第一回文化講座は諸講師並に諸賢の御熱誠なる御支援により参加者三百二十四名といふ稀にみる成功を収めることができました。／谷川徹三氏の講義は近く単行本として刊行すべく目下速記原稿を提出御加筆をお願ひして居ります。／既に第二回の企画も進めて居ります。諸賢からの御希望を取纏めました上で、諸賢が最も希望さるる講師及び時期を選び第一回以上の充実した講座をもちたいと希望して居ります。御期待下さい。久留米市　金文堂」とある。同誌は当初から、著名人による文化講座を開講してその記録を単行本として出版する戦略をもっていたことがわかる。

また、金文堂が設立した取次会社・金文書籍株式会社は一九四九年一〇月に本社を福岡に移し、社名も金文社と改称している。東京にも支社（千代田区神田錦町三―八）を置いて独自の販売ルートを確保し、東販、日販といった全国的な取次業者に対抗している。九州一円の書店を一致団結させて統制のとれた活動を展開する金文会と、各書店への取次を一手に引き受ける金文社[1]が連携することによって、九州では出版物が比較的スムースに流通し、結果的に数多くの出版社設立につながるのである。

原節子の随筆「手帖抄」が所収された『想苑』第二輯は、一九四六年一一月五日に発行されている。奥付には「定価六円、送料二〇銭　一年分は送料共約二五円、編輯兼発行人・室園草生　久留米市米屋町3　金文堂出版部内、印刷人・秀巧社印刷所（間藤次郎）福岡市渡辺通4ノ119、発行所・金文堂出版部　久留米市米屋町3　会員番号A211047）、発売元・元日本出版配給統制株式会社」とある。執筆陣をみると、各界で活躍する著名人への依頼原稿が数多く掲載されている。武者小路実篤「二人の男」（随筆、以下同）、中川一政「大人の内容」、花柳章太郎「田之助一枚絵」、羽仁説子「人民戦線世話人会」、吉田絃二郎「武蔵野にて」、村岡花子「人生競技」、伊馬春部「「飢餓王」のことなど」、丸山豊「地球」（詩）など、各界で活躍する著名人への依頼原稿が数多く掲載されている。

だが、それ以上に注目したいのは、原節子を挟み込むようにして古海卓二、原田種夫、東潤、火野葦平の四名が随筆や小説を書いていることである。彼らは第二期『九州文学』同人であると同時に、戦争末期に結成された西部軍管区報道部（報道部長・町田敬二大佐）の中心メンバーとして戦意高揚を促すための宣伝活動を行った人々である。そして、この報道部に高田保とともに〝東京組〟として加わって九州独立運動を画策するのが、原節子を映画界に導き、ときには映画監督として、またときにはプロデューサーとして絶大な影響力を持ち続けた義兄・熊谷久虎【図版9】なのである。

熊谷久虎は、一九四〇年に予備役海軍大将・末次信正を塾頭として創設された思想団体・スメラ学塾に加わって国粋的な思想を強め、ユダヤ人謀略説を唱えた人物である。石井妙子「評伝 原節子「永遠の処女」の悲しき真実」（『新潮45特別編集 原節子のすべて』二〇一二年一一月）によれば、熊谷久虎が立ち上げたスメラ学塾の外郭団体「劇団太陽座」俳優部の筆頭には原節子の名前が記されており、彼女もスメラ学塾と関係していたことが明らかになっている。当時のカストリ雑誌にも、「今でもスメラ塾など云つて、ピアノや生花教授や、若い金持の娘さん共を集めて、高い月謝を仕払はさせて、熊谷一家がノホホンとしてゐられるのは、その影に原節子がゐるからです。節子もそのことは充分知つてゐます。スメラ塾など、どうでもよいのですが、これで熊谷一家を救へるなら仕方がない

【図版９】映画「白魚」の打合せをする熊谷久虎と原節子（1953年6月、新橋駅にて）。
© 毎日新聞社

と、黙つて影に隠れてはゐますが、誰でも知つてゐます。原節子がゐるから、スメラ塾に行くのであつて、節子のゐないスメラ塾など、凡そ意味のないものでありませう」（内牧寛二「原節子は何故男を知らぬか」、「映画スタア桃色秘話」、『千一夜』一九四九年一〇月）といったゴシップ記事が掲載されており、原節子とスメラ学塾との関係性が公然と指摘されている。

このスメラ学塾に関して、森田朋子は「スメラ学塾をめぐる知識人達の軌跡――太平洋戦争期における思想統制と極右思想団体」（『文化資源学 第4号』二〇〇六年三月、千葉大学）のなかで、

スメラ学塾は1940年（昭和15年）、予備役海軍大将・末次信正を塾頭として創設された思想団体で、資金源は陸海軍およ

び、思想・文化に関する情報や資料の収集を目的としていた軍部情報局であった。構成メンバーは、日本の学問動向にかねてから不満を持っていたとされる国民精神文化研究所などの研究員をはじめ、学界、官界、実業界、言論界等多方面から成り、日本哲学、日本政治学、日本経済学、日本文化学、日本戦争学などの「日本学」と、ナチズムの流れを汲むユダヤ問題を中心とする研究を行っていた。

と指摘している。スメラ学塾主宰者のひとりである小島威彦（哲学者）は、自伝『太平洋百年目にあけた玉手箱　第五巻』（一九九五年一一月、創樹社）のなかで、原節子が「薄茶の軍服姿で、ズボン履きの男装で颯爽と」自宅に現れた思い出を語っている。また、石井妙子『原節子の真実』（前出）も小島威彦の文章を引用したあと、「節子は映画の世界を離れて、この一年間、義兄のスメラ学塾での活動を補佐していたのではないだろうか」と述べている。

一九四一年一〇月、原節子をキャストに加えて「指導物語」を撮ったあと、熊谷久虎は「「指導物語」を映画化することは、国家に必要な、指導する者とされる者の協調を表現することになるので、或る意味では国策に協力する。政治の要求していることを援助することになると感じているのであります」（「「指導物語」について」、『映画之友』一九四一年六月）と宣言して映画界から遠ざかり、国策協力に邁進する。一九四四年九月、熊谷夫婦と原節子が同居する初台の家が建物疎開の対象となって取り壊されるが、その直後に町田敬二の訪問を受けて意気投合し、戦争末期の一九四五年七月一一日に西部軍管区報道部に徴用されると、すぐに九州独立運動を画策しはじめる。

のちに彼自身が「太平洋戦争と九州独立運動の真相」（『私は知りたい』一九五七年一二月、自由国民社）で明らかにしたところによれば、この企ては「今の大本営にいちいち指令を仰いでやっていては、時間的にも間にあわぬと思います。すべて即時即決主義でなければいけません。それには九州に単独の軍政をしくことです」という熊谷久虎の主張に町田敬二が賛同したものであり、当初は、スメラ学塾の塾頭である末次信正大将を担ぎ出して、「大将の息のかかる横山西部軍司令官を首班とする九州内閣をつくろう」（町田敬二『ある軍人の紙碑――剣とペン』一九七八年、芙蓉書房）というところまで話がまとまっていたようである。熊谷久虎が作成した閣僚名簿については、「終戦前後天皇を擁し九州帝国の独立と本土決戦を企てた文化人グループの大陰謀」という見出しとともに『オール読物』（一九五二年一二月）に掲載された火野葦平の「九州千早城」、ならびに遺作『革命前後』（一九六〇年、中央公論社）に記載された名簿から類推することができる。

ただし、末次信正は一九四四年一二月二九日に亡くなっている。また、熊谷久虎の回想録「映画界の異端児の告白的放談――熊谷久虎」（『勲章のいらない巨人たち 森山幸晴対談集』一九八一年、世界聖典刊行協会）によれば、町田敬二が初めて彼のもとを訪ねてきたのは、建物疎開で自宅を失った熊谷久虎と原節子が一時的に春原《すのはら》政久（熊谷久虎の後輩監督）宅に間借りしていた一九四四年九月のことであったという。町田敬二は一九四三年六月に世界創造社が刊行した『スメラ民文庫 第14輯』に「戦ふ文化部隊」という論考を発表しており、スメラ学塾と何らかの関係をもっていたことが推測されるが、現段階において、それ以上のつながりを示す資料はみあたらない。

戦争末期、姉・光代（熊谷久虎の妻）が熊谷久虎の故郷である大分県の中津、耶馬渓を点々と疎開していた時期に仕事の関係で熊谷久虎とともに東京に残り、ひとつ屋根の下で暮らしていた原節子は、義兄の計略を知り得る立場にあったと思われる。義兄がスメラ学塾の活動にのめり込む姿を見て自分自身も協力するようになっていたのだから、二人のあいだでは、一定の共通認識があったとみてよいだろう。石井妙子『原節子の真実』（前出）によれば、原節子は一九四四年の終わりから翌年初めにかけて、姉・光代とともに大分県の耶馬渓に疎開しているが、同じ時期には町田敬二も家族を大分県日田市に疎開させており、熊谷久虎と町田敬二は頻繁に連絡をとっていたようである。

また、熊谷久虎は敗戦後も九州独立運動に固執し、戦後も俳優・池部良をつかまえてその構想を熱く語っている。のちにこの件に関してインタビューを受けた池部良は、熊谷久虎の計略に関して、「日本はこのままいったら、遠からず共産化されてしまう。だから、いまのうちにしかるべき人物が集まって、ＧＨＱの援助で九州に帝国をつくる必要がある。ついては、池部君に大臣とまではいかないけれども、官房長官の要職を引き受けてほしい、ということだった。でも、くわしい内容は聞かされていないし、その話がそれからどう進展していったのかは知りません」（桑原稲敏「進駐軍への芸能

慰安　原節子らに何が起こったのか」、『潮』一九八一年九月）と説明している。

　敗戦後に再びひとつ屋根の下で暮らすようになっていた原節子が、こうした義兄の誇大妄想と無関係に平穏な日々を送っていたとは思えない。熊谷久虎が火野葦平をはじめとする西部軍管区報道部の面々とともに活動していたことも知っていただろうし、彼が画策した九州独立運動の根底にスメラ学塾の思想がかかわっていたことも聞かされていただろう。

　また、雑誌『想苑』の企画に携わっていた『九州文学』のメンバーに原節子を紹介できるのは熊谷久虎しか考えられないため、「手帖抄」の寄稿には同氏の仲介があったと推察される。逆にいえば、原節子はそうした義兄の意図を汲みとったうえで随筆を書いたということになる。原節子自身がどのような思想をもち、九州独立運動に対してどのような認識をもっていたかは不明だが、少なくとも、「わが青春に悔なし」の主演によって民主主義啓蒙映画のスターを期待されていた彼女にとって、九州独立運動にかかわったメンバーが執筆陣の中心を占めている雑誌に文章を書くことは、かなり勇気のいることだったはずである。その意味で、「手帖抄」は敗戦後の原節子が率直に自己を語った数少ない記録であると同時に、義兄・熊谷久虎の期待に応えようとする精一杯のメッセージだったともいえるのではないだろうか。

## 3　原節子「手帖抄」を読む

「手帖抄」は、電車のなかで遭遇したいくつかの出来事をとおして敗戦後の荒んだ世相を浮き彫りにする原稿用紙五、六枚分の随筆である。もちろん政治的・思想的な考えが述べられるような文章ではない。形式的には全体が五つの場面に分かれており、各エピソードの間に一行分の空白がある。「手帖抄」というタイトルがついているが、実際に手帖から書き写した形跡はなく、その構成や文体は事前によく計算されている。原節子は同じ時期に「街に行く日記抄」（『近代映画』一九四五年一二月）という随筆も書いていることから、日記や手帖に書いたメモ風の文章という装いが気に入っていたのであろう。

省線電車。ものすごい混雑。赤ン坊の泣声と怒声罵声。ぼうとなるほどの人いきれ。でも、座席にかけてゐるわたしは楽だつた。座席にかけてゐることが何だか申しわけないやうにも思はれ、わたしは眼をつむつてゐた。それでも私の膝の上は胸の高さまで人々の荷物だつた。せめて荷物だけでも持つてあげねばかけて居られない気もち。

という冒頭部分の記述からも明らかなように、「手帖抄」では、短いカットを繋ぎながら車内の殺伐とした状況を浮かびあがらせるような文体、すなわち、映画のモンタージュを思わせる表現技法が駆使されている。原節子は、敗戦後の日本が直面した過酷な現実と人々の荒んだ感情を的確に切り取るため、意図的にそうした表現を選択していると思われる。

また、ここで重要なのは、彼女が車内という空間を世の中の縮図ととらえ、そこに居合わせた人々を観察することに心を砕いている事実である。のちに「早春夜話②あだ名は〝五センチ眼〟」（前出）で、「女優になりたてのころは、電車に乗ると何とか見つけられまいと、大きなマスクをかけてすみっこの方で下を向いて小さくなっている。これが第一段階ですね。しばらく経ってマスクをかけても見つけられちゃうようになると、こんどは必ず本を持って電車に乗ります。そしてまわりで「アラ、原節子よ」とか何とかいくらさわがれても平気で読み続けている。もっともあんまりジロジロ顔をのぞかれてシャクにさわって、にらみ返してやったこともありました。そんなときは大てい相手の方は目をそらしてしまいますね。第三段階、これは現在ですけど、何をささやかれようが、ジロジロ見られようが平気の平左で、どうぞお好きなようにという心境」と語っているように、女優としての原節子は、つねに窃視される存在だった。そこに許されているのは、見られていることを意識しつつ自分の気配を消すこと、見られても平気な自分になることだった。

ここでの彼女は、座席に腰かけている自分と立たされている人々のあいだに大きな隔たりがあることを冷静に見極めている。「申しわけない」という気持ちをもちつつ、座席を確保できた幸運を貪ろうとする自分。「せめて荷物だけでも持つてあげねば」といういたたまれなさを感じる自分。それぞれを率直に受け止めている。「手帖抄」を書く原節子は、自分自身をも風景の一部として対象化している。

　すると突然、座席にかけている「わたし」の膝に生温い赤ん坊のオシッコが垂れてくる。むずかった赤ん坊の泣き声は次々と感染し、省線電車の車内は刺々しい空気に包まれる。原節子はその様子を、

> ——膝頭から足首にかけてむづ痒くなつて来た。わたしはだまつてゐた。赤ン坊がはげしく泣きだした。でも婦人——母親は混雑のため赤ン坊をあやすこともできなかつた。席を譲らうにも、膝の上は荷物だし、その荷物の持主はみな離れたところへ押しやられてゐるのだ。車内のあちこちで赤ン坊が泣きだした。それはけつして愉しい心地ではない。

と記述する。ぎゅうぎゅう詰めの車内で赤ン坊が泣き出すのは無理もないし、オシッコを垂らした赤ン坊をどうすることもできずにいる母親を責めることもできない。また、困った事態に直面しているにもかかわらず、自分にできることはなにもない。「わたし」は、そうした状況そのものに苛立ち、「それはけつして愉しい心地ではない」と記す。そこには、安易な同情や不自然な正義感など微塵も

なく、ただただ自分が身を置く現実そのものへの不如意が吐露されている。黙り込むことしかできない自分を不甲斐なく思う気持ちが滲みでている。

そんなとき、誰かが「気が狂ひさうだ」と叫んだことで車内の不穏な空気はいっきに暴発する。「やかましいぞツ！」、「泣かぬ子と替えて来いツ！」、「うるさいツ、降りろツ！」といった怒声が飛び交う。だが、乗客のひとりが「黙れ！　うるさければ貴様が降りろ。母親の身にもなつてみよ。心で泣いてるぞ！」と怒鳴った瞬間、車内はシーンと静まりかえる。彼女はそれを「軍国調に云へば、その声は三軍を叱咤する烈々たる気魄に充ちてゐた」と書く。

この場面には群衆心理の暴力性が描かれている。ひとりひとりの不満や不快感が些細なきっかけで拡散し、集団全体が自分たちの安息を邪魔するものを排除しようとする方向に傾いていく過程が端的に捉えられている。それは当時、日本のいたるところで繰り広げられていた平凡な出来事であると同時に、日本人を戦争へと駆り立てた集団の力学でもあった。原節子自身がどこまで意識していたかはわからないが、この光景が日本人の愚かな習性を映し出す隠喩として機能していることは確かである。

だが、ここで注目したいのは、「わたし」がここで集団を黙らせる男の言葉を「軍国調に云へば、その声は三軍を叱咤する烈々たる気魄に充ちてゐた」と表現していることである。危うくパニックに陥りそうになっている集団を「軍国調」の叱咤で黙らせるという展開は、当然、暴力を暴力で制圧するイメージを想起させる。穿った見方をすれば、そこには「烈々たる気魄」に充ちた「軍国調」の言葉で人々を押し黙らせることへの期待がくすぶっているようにもみえる。少なくとも、「烈々たる魄に充ちてゐた」と表現する原節子が、その叱咤を正義の声として受け止めていることは間違いない。

続くシーンでは、「二等車」で見かけた若いカップルの身勝手な行動がわずか三行に凝縮されている。座席のビロードの布をナイフで切り取って自分の靴を磨きはじめる男と、それを見て微笑む女……。ただそれだけである。ここには一種の黙説法が駆使されている。公共心のかけらもない若者に呆れ果てているであろう「わたし」の内面を敢えて語らず、そのままやり過ごすことで、逆に沈黙の意味が顕わになるような仕掛けが施されている。敗戦後の混乱を語る言説の多くは市井に生きる人々の苦労や悲しみにばかり焦点をあてがちだが、ここでの「わたし」はひとりひとりの心に拡がる精神の腐敗を直視しようとしている。

第三シーンは再び省線電車の風景。若い娘が座席にかけ、その前に若い母親が乳児を抱いて立っているシチュエーションである。娘が「どうぞ、抱こさせて下さい」と申し出た途端、隣に座っていた「紳士」はいかにも罵倒的に、「抱いてあげる親切があつたら、席を譲りたまへ、君は若いンぢやないか」と怒鳴りつける。だが、若い娘が「まつ赤」になって固まるのを見た母親は、何事もなかったかのように「では、お言葉に甘えまして。すみませんわねえ」と礼を言って乳児をわたす。原節子はこのシーンの結末を次のように描いている。

> ――若い母親はさも嬉しそうに乳児を娘さんに与へた。娘さんはホツとしたやうに若い母親を見上げてほほえんだ。わたしも救われたやうにホツとした。／紳士は「善」を知つてゐると云へやう。けれども「善」を行へないたぐひであらう。

嬉しそうに乳児を手渡す母親。ホッとした表情で母親を見あげる娘。そして、その光景を微笑ましく見つめる「わたし」。そこには、ささやかな思いやりを交わすことで周囲が朗らかな気持ちで充たされていく様子が切り取られている。

このあと、事の顚末を語り終えた「わたし」は、わざわざ「紳士は「善」を知つてゐると云へやう。けれども「善」を行へないたぐひであらう」と記して「紳士」の言動に釘を刺す。何かを知ることとそれを行うこととの違いに執着する。「紳士」がどのような表情をしているのかを明らかにしないことで、書き手である原節子自身の肉声で「紳士」づらをした男を非難している。この第三シーンには、女優・原節子がそれまで見せたことのない怒りが表れている。

それまでのシーンがすべて「わたし」の体験をもとにした目撃談であるのに対して、第四シーンでは、ある会社が募集した「ミス・ニツポン」に関する感想が綴られている。「商業政策」のコンテストとして「ミス・ニツポン」が実施されていることに憤りを覚えた「わたし」は、「人間として申分のない人を撰ぶといふことは金儲けにならないことなの」だろうと嫌味をいい、朝日新聞社が開催している「健康児」表彰のような企画をもっと実施すべきだと訴える。そして、またしてもシーンの最後に「容貌容姿の美しさを主条件とするＮＯ・１を撰ぶといふことは、文化の水準を高めるいとなみとは云へない。企画者もそれをよく知つてゐるにちがひないが」という皮肉めいたコメントを入れる。

当時の原節子は、「幾ら讃めすぎても讃めたりない。かういふ女が吾々の種族のあひだから生れて来たことが、すでに吾々にとつて不思議である。奇跡の感を与へる。／彼女の美しさは、世の常のものではない。それは、女の上につねに美を索めながら彷徨を続ける男の胸に、永遠の憧憬を喚びおこすのだ」（「原節子設計」、『近代映画』一九四六年一二月）と絶賛される存在だった。多くのファンにとって、彼女の最大の魅力はたぐいまれなる「容貌容姿の美しさ」にあった。だが、ここでは自らが「容貌容姿の美しさ」を競わせる「商業政策」を批判し、「文化の水準」を高めることの必要性を謳っている。それはある意味で、「容貌容姿の美しさ」で評価されてきた自分自身の存在意義を問い直すことにもつながるはずである。

彼女はなぜ「ミス・ニッポン」を引合いに「文化の水準」を語ろうとしたのか。答えは続く第五シーンを読むことで明らかになる。そこには、他の文章では見ることのできない原節子がいる。何物にも臆することなく、かくあるべき日本を雄々しく語る姿がある。以下は第五シーンの全文である。

「まともにしてゐては生きてゆけないよ」／「さうだとも。何とかなるまではやむを得ぬさ」／

よくきかされる会話である。／敗戦前の日本人は、日本人自身をおめでたいほど高く評価してゐた。日本といふ国は世界無比の国であり、日本人は世界で最も優秀な民族であると考へ、自惚れてゐた。／ところが、敗戦後は、その日本人をひどく自卑的にし、今ではあべこべに日本人は全くなつてゐないといふ声が、はんらんしてゐる。ほんとにわたしたちは日本人でありながら日本人がいやになつてしまふほどのいろいろな現象を目撃する。日本人にあいそをつかしたい思ひをさせられることはたびたびである。／けれども、欠陥の多い日本そして日本人ではあるが、自卑してはいけないと思ふ。日本人はあくまで日本人である。日本人にあいそがつきたといつても、自分も日本人である以上、めいめいが何とかして一日も早くお互いに愉しく生きてゆけるやうに仕向けやうではないかといふこころになつて、手近かな自分の周囲からその実現につとめなくてはいけないと思ふ。それは結局自分のためだし、それが大きく結集してはじめて日本全体が住みよく明るい国として育つて行くのだと思ふ。わたしはけつして教育家でも宗教家でもない。ただ、敗戦後わたしはいつもそんなことを考へずにゐられない嶮しい世相の中に生きながら、日本人の誰もが自分とこの祖国を正当に再認識してほしいと念ふのである。日本再建はそこからだとわたしは云ひたい。

ここでの原節子は、「民族」としての日本人および日本人が築いた「国」としての日本を問題にしている。わざわざ「敗戦前の日本人は、日本人自身をおめでたいほど高く評価してゐた。日本といふ国は世界無比の国であり、日本人は世界で最も優秀な民族であると考へ、自惚れてゐた」と語るのは、ここで問題にしていることが「民族」としての誇りや衿持にかかわることを示すためである。彼女が求めているのは、経済復興、社会の構造改革、自由と民主主義の浸透といったGHQの占領政策がもたらす「日本再建」ではなく、「文化の水準」において日本人が日本人であることに自信をもつことに他ならないのである。

繰り返しになるが、この「手帖抄」が発表されたのは一九四六年一一月である。GHQの監督下で草案がまとめられた日本国憲法が公布され、国民主権、基本的人権の尊重、平和主義が掲げられた直後である。女性に関していえば、「参政権賦与による日本婦人の解放」を明記するマッカーサー指令によって、女性の政治的・社会的権利が認められるようになった時期でもある。だからこそ、「手帖抄」の第三シーンには忍従を強いられる女性たちに向けた励ましの視線が織り込まれているのだろう。

だが、第五シーンにおける原節子は、女性や婦人といった表現をいっさい用いず、「日本人」という言葉を連呼する。物質的な豊かさではなく精神の復興を唱える。アジテーションのように読者を鼓舞するその文体は力強く、迷いや躊躇はどこにもない。のちに彼女は当時の自分を

八月十六日か十七日に、横浜から電車で撮影所へ行くのに、丸腰の兵隊さんの姿を見て、泣け

> て泣けて仕方がありません。私は大体小説を読んでも映画を観ても、よく泣きます。だから、他の人より涙腺がゆるいのでしょうが、それにしても泣いているのは私だけ。他の人は理性が強いので、戦争に負けて悲しくても感情を殺して、さりげなくしているのだろうかと思いました。
>
> （「私の歴史4　いつまでたってもラブシーンは苦手の私」前出）

と語り、つい涙もろくなってしまう自分の弱さを恥じているが、少なくとも、「手帖抄」の第五シーンを書いた原節子と、「丸腰の兵隊さんの姿を見て、泣けて泣けて仕方がありません」と書いた原節子とのあいだには、同一人物とは思えないほどの懸隔がある。「手帖抄」には、他のインタビュー記事や自伝的エッセーとは根本的に異なる次元で原節子という人間がもっている素顔のひとつが提示されているのである。

## 4　原節子を貫く心棒

前節では、主に「手帖抄」の特異性に注目し、映画女優としての原節子が見せたことのない信念のようなものを浮き彫りにしたが、戦前から戦後にかけて彼女が残した言説をあらためて読み直すと、

「手帖抄」と類似した雰囲気をもつ文章がもうひとつあることに気づく。それは、戦時中に海軍の全面協力で製作された「上海陸戦隊」（監督・熊谷久虎、一九三九年五月封切）の撮影で上海に滞在したときの印象を語った「上海の旅」（『東宝映画』一九三九年二月上旬号）の一節である。

――上海の街は、国際都市として、享楽の都として、うたわれていたところ、それが、こんなにも、無惨な、荒れ果てた街となってしまった。これもみな、自業自得と云ってしまえばそれまでのことですが私は、戦争には、どんなことをしても勝たなければいけない、とかたく思いました。東洋の永遠の平和のためには、これは一つの犠牲にすぎないのだと思ひました。（中略）今日で約二週間、上海にゐました。この間私たちは、いろいろなことを見聞しました。が、結局は、私たちは、戦争は勝たなければいけないという考えに到達しました。

上海の荒廃を目の当たりにした原節子は、かつて「国際都市」として繁栄を極めた上海が「荒れ果てた街」になってしまったことを嘆きつつ、その無惨な状況を「自業自得」と唾棄している。そして、日本が上海の二の舞になることを懸念するかのように、「戦争には、どんなことをしても勝たなければいけない」と記す。

「上海の旅」における原節子は、目の前の現実を梃子《てこ》として自分を鼓舞するような書き方をしている。「私」が滑らかに「私たち」へとスライドし、個人の感想が日本および日本人全体の問題へと敷衍されている。それは「手帖抄」における第五シーンの描き方とまったく同じ方法である。

いうまでもないことだが、ここでわざわざ国策映画に主演した際の言説を引用したからといって彼女の戦争責任を批判したいわけではない。その思想の背景に国粋主義との結びつきがあることを指摘したいわけでもない。ここで重要なのは、彼女にとっての「私たち」が国民国家とパラレルな関係にあり、その強固なが戦中戦後を通じて変わらなかったということである。四方田犬彦が『日本映画史110年』（二〇一四年、集英社新書）のなかで、「『わが青春に悔いなし』のラストは、原がその九年前に出演したナチス映画『新しき土』のラストに、きわめて似通っていると判明する。この事実は戦後の左翼運動の体質を理解するうえで、実は重要なことである」と指摘していることに擬《なぞら》えていえば、「手帖抄」において「民族」と「国」の再建を訴える原節子の言葉と「戦争は勝たなければいけない」というスローガンのあいだにはきわめて似通った質感があり、それが心棒となって戦中戦後を貫いているということである。原節子にとっての戦後は、いかにも軽佻浮薄なものとして認識されていたということである。

思えば、戦後日本を語る原節子の言葉には、いつも世の中の価値観やものの考え方が急激に変わってしまったことへの戸惑いが含まれていた。

――終戦まぎわに明治時代もので、英米こうげきストーリイの映画を撮影中でした。戦争に負けたから、この映画は中止になるかと思つたら、「英米をやっつけるところをあべこべに、英米を崇拝する様にそこだけ撮り直そう」というわけで、そのまゝ撮影を続けるというのにはびっくり。八月十五日を境にして、こうも器用に変えられるとするならば、そんな程度のものなら、「映画ツてなんだろう」と考えました。（「私の歴史4 いつまでたつてもラブシーンは苦手の私」前出）

――戦争が終ると、渡辺邦男監督の「緑の故郷」を皮切りにまた仕事にもどりましたが、何しろ世の中の急激な移り変りにつれて私たちのしゃべるセリフもまるで変ってきて、戦争中の口癖になれた私たちにはそのセリフがなかなかなめらかに出てこず、初めのうちはずい分戸惑ったものでした。

（「早春夜話⑥ 戦後、二回の演技賞」前出）

といった調子で、かつて正しいとされていたことが正しくないとされることへの慄《おのの》きを語ることが多かった。周囲の人々が掌を返すように変節していくことへの戸惑いも隠せなかった。

また、そうした価値観の転倒は映画の世界だけでなく私生活にも影を投げかける。東宝の従業員組合の政治闘争に巻き込まれた際には、昨日まで一緒に映画製作に励んでいた仲間たちから「スターは皆、ブルジョアだ！」と指弾されているし、自分を映画界に招いてくれた義兄・熊谷久虎が戦意高揚映画を撮った責任を問われて映画界を追放されるという憂き目にもあっている。

一方、自分自身は、「わが青春に悔なし」において戦前に反戦運動で大学を追われた教授の娘が父親の弟子にあたる反戦平和運動の活動家と結婚する役を演じ、女優としての新境地を拓いていた。夫が獄死したあともその遺志を継いで農村運動に邁進する主人公に扮し、GHQの戦後民主主義政策を体現する存在になっていた。戦時中、日本軍部とナチスドイツの同盟関係を強化するためのプロパガンダ映画「新しき土」（監督・アーノルト・ファンク／伊丹万作、一九三七年二月公開）に主演したことも、数々の戦意高揚映画で出征兵士を励ます銃後の女を演じたことも封印し、GHQから寵愛される女優として生れ変わることを求められていた。彼女は、変節したくないと思っていた自分自身が誰にも増して大きな振れ幅で変節しなければならない立場に置かれていたのである。

「手帖抄」の直後に書いた「私の周囲のこと」（『近代映画』一九四七年二月）には、そうした躊躇《ためら》いを脱ぎ棄てようとして過剰な身振りを見せる原節子がいる。

> ——終戦後の激しい社会情勢の変動と、女と云うものの開放される世界の到来を眼前にして、目隠しされたものが取りはずされたような広々とした世界の風光を身近かに感じ、そこから女優として、従来の日本の女優の幾多の封建的な制約が取りはずされた事に、希望的な予感を感じ、私自身の未来にも、無限の希望を持つ事が赦されたような或る喜びが、私に、私の職業への自信

を持たせたのかも知れない。

そもそも、映画雑誌に寄稿を求められた宣伝文と、西部軍管区報道部のメンバーが主要な執筆陣として参加していた雑誌『想苑』に掲載された「手帖抄」を比較すること自体に無理があるのだが、「私の周囲のこと」のどこを探しても「手帖抄」における原節子の激しい息遣いは聞こえてこない。「手帖抄」において、ただ一度だけ自分の思いを叫んでみた原節子は、何事もなかったかのように女優としての貌《かお》をとり戻している。のちに「経済的にも精神的にも苦しんだ時期です」と回顧する彼女が、「無限の希望」に充ち溢れていたはずはないのだが、そうした生活の舞台裏はおくびにも見せていない。

問題はこの二律背反にある。「手帖抄」において、「嶮しい世相の中に生きながら、日本人の誰もが自分とこの祖国を正当に再認識してほしいと念ふのである。日本再建はそこからだとわたしは云ひたい」と訴える彼女の背後には、それまでの新聞や映画雑誌のインタビューや座談会では決して見せることのなかった苦渋がある。文章そのものは緻密な計算にもとづいて書かれており、映画撮影の技法にも通じるようなレトリックが施されているが、言葉のはしばしには同時代における日本の世相とそこに生きる自分自身の双方に対するやるせなさが漂っている。

だが、その一方、彼女は「手帖抄」を書くことで自分という存在を貫くひとつの心棒があることを知ったのではないだろうか。戦時下であろうが戦後の平和な世の中であろうが、その信念は変わらないという確信を得たのではないだろうか。

戦後日本をめぐる諸言説は、しばしば戦前／戦後の断層をことさらに強調し、敗戦とともに戦前の悪しき思想が一蹴されたかのような再生の物語をつむぎがちだが、原節子にとってのそれは変節に他ならなかった。何かを忘れたふりをして生きていかなければならない自分自身にも我慢がならなかった。だからこそ、彼女は義兄・熊谷久虎を介して依頼があったと思われる地方雑誌の原稿を引き受け、ただ一度だけ女優という役割を演じなくてもよい場所から地声を響かせたのである。

# 注

## はじめに

（1）戦時中から戦後占領期にかけての雑誌が古書市場に流通しないばかりか、図書館にも保存されていないのには理由がある。その第一は、戦時中の図書館に雑誌を継続的に購入するための予算がなかったということである。戦争を遂行するための軍事費を捻出するため、この頃の公的機関は図書購入予算がゼロに近い状態だった。科学の進展に寄与する医学、理工学系の文献はともかく、人文学系の書籍・雑誌を購入すること自体が難しかったのである。

　第二に、戦争末期の雑誌はその多くが国策によって廃刊・統合に追い込まれ、所蔵すべき雑誌そのものがなかったという事情がある。当時、世の中に流通していたのは戦争遂行のためのプロパガンダとなる時局雑誌であり、新しい雑誌を創刊することもできなかった。

　この頃の雑誌が残っていない第三の理由として考えられるのは、図書館の側に、より多くの雑誌を収集するという発想がなかったことである。図書館が収書対象とする雑誌は、基本的に、継続的に発行される定期刊行物のみである。逆にいえば、戦後占領期に新興出版社から発行された通俗雑誌、短命に終わった読物雑誌などは、そもそも収書対象になっていなかったのである。国立国会図書館を例にとると、一般の出版物を対象に納本を義務づける国会図書館法が公布されたのは一九四八年二月九日である。だが、戦後の荒廃した社会状況もあり、当時の出版社の多くは同法施行後も納本制度に従おうとしなかった。新興の出版社の多くは、国立国会図書館に相当部数を納入することにメリットを感じていなかったし、出版に対する厳しい検閲や統制の記憶をもつ出版関係者は、たとえ文化的資産の永久保存という目的であろうと、国があらゆる出版物に納本の義務を課すことに好意的ではなかった。こうした状況を改善するため、国会図書館法は一九四九年六月に一部改正され、代償金の交付規定（第二五条第三項）が新設される。民間出版物の納入趣旨についても、「文化財の蓄積及びその利用に資するため」（第二五条第一項）と明記された。一九五一年四月一日からは出版物取次懇和会（現在の日本出版取次協会）による一括納入が開始され、納本制度はようやく浸透しはじめる。各出版社が自社の雑誌を積極的に納本するようになるのはそれ以降のことである。つまり、国立国会図書館をもってしても、戦争末期から一九五一年までの雑誌には所蔵されていないものが多く、雑誌収集に関する完全な空白期をつくってしまっているのである。

（2）メリーランド大学教授という肩書きのままGHQ参謀第Ⅱ部（GⅡ）の文官修史官（歴史専門官）となり、戦史編纂作業にあたっていたゴードン・W・プランゲ（Gordon William Prange 一九一〇—八〇）は、GHQによる検閲が終了に近づいたとき、検閲のために集められた膨大な資料の収蔵を希望し、当時、GⅡ部長だったウイロビー少将らを説得した。その結果、一九五〇年から翌年にかけて約五〇〇箱の木箱に詰められた資料が太平洋を渡り、メリーランド大学カレッジパーク校マッケルディン図書館に収蔵されることになった。その量は新聞一六、五〇〇タイトル、雑誌一三、〇〇〇タイトル、図書およびパンフレット八二、〇〇〇冊、ポスター九〇枚、地図四〇枚、通信七〇頁に達した。だが、当初はその価値が認められず、検閲資料は段ボール箱に入ったまま書庫に眠っていた。その後、一九六二年から本格的な整理がはじまり、一九七八年に「ゴードン・W・プランゲ文庫 一九四五—一九五二年 日本における連合国の占領」（メリーランド大学）が正式に誕生する。現在、プランゲ文庫はデジタル化が進んでおり、日本国内でも国立国会図書館の施設内で閲覧することができる。同館ホームページによれば、コレクションは「雑誌約一三八〇〇タイトル、新聞・通信約一八〇〇〇タイトル、図書約七三〇〇〇冊、通信社写真一〇〇〇〇枚、地図・通信六四〇枚、ポスター九〇枚」に増加しており、「約六〇万ページの検閲文書」も閲覧できる。

（3）センカ紙の表記は「仙貨紙」「泉貨紙」「せんか紙」などさまざまである。高級和紙の「仙花紙」とはまったく別物だが、こちらの高級和紙を「泉貨紙」と表記する場合もあり、漢字表記では混同されてしまう恐れがあるため、本書では「センカ紙」と表記した。

（4）ピエール・ブルデューは『芸術の規則Ⅱ』（石井洋二郎訳、一九九六年一月、藤原書店）において、「文化的作品の科学は、三つの操作を前提とする」と指摘し、「権力場の内部における文学場（等）の位置と、時間的経過にともなうその変化過程の分析」、「固有の運行・変容法則に従う圏域である文学場（等）の内的構造、すなわち、正統性をめぐって競合状況に置かれている個人や集団がそこで占めている位置同士の、客観的な関係の構造の分析」、「これらの位置の所有者たちのハビトゥス、すなわち、ある社会的軌道と文学場（等）の内部でのある位置から生まれるがゆえに、その位置を多かれ少なかれ好都合な機会として現実化しようとする諸性向の体系の生成過程の分析」が必要だと指摘している。また、文学場を含む権力場を「さまざまな〈場〉で支配的な位置を占めるために必要な資本（特に経済資本や文化資本）を所有しているという共通点をもった行為者や制度同士の力関係が織りなす空間」と規定している。

## 序章

（1）情報局は戦争継続のための世論形成、プロパガンダと思想取締りの強化を目的として一九四〇年一二月六日に発足し、その後、国家的情報・宣伝活動の一元化および言論・報道に対する指導と取締りを行うようになった内閣直属の情報機関である。もともと、内閣情報部と外務省情報部、陸軍省情報部、海軍省軍事普及部、内務省警保局検閲課、逓信省電務局電務課に分属されていた情報事務を統一するかたちで発足した情報局は、一四四名の職員（情報官以上五五名、属官八九名）で構成され、内務省、陸軍省、海軍省、大本営陸軍部、海軍部などとともに、国内の情報収集、戦時下における言論・出版・文化の検閲と統制、マスコミの統合や文化人の組織化、銃後の国民に対するプロパガンダを遂行した。

（2）細川嘉六とともに写っていた一枚の集合写真から組織的共謀がでっちあげられた事件。一九四二年から一九四五年にかけて編集者、新聞記者ら約六〇名が次々に逮捕され、四人が獄死した。

（3）同年二月二九日の『朝日新聞』（朝刊）は、「大衆雑誌は二種に／国民雑誌の統合進む」という見出しを掲げて、「国民雑誌のうち綜合雑誌部門では『公論』『現代』『中央公論』の三誌が残ることになつたことは既報の通りだがその後数回開かれた日本出版会の資格審議会で国民雑誌中時局雑誌、画報写真報道雑誌、国民大衆雑誌、少国民雑誌、娯楽雑誌の残存誌が二十八日次の如く決定した。なほ三月中旬までには他の文芸雑誌、婦人雑誌、職能雑誌、特殊雑誌等雑誌全般の残存誌を決定する予定である。／時局雑誌　時局情報（毎日新聞社）改造（改造社）週刊朝日（朝日新聞社）週刊毎日（毎日新聞社）放送（日本放送協会）月刊読売（読売新聞社）週刊少国民（朝日新聞社）／画報写真報道雑誌　大東亜戦争画報（毎日新聞社）国際写真情報（国際情報社）漫画（漫画社）アサヒグラフ（朝日新聞社）読売ニュース（読売新聞社）朝鮮画報（朝鮮画報社）華北（華北交通会社）呉楚春秋（華中鉄道股份）画報満洲（満洲開拓文化協会）／国民大衆雑誌　富士（講談社）日の出（新潮社）／少国民雑誌　日本ノコドモ（国民図書刊行会）良い子の友（小学館）少国民の友（小学館）少年倶楽部（講談社）少女倶楽部（講談社）／娯楽雑誌　新太陽（新太陽社）講談倶楽部（講談社）

講談雑誌（博文館）新青年（博文館）明朗（春陽堂文庫出版会社）／婦人雑誌部門　主婦之友（主婦之友社）婦人倶楽部（講談社）新女苑（実業之日本社）」と報じている。

（4）当初は東京が東日本を、大阪が西日本を、福岡は九州・山口・島根・広島（放送局のみ）を担当した。一九四八年からはソウルから移転するかたちで札幌にも検閲局が置かれた。一九四七年のピーク時、英語に堪能な日本人八、七六三名が全国で検閲作業に従事した。

（5）敗戦で喪失した植民地の主な製紙・パルプ工場には、〔満洲〕＝日本パルプ（敦化）、六合造紙廠、安東造紙股份有限公司（安東）、綿洲パルプ（綿洲）、東洋パルプ（間島省）、満洲パルプ（樺林）、東満洲人絹パルプ（間島省）、鴨緑江製紙（安東）、〔中国〕＝太原紙廠（太原）、蘭村紙廠（太原）、民豊造紙廠（浙江省嘉興）、広東省営抄造廠（広東）、中国版紙製品公司（上海）、〔朝鮮〕＝北鮮製紙化学工業吉州工場（吉州）、朝鮮製紙（新義州）、王子製紙朝鮮工場（新義州）、〔樺太〕＝日本人絹パルプ敷香工場、王子製紙大泊工場、豊原工場、落合工場、知取工場、真岡工場、野田工場、泊居工場、恵須取工場などがある。

**第1章**

（1）海軍中将を務めたのち、病気のため一九四〇年に退役。一九四四年当時は大東亜戦争調査会委員だった。

（2）一九四三年一月からは東京日日新聞社が共同発行者を降りたため、大阪毎日新聞社が『華文毎日』と改称して単独で発行し続けた。

（3）同館担当者によれば「二〇一一年八月に古書店の目録に掲載され、それを購入したもの」とのことである。

（4）二〇一五年八月の段階で西部本社に出向き、調査を依頼した際は「所蔵ナシ」という返答だったにもかかわらず、なぜ社内データベースの検索結果がこちらに報告されなかったのか、その経緯はわからないが、東京本社担当者の説明は「はじめから東京本社に問い合わせてもらえていたら、所蔵されていることを確認・報告できたはずです」というものであった。いずれにしても部外者である私はデータベースの存在そのものを知り得ない立場にあるため、事の真相は謎のままである。

（5）日中戦争後、北京には王克敏を首班とする中華民国臨時政府が一九三七年一二月一四日に成立し、日本の傀儡政権が政治経済を司ることになる。さらに、この臨時政府は蔣介石を首班とする重慶政権に対抗して、一九四〇年三月に汪精衛（兆銘）を首班とする中華民国国民政府に合流し、「反共和平救国」、「大亜細亜主義」を唱える親日的な統一政府を誕生させる。一九四〇年六月には、華北政務委員会が設置され、北京をはじめとする華北地域の運営は終戦までこの委員会の管轄となる。

（6）『北京の日の丸』（大沼正博訳、一九九一年一二月、岩波書店）所収。同書は中国人民政治協商会議北京市委員会史資料研究委員会編『日偽統治下的北平』（一九八七年七月、北京出版社）の抄訳。

（7）『警労情報』は、現在、東京大学社会科学研究所図書室にのみ第二号—第八号、号外「最近ニ於ケル各地砿区内外ノ治安状況」がデジタル保存されており、それ以外は所蔵記録がない。

（8）内閣情報局指導のもとで国策の宣伝普及にあたり、機関誌『文学報国』を発行するとともに、「ペン部隊」を組織して戦地に多くの従軍作家を送り出した。

（9）『丹羽文雄文学全集』第二八巻（一九七六年八月、講談社）の年譜・著作目録には、「青春の別れ　毎日月刊　三《ママ》月号　三〇」と記載。

（10）『朝日新聞』への連載は一九四四年一〇月二五日—四五年三月六日の「5鉄輪」の終了まで。新聞が表裏二頁立てとなり小説を掲載するスペースがなくなったため連載は中止されるものの、戦時中に「6浮世」、「7旅路」が執筆され、最終章にあたる「8欠椀」は戦後に加筆された。戦後版の掲載は『新太陽』一九四五年一二月、『モダン日本』一九四六年一・二月合併号、三月号。

(11) 一九三七年から四五年まで、北京大学は日本軍の勢力拡大にともない昆明に移転して国立西南連合大学と改称していたが、同じ時期、北京では日本の影響下にあった汪兆銘政権のもとで「北京大学」と称する大学運営も行われていた。

## 第2章

(1) ただし、創刊号の二六頁にある国際女性社のスタッフ紹介欄をみると「顧問／新村出 谷崎潤一郎 田岡良一、責任者／徳丸時恵 古賀久留美、理事／新村出 田村恵美子、編輯部／眞壁二葉 大野澄江 芝村紀佐子 寺村嘉夫 橋本育子 山本賢壽、竹内正氏ハ都合ニ依リ退社」とあり、実際の顧問は田岡良一を加えた三名だった。

(2)『刑法講義』、『刑法読本』における内乱罪、姦通罪の記述が危険思想にあたると判断され、両書が発売禁止処分（一九三三年四月）になるとともに、著者が当時の文部大臣・鳩山一郎によって京都大学教授の職を罷免された事件。

(3) カッコ内の数字は久津間保治『語り伝える京都の戦争2 京都空襲』（一九九六年一〇月、かもがわ出版）より。

(4) その後、「A夫人の手紙」は『中央公論』一九五〇年一月号に初出。同号の編集後記には「谷崎先生の「A夫人の手紙」は、終戦後の第一作であるが、事情があつて今回初めて公表される異色ある作品」とある。

（5）東京帝国大学教授を務めたあと海軍司政長官、南西方面海軍民政府衛生局長、結核予防会理事などを歴任し、戦後は厚生省医務局長、日本体育協会会長などを経て、一九五九年から東京都知事。

## 第4章

（1）菊竹金文堂は厳格な「徒弟制度」の規則を設け、十年間の精勤を成し遂げた者に「暖簾分け」を許した。開業を果たした書店主たちは、独立後も金文会という親睦団体に所属して結束した。戦後、この金文会に集う書店が一致協力して九州における取次事業の中核となったのが株式会社・金文社である。

## 補助資料『月刊毎日』目次
（創刊号―第二巻第五号、第二巻第七号―第八号）

**創刊号** 一九四四年十一月号・第一巻第一号 定価一部金五円 昭和十九年／民国三十三年十月二十日発行 編輯兼発行人・伊東重任、印刷人・田中荘太郎 北京東城東単三条胡同廿六 発行所・毎日新聞社北京支局内 月刊毎日社 北京阜成門外北礼士路 新民印書館 電話（二）二一三〇―三二

表紙
創刊の辞
目次
論説　神州必勝論……徳富猪一郎
論説　決戦日本の進路……秋山謙蔵
詩　うなばら洲……大木惇夫
論説　支那辺区論……草野文男
論説　日支文化政策の新指標……米内山庸夫
論説　華北展望 その軍事・政治・経済・社会……渥美豊
短歌　海の外の同胞……齋藤瀏
座談会　大東亜戦局と支那……杉原荒太・杉村廣蔵・後藤四郎
随筆　雨の感想……周作人
随筆　私の随想と日本……梅娘
論説　在支皇国民の態度……松井石根
随筆　大陸画信……栗原信・里村欣三・柴田賢次郎
論説　大陸作戦の新様相……小山田豊
随筆　支那習俗物語……村上知行
論説　大東亜戦局の現段階……寺島正
論説　米英の宣伝諜略とわが言論の暢達……津久井龍雄
論説　敵米の爆撃戦法……森正光
論説　憤激を新たにせん……高田市太郎・赤谷達
論説　勤労動員と国家管理……藤林敬三
論説　食糧の現状と対策の進展……佐藤浅五郎
論説　決戦臨時議会の収獲……住本利男

論説　自信満々たる独逸……工藤信一郎
随筆　猫にカラ飯……徳川夢声
報告　北九州空襲体験記……山口久吉
小説　美しき戦死……里村欣三
評伝　岸田吟香……岩崎栄
コラム　内地だより
飾絵……横井禮市・小穴隆一・鈴木信太郎・棟方志功・宮崎文二・江崎孝坪
附録　大東亜全域地図

**第一巻第二号**　**一九四四年十二月号　定価一部金五円　昭和十九年／民国三十三年十一月二十日発行　編輯兼発行人・伊東重任、印刷人・田中荘太郎　北京東城東単三条胡同廿六　発行所・毎日新聞社北京支局内　月刊毎日社　北京阜成門外北礼士路　新民印書館**
**電話（二）二一三〇―三三**

表紙
巻頭言　支那の現実事態を認識せよ
目次
論説　解決の唯一路……大川周明
論説　歴史の関頭に立ちて……松下正喜
論説　華北経済の対日寄与……木村禧八郎
論説　特輯　米英邀撃戦論……中柴末純
……匝瑳胤次
論説　大陸画信……栗原信
論説　重慶と延安……鳥瞰子
論説　大陸作戦の新様相……竹田光次
随筆　近譚一二……銭稲孫
論説　新兵器論……長谷川正道
随筆　大陸展望……大澤潤
批評　大東亜の文学……林房雄
評伝　興亜礎人伝・荒尾精……岩崎栄
随筆　支那習俗物語②……高建子
論説　欧州のソヴィエト化と米英……森正蔵
論説　決戦政治の動向……井上縫三郎
コラム　内地だより
小説　女郎花……堤千代
小説　復讐……濱本浩
短歌　決戦近しといふ……岡麓
秋草……久保田不二子
俳句　天井の月……長谷川かな女
大陸吟詠抄……長谷川素逝
静かなる日本……前田普羅

飾絵……横井禮市・小穴隆一・伊勢正義・宮崎丈二・江崎孝坪・鈴木信太郎

## 第二巻第一号

第二巻第一号　一九四五年一月号　定価一部金五円　昭和十九年／民国三十三年十二月二十日発行　編輯兼発行人・伊東重任、印刷人・田中荘太郎　北京東城東単三条胡同廿六　発行所・毎日新聞社北京支局内　月刊毎日社　北京阜成門外北礼士路　新民印書館　電話（二）二一三〇―三三

表紙
巻頭言
目次
短歌　新年述志……齋藤茂吉
論説　必死必殺　神風特別攻撃隊と日本精神……齋藤瀏
論説　職域に戦ふ……小泉信三
論説　現代決戦の本質……佐藤市郎
俳句　御代の春……山口青邨
論説　特輯　日満支経済の再検討
大豆と綿と甘藷（農業）……楠見義男
生産の地域的再編成（鉱工業）……榊原二郎
大陸鉄道の一元化（輸送）……吾孫子豊
通貨及び金融の革新（金融）……吉田政治
短歌　幼児疎開……若山喜志子
論説　新民会の方向……桑原壽二
詩　異郷の新春……佐藤春夫
論説　遠い支那・近い支那……魚返善雄
随筆　友を懐ふ……簫艽
随筆　北支の回想（絵と文）……宮田重雄
論説　大陸展望（華北の巻）……関原利夫
論説　礬土頁岩を探る……丸山野銀治
随筆　支那習俗物語……江井洋三
コラム　時の人・宇垣一成……野山草吉
コラム　内地だより
評伝　興亜礎人伝・根津一……岩崎栄
論説　レイテ決戦・我に勝算あり……矢加部勝美
論説　冬を迎へた欧洲戦局……渡邊善一郎
論説　〝獰猛〟シェンノート……ウェーラン
随筆　国内展望……井上縫三郎
小説　村の運動会……壷井栄
短歌　神機……福田榮一
小説　バタアン残月……尾崎士郎

**第二巻第二号**　一九四五年二月号　定価一部金五円

昭和二十年／民国三十四年一月二十日発行　編輯兼発行人・伊東重任、印刷人・田中荘太郎　北京東城東単三条胡同廿六　発行所・毎日新聞社北京支局内　月刊毎日社　北京阜成門外北礼士路　新民印書館　電話（二）二一三〇―三三


表紙

巻頭言

目次

論説　米国の戦争目的……蠟山政道

短歌　日常……齋藤史

論説　重慶とアメリカ……松本忠雄

論説　政治の持つ魅力……牧野良三

詩　吾家の待避壕……河井酔茗

論説　特輯　見て来た支那

　愉快な実例三つ……平野義太郎

　三個の政権、四種の思想……坂西利八郎

　一人でも多くの友を……水野梅暁

報告　変貌する上海……若菜正義

論説　遠い支那、近い支那……魚返善雄

随筆　特集　絵と随想

　よき中国人……小杉放庵

　宋元の画……武者小路実篤

　新しき美しさ……木村荘八

随筆　陽泉岩砿を見る……佐藤亮一

報告　東京から……豊田三郎

論説　火を吐く高射砲……大河原元

コラム　時の人・重光葵……野山草吉

連載　支那習俗物語……國府種武

随筆　支那のこよみ……多田貞一

評伝　興亜礎人伝・鐘崎三郎……岩崎栄

論説　欧州政治戦線……渡邊善一郎

論説　重慶軍の実体……磯田勇

論説　スチルウエル旋風……藤田福平

論説　国内展望……住本利男

コラム　内地だより

小説　海燕記（第一回）……村松梢風

小説　遅桜……大佛次郎


**第二巻第三号**　一九四五年三月号　定価一部金拾円

昭和二十年／民国三十四年二月二十日発行

編輯兼發行人・伊東重任、印刷人・田中荘太郎　北京
東城東単三条胡同廿六　發行所・毎日新聞社北京支局
内　月刊毎日社　北京阜成門外北礼士路　新民印書館　電
話　(二) 二二三〇―二三二

表紙
巻頭言
目次
論説　特輯　科学者に聴く
　よきをとりあしきをすてゝ……富塚清
論説　大陸と科学戦……多田禮吉
論説　音もたゝかふ……田口泗三郎
短歌　火鉢……会津八一
短歌　徹るみち……生方たつゑ
論説　華北合作社の新方向……千坂高興
論説　大陸展望……甲斐太郎
論説　遠い支那・近い支那……魚返善雄
論説　特輯　女子の戦力化
　あらゆる部面に働く女……阿部静枝
　女性の築く新時代……池田きみ枝
　強い誇りとその決意……鷺沼登美枝
自伝　私の自伝……陳公博
随筆　友人の見た陳公博……船津辰一郎

随筆　支那のこよみ……澤田瑞穂
随筆　支那習俗物語……吉岡義豊
俳句　凍玻璃……徳光衣城
評伝　興亜礎人伝・藤島武彦
論説　比島戦局を直視せよ……岩崎栄
雑報　国内展望　決戦施策と行政協議会……森下春一
コラム　時の人・小磯国昭……征矢野平三
論説　欧州戦局……野山草吉
論説　米の対重慶陣首脳……日高一郎
随筆　重慶座の登場人物……大賀千歳
雑報　内地だより……岡久雄
小説　たゝずまひ……窪川稲子
小説　海燕記（第二回）……村松梢風
カット　横井禮市、小穴隆一、野間仁根、川口軌外、恩地孝四郎、宮崎丈二、芹澤銈介、堀
　　　内巌

第二巻第四号　昭和二十年　一九四五年四月号　定価一部金拾円
昭和二十年／民国三十四年三月二十日発行
編輯兼発行人・伊東重任、印刷人・田中荘太郎　北京

東城東単三条胡同廿六　発行所・毎日新聞社北京支局内　月刊毎日社　北京阜成門外北礼士路　新民印書館　電話（二）二一三〇―三三


表紙　……山口蓬春
巻頭言
目次
随筆　支那と世界と日本……吉川幸次郎
論説　自主建国論の台頭……波多野乾一
随筆　中国の大学生……奥野信太郎
随筆　中支点描……高野三三男
論説　華北展望……海野秀雄
論説　特輯　今こそ示せ日本の底力
国難突破の威力……高須芳次郎
漠然たる勝利なし……櫻井忠温
底知れぬ力……浅野晃
随筆　筆と墨……武者小路実篤
小説　日本の水……伊藤永之介
手記　特輯　戦ふ戦場の手記
鉄道の現場から……遠藤基治
生産特別攻撃隊……生方鶏二
御艦奉る……藤居平一
論説　中国と日本……何達
随筆　龍烟鉄鋼を視る……大潤
評伝　興亜礎人伝・中西正樹……岩崎栄
随筆　支那の暦・清明前後……藤島周三
随筆　支那の芝居……石原巖徹
随筆　北京大学の思ひ出……柳雨生
論説　議会を顧る……河野密
雑報　国内展望……対馬好武
雑報　欧州戦局展望……岡久雄
論説　比島戦局と大陸戦線……丸山直一
論説　高空飛行と空気密度……大河原元
雑報　内地だより
小説　海燕記（第三回）……村松梢風
短歌　……土屋文明、大村呉楼
俳句　……中村草田男、推薦俳句
詩　……宮崎丈二、中野明
カット　……宮崎丈二、江崎孝坪、恩地孝四郎、清水刀根、野間仁根、鈴木信太郎、熊谷守一、脇田和


## 第二巻第五号　一九四五年五月号　定価一部金拾円　昭和二十年／民国三十四年五月二十日発行

編輯兼発行人・岸哲男、印刷人・田中荘太郎　北京東城東単三条胡同廿六　発行所・毎日新聞社北京支局内月刊毎日社　北京阜成門外北礼士路　新民印書館　電話（二）二二三〇―三三

表紙
巻頭言　今日こそ好個の試錬
目次
論説　民族の因縁……高田保馬
論説　支那経済の戦力化……泉三義
論説　人と土地の差別……下村海南
論説　最近支那の印象……高田眞治
短歌　帰省吟……丸野不二男
随筆　太原を中心として……画文・伊原宇三郎
論説　特輯　戦争と国民生活
軍隊国家への道――戦争と経済……難波田春夫
最も道徳的な人間とは――戦争と道徳……亀井勝一郎
随筆　北京大学の思ひ出下……柳雨生作／魚返善雄訳
コラム　天津　戦ふ華北の都市
俳句　皇土還春……飯田蛇笏
論説　華北重要産業現地報告
塩も決戦兵器　長蘆塩田を見る……渥美豊
論説　日の光の暖かさ　現地日本人に就いて①……大島長三郎
論説　一個人一個様子　現地日本人に就いて②……江井洋三
随筆　江湖芸人の規律――支那習俗物語……多田貞一
短歌　富士……吉野秀雄
漫画　隼大将……永井保
短歌　敵機来……田邉冬青果
随筆　娘々祭――支那の暦・旧四月の巻……吉岡義豊
評伝　興亜礎人伝⑥川島浪速（上）……岩崎栄
論説　中国映画の世界……筈見恒夫
俳句　さつきの頃……田村本國
論説　即刻急げ防衛都市の建設……石川栄耀
コラム　駐支大使・谷正之……野山草吉
詩　黄河……藤原定
随筆　赤十字挺身隊……小林永司
短歌　空襲下に歌ふ……吉植庄亮
論説　欧洲戦局展望……市川五郎
論説　戦局愈々苛烈化す　大東亜戦展望

神州護持の秋至る　驕敵 出血に喘ぐ……七里好夫
短歌　大陸歌壇……田邊冬青果選
論説　国内展望 国民は大号令を待つ
——本土決戦場に処する途……住本利男
雑報　戦時 地方だより
小説　青春の別れ……丹羽文雄作／中西利雄画
俳句　大陸俳壇……徳光衣城選

## 第二巻第七号　一九四五年七月号

定価一部金参拾円　昭和二十年／民国三十四年六月二十日発行
編輯兼発行人・岸哲男、印刷人・田中荘太郎　北京東城東単三条胡同廿六　発行所・毎日新聞社北京支局内
月刊毎日社　北京阜成門外北礼士路　新民印書館　電話（二）二二三〇—二三三

表紙
巻頭言
目次
論説　神武天皇の創業と新日本の経営……植木直一郎
論説　戦争と民族的道徳性……長谷川如是閑
論説　延安の虚を衝け
論説　特輯　戦争と謀略
欧州に於ける謀略戦……坂戸智海
女性と謀略……大槻憲二
中支の画帖……佐藤敬
随筆　中支小孩風景……百田宗治
論説　特輯　華北文化展望
1現代の支那文化と日本文化……土方定一
2苦悩する文学精神……引田春海
3伝統との新しい結合を……長谷川宏
4中国古典楽の復興……江文也
5映画演劇への待望……河合信雄
随筆　支那習俗物語　霊童出現譚……直江広治
随筆　支那の暦　看穀秀……吉城一郎
随筆　東西文化漫談（下）……林語堂
評伝　興亜礎人伝　金玉均……岩崎栄
雑報　大陸展望……関原利夫
論説　乾隆帝と人種学……鳥居龍蔵
評伝　華北指導者群像　田村羊三……若山正一
論説　爆風と弾片……中沢誠一郎
雑報　世界の動き……渡辺善一郎
雑報　国内展望……対島好武

雑報　内地だより
小説　片信……室生犀星
小説　嫌はれもの……武田麟太郎
短歌　大陸歌壇
俳句　大陸俳壇
短歌　短歌

**第二巻第八号　一九四五年八月号　定価一部金七拾円　昭和二十年／民国三十四年八月一日発行　編輯兼発行人・岸哲男、印刷人・田中荘太郎　北京東城東単三条胡同廿六　発行所・毎日新聞社北京支局内月刊毎日社　北京阜成門外北礼士路　新民印書館　電話（二）二一三〇―三三**

表紙
巻頭言
目次
論説　ドイツの降伏と欧州の今後……松下正喜
論説　孫文思想の東洋的性格……橘樸
論説　和平地区における青年の動向……辻原八二三
随筆　北京縦横談……大谷光瑞
随筆　燕京回想……鍋井克之
随筆　偏見……陳公博
随筆　中国大学卒業生の問題
随筆　懸城日記……土方定一
雑報　大陸展望……若菜正義
随筆　指導者群像　八田嘉明……若山正一
随筆　支那習俗物語　孟姜女宝巻……澤田瑞穂
随筆　支那の暦　七夕祭と中元節……樸抱一
評伝　興亜礎人伝・頭山満……岩崎栄
随筆　我が疎開記……尾崎一雄
随筆　我が残留記……大下宇陀兒
実録　ルソン最後の特攻隊……高松棟一郎
実録　沖縄から帰る敵機……大河原元
雑報　国内展望……住本利男
論説　米の軍事評論家……日高一郎
論説　激化する国共争覇戦……大賀千蔵
論説　本年の食糧事情……佐藤浅五郎
小説　沈黙の島……石川達三
小説　山村……榊山潤
短歌　大陸歌壇
俳句　大陸俳壇
詩　……百田宗治
短歌　……太田水穂、小杉放庵、前田夕暮

## 補助資料『国際女性』目次

（創刊号―第二号、第四号―第七号）

※号数は、未見の一冊が第一巻第三号という前提のもとで便宜的に付したものである。

### 創刊号

（一九四六年六月二十五日印刷納本、一九四六年七月一日発行　定価五円）

編輯者／古賀久留美、発行者／徳丸時恵、印刷者／山本道三（京都市上京都区寺町今出川上ル五丁目）、印刷所／七曜社印刷所（京都市上京都区寺町今出川上ル五丁目）、発行所／国際女性社（京都市左京区吉田牛ノ宮町二一　帝大基督教青年会館内）、日本出版協会会員番号A 211098



目次

巻頭言　〝ことば〟
論説　家のモラール……中川善之助
短歌　山ふところ……菊池尚子
論説　国際連合の話……田岡良一
詩　惜別……アリス・メネル作／竹友藻風訳
論説　戸主制度からの解放……末川博
論説　中国婦人について……古賀久留美
自社広告
俳句　早春／春／秋／冬……梅垣安子
小品　恋文……メーリケ作／岸田晩節訳
コラム　今日の問題
コラム　胸のすくやうな話
祝創刊
コラム　公園……いづみ
対談　ローゼンブルーム中尉と語る
……ローゼンブルーム／古賀久留美
詩　野草狩……臼井喜之助
短歌　反歌……臼井喜之助
論説　之がアメリカの婦人だ……連合軍提供
コラム　容姿の上のみだしなみ
随筆　京都の思ひ出――忘られぬ事ども
……ナンシー・スタンク作／井川福子訳
コラム　言葉の上の身だしなみ
批評　『ラインの監視』について……清水光
批評　劇評　京都南座五月興行……K・K
小品　河畔にて……龍子
論説　女性の解放……田村恵美子
編輯後記……二葉
奥付
裏表紙

**第二号**　初秋特輯号（一九四六年九月十日印刷納本、一九四六年九月十五日発行）
編輯者／古賀久留美、発行者／徳丸時恵、印刷者／山本道三（京都市上京都区寺町今出川上ル五丁目）、印刷所／七曜社印刷所（京都市上京都区寺町今出川上ル五丁目）、発行所／国際女性社（京都市中京区烏丸御池上ル都ビル内）、日本出版協会会員番号A 211098

表紙……田原正典画
扉絵　夕暮（写真）……上村松園画
解説　夕暮……上村松園（青眉抄より）
目次
巻頭言　ことば

随筆　二年前のけふこのごろ……谷崎潤一郎
論説　東洋人と科学文明……野上俊夫
論説　歪曲された謙虚……和辻春樹
短歌　乾山と潁川　京都博物館にて詠める……吉井勇
論説　終戦後のソウエート婦人……尾瀬敬止
随筆　ひらかな月評……廣瀬かに平
小説　林檎畠……大森泉
コラム　新婚の追憶
論説　乳幼児のための玩具、絵本、お話、音楽
——新しい時代の母に……守屋光雄
論説　男の子と女の子……長香代子
随筆　大小皷敵……百非生
論説　鯨と敗戦……土山清市
座談会　自由討論会
——男女学生の語る「若き男女の道」
……文責在編輯部
随筆　洋酒と日本酒……荒木千里
コラム　言葉の上のたしなみ
詩　散文詩二篇
恋の夢……さんど
蜩（ひぐらし）……いづみ
論説　愛の生活……大田典禮
論説　女性の解放（承前）……田村恵美子
報告　「アメリカに学ぶ」
……京都知識人のグループ友交会
コラム　「街の野獣」
小説　四つの手記（第一回）……織田作之助
編輯後記
奥付
裏表紙

## 第四号　十一・十二月号（一九四六年十一月二十五日印刷納本、一九四六年十二月一日発行）

編輯兼発行人／松井螢、印刷人／川本道三、印刷所／七曜社印刷所、配給元／日本出版配給株式会社、発行所／国際女性社（京都市中京区烏丸御池上ル都ビル）、日本出版協会会員番号A 211098、日本出版配給株式会社

表紙　HAWAII ACROSS THE SEA
譜面　HAWAII ACROSS THE SEA
解説　（海を越えて）……神田千鶴子
巻頭言　〝ことば〟……国際女性社編輯部

巻頭言　神の傑作
目次
批評　史の本流と文芸……新村猛
対談　文楽を語る……谷崎潤一郎／三宅周太郎
画文　画題にしたい女のポーズ……樋口富麻呂
論説　サロンの明星　スタール夫人……川西良三
随筆　フランスの女性……林和夫
報告　京都婦人の動き（1）　組合の婦人へ
……全逓京都中話支部婦人部　岸本千代子
随筆　タイ国女性の思ひ出……二木澄
俳句　京なまり……青痴
旅……知草
批評　水谷八重子の芸境……高谷伸
社告　「私の言ひたいこと」……国際女性社編輯部
随筆　着物のはなし……水清公子
報告　轟夕起子／土方與志　訪問記……本社記者
論説　映画のはじめとおわり……北雄三
詩　父母……榊原乙彦
随筆　想夫記……夏目龍子
報道　ペンが語る国際通信
……岸田正三（毎日新聞記者）
社告　読者文芸募集……国際女性社文芸係
随筆　音……穂田瑠
童話　卵やきはうたふ……黒田しのぶ
俳句　〝秋〟……梅垣安子
小説　恋も終りぬ……宇原あき
掌編　妻となりぬ……北原明子
小説　縁……石塚茂子
雑文　花ことば
小説　聖女……長沖一
雑文　香水のはなし
編輯後記……松井
奥付
裏表紙


## 第五号


第二巻第五号（一九四六年十二月二十五日印刷納本、一九四七年一月一日発行）
編輯兼発行人／松井螢、印刷人／奥村佐平、印刷所／大津商事印刷株式会社（大津市四宮町）、発行所／国際女性社（京都市中京区烏丸御池上ル都ビル）、日本出版協会会員番号A 211098、日本出版配給株式会社



表紙
巻頭言　〝ことば〟……国際女性社編

随筆　浅春点前　　　　　　　　　　　　　樋口富麻呂

随筆　京情緒雑感　　　　　　　　　　　　河合健二

論説　女性解放の春　　　　　　　　　　　末川博

目次

俳句短歌……志貴皇子／在原元方／石川啄木／與謝
　　　　晶子／蕪村／一茶／子規／夏目漱石／芥川
　　　　龍之介

随筆　茶のかをり　　　　　　　　　　　　笹川臨風

批評　「バルザックの女友だちと作中女性」
　　　　　　　　　　　　　　　　　　　　加藤美雄

論説　スタール夫人……　　　　　　　　　川西良三

詩　　若き少女のうたへる　　　　　　　　臼井喜之介

随筆　フランスの女性　　　　　　　　　　林和夫

通信　ペンが語る国際通信　　　　　　　　岸田正三

随筆　生花の心得（第一講）　　　　　　　日下喜久甫

画文　愛猫ヒゲ　　　　　　　　　　　　　菊池隆志

批評　老人と女性　　　　　　　　　　　　新村出

俳句　歌がるた　　　　　　　　　　　　　廣瀬龍池

随筆　郷土愛の正月──京の風物詩より
　　　　　　　　　　　　　　　　　　　　高谷伸

募集　文芸募集（国際女性社文芸係宛）

批評　去年の日本映画から──三つの映画とリリシズム
　　　　　　　　　　　　　　　　　　　　北雄三

論説　女性の型及びその創造について（一）……辻久一

回答　画（ハガキ回答【一】、到着順）文博・新
　　　村出、劇評家・山本修二、画家・川端龍子、
　　　理博・湯川秀樹、前同志社大学総長・湯浅
　　　八郎、歌人・川田順、歌人・吉井勇、劇評
　　　家・辻久一、朝日新聞前特派員・中野五郎、
　　　映画女優・高峰三枝子、映画評論家・筈見
　　　恒夫、脚本家・依田義賢

随筆　侘びに徹す……　　　　　　千宗室（裏千家家元）

随筆　冬に忘れられぬ人
　　　　　　　……西山英雄（西山塾青甲社同人）

回答　画（ハガキ回答【二】、到着順）俳人・青
　　　木月斗、画家・東郷青児、作曲家・堀内敬三、
　　　画家・三宅節子、作家・藤澤桓夫、映画演
　　　出家・稲垣浩、医博・太田典禮、画家・樋
　　　口富麻呂、新日本婦人同盟・市川房枝、法
　　　博・田岡良一

コラム　音／彩／味

論説　幼児のためのお話（二）……守屋光雄

童話　母さんの横顔……………………出雲路よしかず
詩　「なつかしきいこひの場所よ」
短歌　祇園懐旧……………吉井勇作／樋口富麻呂画
随筆　谷崎先生のこと……………………………森定子
随筆　「ど」の弁…………………………………梅垣安子
随筆　あの頃　忘られぬ人々（その一）……大森泉
小説　初恋…………………………………………藤澤桓夫
編輯後記……………………………………………松井
奥付
裏表紙
カレンダー（一九四七年）
譜面　In The Royal Hawaiian Hotel
In The Royal Hawaiian Hotel　解説…………神田千鶴子

## 第六号

第二巻第六号（一九四七年五月二十五日印刷納本、一九四七年六月一日発行）

編輯兼発行人／徳丸時惠、印刷人／奥村佐平、印刷所／大津商事印刷株式会社（大津市四宮町）、発行所／国際女性社（京都市中京区烏丸御池上ル都ビル）、日本出版協会会員番号A 211098、日本出版配給株式会社

表紙………………………………………………関口辰二画
目次
随筆　若い人々へ――教養のある人……武者小路実篤
論説　恋愛について………………………………阿部知二
コラム　マリヤの幻影
随筆　母への書……森田麗子（森田たま女史令嬢）
……………………………………………………諏訪光世
論説　アメリカの家庭生活………………………湯浅八郎
評論　永遠の女性　ジュリエット…………………菅泰男
コラム　春の落葉
評論　バルザックの作中女性（二）……………加藤美雄
コラム　追憶の桜
評論　ひとまろ・テニスン・ホヰットマン……川田順
短歌　ふくろづの…………………………………大谷智子
評論　原子学と女性………………………………永井隆
随筆　雰囲気…………………………………………くるみ
座談会　青春を語る
……寺坂委志子／日野文子／西村ユウ／小野三沙子／西本静子／江尻信子
コラム　青春の思索
評論　女性の型及びその創造（二）――ノラとヘルメル
……………………………………………………辻久一

コラム　五月の幻想曲〔ファンタジー〕

短歌　椎の実……川上嘉市

　春月……奥野素径

クイズ　「窄き門」

小説　石と志満……真杉静枝作／樋口富麻呂画

投稿　俳句／短歌／詩

編輯後記……大森／K／T

編集部

奥付

警句

裏表紙

## 第七号

第二巻第七号・秋季特輯号（一九四七年九月二十五日印刷納本、一九四七年十月一日発行）

編輯兼発行人／徳丸時惠、印刷人／奥村佐平、印刷所／大津商事印刷株式会社（大津市四宮町）、発行所／国際女性社（京都市中京区烏丸御池上ル都ビル）、特価十五円、日本出版協会会員番号A 211098、日本出版配給株式会社

表紙

詩　女性たちに……臼井喜之助

目次

論説　姦通と離婚

　姦通は法律で罰すべきか……瀧川幸辰

　改正民法による婚姻と離婚……末川博

　姦通と離婚……田村泰次郎

批評　花と咲いた天才少女たち

　――諏訪内良子・巖本眞里・辻久子

　……堀内敬三

論説　女のすきなこと……北畠八穂

論説　ジョルジュ・サンド……太宰施門

小説　禍根……美川きよ作／水清公子

回答　姦通罪……式場隆三郎

　……三好達治

論説　女性よ強くなれ……鍋島徳太郎

小説　石と志満……真杉静枝作／樋口富麻呂画

編輯後記

奥付

裏表紙

# 補助資料『新生活』目次（第一巻第一号―第三巻第一号）

## 第一巻第一号（昭和二十年十一月一日発行）創刊号


表紙……加藤悦郎
創刊の辞
目次
巻頭言　NEW LIFE 新生活
漫筆　柳緑花紅録……含宙軒《とくがは》無聲《むせい》
小説　旧友……丹羽文雄
コラム　School Section
　東大の巻、早大の巻、慶大の巻
論説　文化再建の首途に……中野好夫・京大助教授
俳句　日記より……久保田万太郎
論説　日米学徒兵交換文
　戦場を離れた学徒兵は真理探求の自由を叫ぶ！
　道義的な明るい日本へ……マサオ・オーニシ
　実際的教育を……ヨシオ・ハラノ
　平和日本建設はわが手で……早大・浦上嗣男
　再び、瞞されはしない……慶大・野村倶行
随筆　もんぺ……花柳章太郎
詩　朝の鏡……佐伯孝夫
コラム　SCIENCE 家庭電気の話
　＝主婦の心得くさぐさ＝……東京芝浦電気技師・関重廣
ルポルタージュ　敗戦考現学第一課
　特殊慰安施設協会とは？
コラム　TAM・TAM
漫画　精神万能主義
　尻馬に乗つて
　俺一人ぐらゐ
　神風に吹飛ばされる
　魂を売る
　井の蛙以……加藤悦郎
論説　臨軍費はどこへ行く……前藤信夫
コラム　相手は大海だ！
論説　正しき選挙を

随筆　熱戦を展開する終戦秋場所前記　……大阪控訴院長・三宅正太郎

コラム　超短波　その後に来るもの　……友田純一郎

座談会　敗戦前後を語る未婚女性の会　……親切女史
……三越・脇田千鶴子、三越・谷保富美子、松竹舞踊隊・松濤朝子、松竹舞踊隊・須田君代、放送局・山下三重子、映画公社・千葉千鶴子、本誌記者・西田登美、司会　本誌記者

コラム　音楽アネクドート

演劇時評　祠にぬかづく　……大江良太郎

コラム　演劇あちらこちら

論説　都市建設への指標　……社会評論家・岩淵辰雄、大毎総務・阿部眞之助、映画公社海外局長代理・山梨稔、洋画家・川島理一郎、劇作家・菊田一夫、医学博士・式場隆三郎、作家・石川達三、作家・高田保、国大教授・石坂洋次郎、慶大講師・岡本隆三、音楽家・和武一、厚生大臣・芦田均、作家・石坂洋

論説　新生日本の野球界は？──或る新聞記者とファンの対話　……久保田高行
田肇、失名氏、内外ビル社長・林顯蔵、舞踊家・石井漠、俳優・古川緑波

コラム　超短波　林檎は誰が食べたでせう！　……Ｖ・Ｂ生

雑報　是非、知っておきたい簡易甘藷貯蔵法　……水町青磁

論説　再建日本映画の方途　……荒井彌代

コラム　超短波女性よ、まづ向上を　……

コラム　映画雑記帳

小説　戦争記念

小話　最後の最初　……ビル・デーヴィドソン作、長谷川修二訳

原稿募集　終戦美談

「超短波」欄募集

編輯室だより

奥付

裏表紙　楽譜　土曜日の夜（佐伯孝夫訳詞）

**第二巻第一号（昭和二十一年一月一日発）　新年号**

表紙
目次
巻頭言　NEW LIFE
論説　麺麭と自由……市河彦太郎
コラム
スクール・セクション　立教、横高工、一高
随筆　南座礼讃……京大教授・太宰施門
　鰯千遍……評論家・福本和夫
　碧眼奇縁……医学博士・式場隆三郎
　童子……内田誠
論説　幸福について……谷川徹三
俳句　十二月好日……長谷川素逝
小説　浅草小章……サトウハチロー、絵・宮田重雄
論説　先師、中野正剛氏を憶ふ……三田村武夫
詩　裸の時に……菊岡久利、絵・植木力
アンケート　私の愛読書
　……随筆家・内田誠、鹽竹古靱夫、俳優・石黒達也、文芸評論家・古谷綱武、文学博士・桑木嚴翼、劇作家・菊田一夫、文学博士・高島米峰、俳優・古川緑波、著述家・福本和夫、作家・平林たい子、前情報局第二部長・市河彦太郎、前立大教授・杉本喬、京大教授・太宰施門、憲法研究家・鈴木安蔵、作家・井伏鱒二、映画演出家・五所平之助、作家・佐佐木茂索、作家・森田草平、文芸評論家・本多顕彰、社会評論家・小堀甚二、近松研究家・木谷蓬吟、俳優・山本安英
告知　新春二月特輯号
座談会　暗黒政治の裏面を衝く第一線新聞記者
　……共同通信社・明峯嘉夫、毎日新聞社・釜田共平、朝日新聞社・嘉納履方、朝日新聞社・富岡鍵吉、共同通信社・黒木壽時、東京新聞社・芝重保、司会・本誌記者
コラム　SCIENCE 科学常識 天然色写真の話
　＝近き将来には天然色時代が出現する＝……鎌田彌壽治
論説　映画時評……津村秀夫
コラム　TAM TAM
漫画　お母さん……加藤悦郎、麻生豊、横山隆一
　上役……横山隆一
随筆　柳緑花紅録……含宙軒《とくがは》無聲《むせい》
論説　新日本建設と婦人女性の求めるもの

……平林たい子
新建設と若き女性……山高しげり
短歌　山峡——奥秩父・入川谷にて……前田夕暮
論説　美術時評 再び戦争画家諸君へ……宮田重雄
随筆　ウィンター・スポーツ……野崎彊
コラム　演劇あちらこちら 松竹の組織（からくり）
新劇（にぎやか）往来（なこと）
移動（たびから）演劇（たびへ）
憲法改正を繞る諸問題
……朝日新聞社記者・永田修
随筆　日本人の中国人に対する態度……郭沫若
論説　演劇と自由——演劇時評……八田元夫
小説　船場の娘……織田作之助
コラム　超短波
鐘は鳴らせば鳴る（悲しき復員者）
農家の希望（北房総の一農村青年）
服装に夢を（おしやれ娘）
随筆　民主主義作家ブロムフィールド
小説　米国作家の紹介　噂
……アーキンス・コールドウェル作
……杉本喬訳
編輯室だより

アンケート　誌上選挙「われらの代議士は誰か？」
告知　「超短波」欄募集
奥付
裏表紙　楽譜

## 第二巻第二号（昭和二十一年二月一日発行）　二月号

表紙
目次
巻頭言　君は舟、民は水……菊池武一
論説　政治と金……東大教授・宮澤俊義
俳句　冬来る……伊東月草
プロフイール　日本共産党の「おやぢ」徳田球一
……黒覆面
コラム　国際知識 これだけは知つておきませう
——米英ソをめぐるイラン問題
米国のドイツ管理問題
論説　文化への反省……高見順
コラム　社会小説作家シンクレア・ルイス……杉本喬
随筆　国宝のことども……画家・福澤一郎
養鶏記……東宝重役・澁澤秀雄

財閥の解体と其の主人……経済評論家・石山賢吉

随筆　樵夫の音律……随筆家・田所耕耘

随筆　柳緑花紅録……含宙軒無聲《とくがはむせい》

告知　御願ひ……さくら隊殉難碑建立後援会

論説　楽観主義――演劇時評……土方與志

コラム　軽演劇さまざま

ラジオ雑記――ラジオ時評……高田保

俳句　鷹の羽……長谷川かな女

論説　歪められたおしゃれ……花森安治

米国作家の紹介　悪魔事典……アムブローズ・ビアーズ作、杉本喬訳

対談会　敗戦後の日本を見る……米国連合通信社（Ａ・Ｐ）ムーリン・スペンサー、本誌記者

漫画　特輯 アメリカ漫画傑作集……横山隆一選

論説　三政党の指標

自由党・自由主義を生かす道……北昤吉

共産党・人民戦線の必然性……黒木重徳

社会党・住宅問題はかうして片付けよ……田原春次

論説　民主主義映画は？――映画時評

コラム　OVER　SEA ジープが食べる……双葉十三郎

二代目チャップリン、愛に国境なし

ルポルタージュ

東京俘虜収容所とは？……津田俊

コラム　女子通信隊員の手記……竹橋綾子

スクール・セクション

東京工大、成城学園、〇〇工大

論説　壕舎生活と栄養……医学博士・佐伯矩

コラム　文壇往来 おでんや談義、高田保と友情

コラム　映画雑記帳　花嫁募集、呆れた映画、剣劇（チヤンチヤン）御難（バラバラ）

論説　戦災者の理想郷……本誌記者・西田登美

コラム　楽壇アネークドート奇妙な話

禿頭二題

缶詰よりは、コメディへロー！ Moo Soo mee San……絵と文・富田英三

小説　その女……藤澤桓夫作、横山泰三絵

コラム　〝COMICAL SONG〟……尾上栄二郎

コラム　JOKER 博愛心、あぶない所、??、ブジヨク

スポーツ・ニュース

オリンピックは何処へ、デブイス死ぬ、陸海

軍蹴球試合
コラム　TO GET A BIG HEAD
編輯日記……西川光
編輯室だより
告知　定価改正について
奥付
裏表紙　楽譜

## 第二巻第三号（昭和二十一年三月一日発行）　三月号

表紙……遠山陽子
目次
巻頭言
論説　新旧選挙人……尾崎行雄
詩　銀座ユーモレスク
……菊岡久利作、廣本森雄絵
随筆　勉強について……武者小路実篤
短歌　山河の春……釈迢空
スクール・セクション
静岡高校、神戸高商、東京産大
随筆　柳緑花紅録……含宙軒《とくがは》無聲《むせい》
論説　歴史に学ぶ……中野好夫
随筆　民主主義評論家・馬場恒吾
論説　我等の演劇――演劇時評……金子洋文
論説　日本民族の特性……傳仲濤、編輯部
随筆　アメリカの希望　ペキイアン・ガァナー
……宮村長一
随筆　あの頃この頃
……歌舞伎俳優・市川猿之助
人間の言葉……仏文学者・河盛好蔵
人の目の塵……音楽家・山田耕筰
コラム　Tam Tam
漫画　悪循環……麻生豊
論説　再建・職業野球団……野口純
座談会　風流クラブ放談会
……石黒敬七、徳川夢聲、高田保、斎藤龍太郎、北村小松、宮田重雄、司会・本誌記者
論説　映画時評
日本映画の現状――映画と政治の問題
……今村太平
コラム　OVER・SEA 林語堂氏のタイプライター
世界の人口問題

小説　雷人——トリウム
論説　女三人……北條誠作、横山泰三絵
動向　文展革新——美術時評……高村豊周
小説　文壇往来
コント　娘……和田傳作、遠山陽子絵
コント　ホントウかい　東北の農村で、鉄道省にて、すべては重量、Very Sorry
アフォリズム
コント　Joker 堅い仁義、万御事同族で、天気予報
アフォリズム
コント　I' M COME DOWN TO BED ROCK!——イヤンなっちゃふ
編集日記……西川光
アフォリズム　罰金……オスカー・ワイルド
編輯室だより
社告
奥付


## 第二巻第四号（昭和二十一年五月一日発行）四・五月合併号


表紙
目次
巻頭言
論説　民主主義とわが知識人……青野季吉
俳句　山ざくら……安齋櫻磈子
論説　美術と節操——美術時評……瀧川太朗
論説　淡々帖—社会時評……高田保
論説　新劇よ何処へ行く——演劇時評……岡倉士朗
コラム　六区の春　お寺と民主演劇、「空気座」とお上人
随筆　河上さんの思ひ出話……懶青楓
スクール・セクション　明大、紅陵大、東京獣医
論説　日本婦人論……銭歌川
随筆　紫煙断想……淡路圓治郎
よしなしごと……新劇俳優・山本安英
ジープ・列車……東大教授・桑木嚴翼
ヒマラヤの山荘……市河かよ子
コラム　サロンの話題　モーリス・シュヴアリエ再び渡米
小説の映画化料金
ロータリーの発明家の死
米小説家ドライザーの死
論説　映画的才能……飯島正
コラム　アメリカ映画紹介
ルポルタージュ　アメリカ点描記……小野七郎

コラム　Tam Tam
漫画　等辺三角関係……横山泰三
ある婦人代議士のお出まし……類衛門
障害物競争……永井保
おばあさんの一つおぼえ……永井保
用心深い男の入浴……村山しげる
座談　米軍女将校と語る女性と新生活
……グレイト・オルト少佐、カロライン・ロイド・ジョーンズ大尉、メアリ・ヂヨイス、佐多稲子、三岸節子、信千代、石田アヤ、赤松俊子、司会・中野好夫教授、通訳・阿部妙子
ワールドトピック　米国の労働争……菊池武一
論説　インク街を往く——新聞時評……由井正
コラム　OVER・SEA
エリツヒ・レマルクの「凱旋門」
コメディ　四月馬鹿の結婚……菊田一夫
土曜日のメモ……徳川夢聲
どぶさらひ……八戸十郎
コラム　おとぎばなしガリガリ博士の引力
……山本嘉次郎
論説　ひとつの反措定——文芸時評……平野謙
コラム　スタジオニュース
小説　薊屋敷……船山馨、絵・大川一夫
告知　ルポルタージュ戦場の記憶原稿募集
論説　内閣六十年史——民主主義的に見たる
……田中惣五郎
アンケート　第一回与論調査「貴方は世界中でどの国に最も好意を持ちますか？」
編輯室だより
奥付
裏表紙　楽譜

## 第二巻第五号（昭和二十一年六月一日発行）　六月号

表紙
目次
巻頭言　煙突と知識人
論説　アメリカの争議と『自由』……鮎澤巌
論説　現下美術界の話題——美術時評
……脇本楽之軒
日記　引揚邦人日記……北京よりの引揚者
論説　淡々帖——社会時評……高田保

コラム　社会問題小講座　天皇制……………………………………米村正一

論説　身に沁みるといふこと………………………………………北原武夫

アフォリズム……………………………………………ルミ・ド・グルモン

論説　演劇の教育機関──演劇時評…………………………………村山知義

論説　現代青年論………………………………………………………古谷綱武

詩　一本松………………………………………………………………佐藤一英

告知　出版部だより

ルポルタージュ

コラム　ピカドン──広島紀行………………………………………舟橋俊行

随筆　演劇雑草…………………………………………………………菊池武一

随筆　英国外相アーネスト・ベヴィンのプロフィール

随筆　熱狂の不足──憲法改正に関連して

お釣り………………………………………………女流画家・三岸節子

北京の俤……………………………………………評論家・神西清

コラム　TAM・TAM…………………………………社会評論家・佐野学

漫画　昨日　今日………………………………………………………類衛門

捕らぬ狸の皮算用……………………………………………………類衛門

接吻時代映画………………………………………………………富田英三

小泉紫郎

ルポルタージュ　婦人代議士訪問記

産制に徹する・加藤しづゑさん

純情の人・松谷天光光さん

労働問題の女性代表・山口しづゑさん

論説　諷刺映画の悲しみ──被告席の映画時評………………………筈見恒夫

コラム　スタジオニュース

ルポルタージュ　戦場の記録　南鳥島……………………………寺澤寅男

リポート　華北より復員して…………………………………………田村泰次郎

論説　自由競争再現の前夜に立つ──新聞時評………………………中里研二

質問室…………………………………………………………………上野鶴之介

小説（遺稿）　勝敗…………………………………………………武田麟太郎

編輯日記………………………………………………………………西川

論説　基準の確立──文芸時評………………………………………平野謙

第二回与論調査　今月の課題「貴方は義務教育の年限

を何年が適当だと思ひますか？」

武田麟太郎氏病床日記

コラム　スクール・セクション

東京外語、上智大学、千葉工大

小説　筑紫少女……井上友一郎
コラム　超短波雑念……Y子
責任をもて……H・N
教育者に望む……澤井静夫
食糧問題について……北窓生
告知　ルポルタージュ戦場の記録 原稿募集
編輯室だより
奥付
裏表紙　楽譜

## 第二巻第六号（昭和二十一年七月一日発行）　七月号

表紙
目次
巻頭言
論説　危機脚下に迫る……正木千冬
詩　城南風物詩　鎌田、大森……岩佐東一郎作、植木力絵
随筆……北大教授・中谷宇吉郎
論説　祖国画壇への断想――美術時評……大兼實
コラム　社会問題小講座（2）社会主義（一）……米村正一
論説　再建日本と国語の問題……中野好夫
論説　「日本語」抄……戴天仇
論説　映画界の戦争責任について――映画時評……岩崎昶
コラム　スタヂオ・ニュース
論説　母親と学校……滑川道夫
コラム　ワールドトピック
ヴエネチア・ジユリア……菊地（ママ）武一
論説　統一の前の混迷――演劇時評……和田勝一
科学者の随筆　龍の毛……今村明恒
建築家の家……島田藤
白い飯、白い粉……櫻井芳人
コラム　Tam Tam
漫画　住宅難解決……小泉紫郎
先入感……横山泰三
職業野球のストライキ……佐次たかし
セトモノの卵……並木まさを
カムフラージュ……富田英三
ルポルタージュ

敗戦後の欧亜より帰りて ブタペスト・パリ・バリ島・北京 手のあるミロのヴィナス……渡邊紳一郎
北京から北平へ……奥野信太郎
ハンガリア雑記……邦正美
コラム GINZA AVENUE……絵と文・富田英三
スクール・セクション
東洋大、成蹊高校、中央大
論説 音楽者の反省――音楽時評……福井直弘
論説 アメリカ小説界の動向
――一九四一年から一九四五年まで……ベイリ・ヤング
小説 神を招いた遊女……北畠八穂
質問室
論説 政治と文学……平野謙
小説 松下の場合……芹澤光治良
アンケート 第三回与論調査 今月の課題「再建日本の国是として商業立国、工業立国、農業立国、水産立国及び観光立国等が考へられてゐます。貴方は以上の五つの内、どの一つを選びますか！」
編輯室だより
奥付
裏表紙 楽譜

## 第二巻第七号（昭和二十一年八月一日発行）

表紙……大川一夫
目次
巻頭言
論説 日本経済の現段階と動向……金原賢之助
アフォリズム 智慧、社会、動物と人間のちがひ
コラム スタヂオニュース
論説 鍬と絵筆――美術時報……福澤一郎
コラム 放送千夜一夜
対談 各界総まくり縦横対談会……阿部眞之助・杉山平助
論説 映画批評家と日本映画の恢復――映画時評……北川冬彦
論説 不作為談義……米村正一
詩 大川……菊岡久利作、吉田謙吉絵
論説 新劇人の肚の問題――演劇時評……北村喜八
新生活講座 随筆の事……内田誠

戦災と京洛四季……英文学者・相良徳三
「美談」など……女流作家・壺井栄
野蛮人とその娘……仏文学者・渡邊一夫
コラム　**TAM TAM**
マンガランド　酔っぱらいの夢
初夏の流行
甘イモノヲモトメテ……オノサセヲ
論説　新聞業界あれこれ——新聞時評……桐原五郎
涼風まんぴつ 近頃の街……東郷青児
ロダンの手文五郎の手……竹中郁
沸騰的随筆……北園克衛
能楽と学校……喜多實
論説　音楽界民主化への課題——音楽時評
……園部三郎
コラム　フイルムの悲劇……南部僑一郎
随筆　イギリス気質
——イギリスへ行くフランスの青年への忠告
……アンドレ・モーロア作、河盛好蔵訳
コラム　ワールドトピック 鉄のカーテン……菊池武一
コラム　**OVER SEA** 母の胎内に二十二年、ソ連医学の
新発見、ハウプトマン氏逝く
小説　泰子抄……大原富枝
論説　ふたりの作家——文芸時評……平野謙
火——プロメテウス・電気・原子核エネルギー
……荒正人
コラム　社会問題小講座（3）社会主義（二）
……米山正一
アンケート　第四回与論調査 今月の課題「貴方は次
の五種類のうち、いかなる宗教を信仰しま
すか？①神社神道②仏教③クリスト教④
天理教⑤その他の宗教」
編輯室だより
お知らせ
奥付
裏表紙

## 第二巻第八号（昭和二十一年九月一日発行）

表紙
目次
巻頭言
論説　芭蕉の人生観……小宮豊隆
論説　あたらしい価値の生産へ——美術時評

……上村鷹千代
論説　中国の場合と日本の場合……鹿地亘
論説　歌舞伎の処理——演劇時評……北村喜八
いとう句会随筆　盆の月
……久保田万太郎
おしろいの花……澁亭・澁澤秀雄
きりぎりす……水中亭 内田誠
夜学……宝亭 秦豊吉
鰯雲……重亭 宮田重雄
霧……軍十郎 森岩雄
秋の夜……鮮紅亭 川口松太郎
論説　日本の過去、現在、未来……郭沫若
敗戦日本国民に寄す……郭沫若、訳者附記
論説　菜園記……辻二郎
コラム　社会問題小講座（4）民主主義（一）
……米村正一
コラム　ワールド・トピック拒否権（ヴィートー）
……菊池武一
論説　蒋介石政権への透視……吉田東祐
短歌　ひぐらし——亡妻小祥忌の前後に
……吉野秀雄
コラム　スクール・セクション
東京工大、徳島高商工、四高、京大
コラム　Tam Tam
漫画　ある本塁打王の述懐……類施門
モデルと給与……富田英三
食糧増産……小泉紫郎
サテ一大事……佐次たかし
論説　作家のゐない作品——映画時評……登川尚佐
訪問記　美術のあきアトリエ巡歴
……絵と文・小野佐世男
北平が恋しいね・梅原龍三郎画伯
美術家の責任は重い・安田靫彦画伯
僕は昔から民主的でね・川端龍子画伯
論説　約束された新聞の倫理——新聞時評
……桐原五郎
アンケート　第一回与論調査 課題「あなたは世界中でどの国に最も好意をもちますか。」
告知　第五回与論調査 今月の課題「新生日本の代表的スポーツとしていかなるスポーツを選びますか。」
随筆　続ギンザアヴェニュ……文と画・富田英二
詩　山の媼……丸山薫
リポート　瀋陽の春……徐盈作、武藤猖介訳

アフォリズム　Fragment　コクトオ、ベルグソン、ハツクスリ―、ブレヒト、ワイルド
ルポルタージュ　戦場の記録
野戦貨物廠……九鬼千秋
レイテ敗戦記……若麻績正見
『戦場の記録』佳作発表……編輯部
論説　二つの批評――文芸時評……荒正人
小説　青の女……多田裕計
コラム　超短波 街頭英語……江波和一
道義日本再建へ……大方宗太郎
ロマンスの蟲……村田千秋
新生活講座　三木哲学の一生態――その孤独性について……高桑純夫
編輯室だより
お知らせ
奥付
裏表紙
表紙

## 第二巻第九号（昭和二十一年十一月一日発行）

目次
巻頭言
論説　風雲閣清談……咢堂尾崎行雄
コラム
スクール・セクション　順天堂医大、名古屋経専
ルポルタージュ　延安の生活……趙超構著、波多野乾一訳
論説　独立の民族として……なかの しげはる
随筆　演奏旅行……宮城道雄
コラム　めいちよ・かいだい
鼎談　東西文化談義
……今井登志喜、辰野隆、颯田琴次
……司会・中野好夫
論説　想像力の問題――映画時評……辻久一
コラム　スタヂオニユース
論説　民主主義は育つか……佐藤信衛
コラム　元気なショウ翁
随筆　洋酒を語る……おほやくすお
アンケート　第二回与論調査「あなたは義務教育の年限を何年が適当だと思ひますか？」
予告
コラム　Tam Tam
漫画　空想……類衛門

男女共学……利根義雄
「拳闘エクスタシイ」……富田英三
カン詰奇譚……富田英三
随筆　小泉八雲氏のことなど……小寺健吉
美しい雰囲気を……杉村春子
一詩人の手記……安西冬衛
服装する心……山脇敏子
コラム　ワールドトピック　ソ連の外交姿勢……菊池武一
コラム　OVER SEA サルトルの「存在主義」
新映画「人類の起源」
論説　魅力ある二つの平和運動
ノーベル賞とオリムピック競技……松澤一鶴
短歌　昭和新山……佐藤佐太郎
コラム　パンの常識
論説　演劇興行の経済的危機——演劇時評……北村喜八
小説　豪華な食卓……伊馬春部
コラム　旧態をとり戻したミラノのスカラ座
論説　むしろ彷徨を——文芸時評……荒正人
連載小説　新編二十一世紀物語1……杉山平助
告知　進歩の線に沿って飛躍する「新生活」
コラム　社会問題小講座（5）民主主義（二）……米村正一
新生活講座　音楽の基礎……野村光一
コラム　放送千夜一夜　アナウンサーの名のり、放送劇の「声」……土岐達
出版部だより
編輯室だより
奥付

## 第三巻第一号（昭和二十二年五月二十日発行）小説特輯号

表紙
詩　少年思慕調……草野心平
目次
小説　紀有常……室生犀星
詩　紅梅花……三好達治
小説　酒のみとインフレ……田中英光
小説　妹へ……張赫宙
詩　小さな町……春山行夫

ノート　無形の公会堂（フォーラム）

――本誌再出発に際しての編集者のノート……N

告知　フォーラム・システムによる第一回新人創作

評論――募集

小説　亡霊……北條誠

短歌　白飯……堀口時三郎

編集日記

おことわり

奥付

# あとがき

本書に所収した論考の多くは、二〇一五年から二〇一六年にかけて雑誌『新潮』に発表したものである。『新潮』といえば、一九〇四年の創刊以来、今日に至るまで長く文学界を牽引し続けてきた日本でもっとも伝統のある文芸雑誌である。作品を発表することができるのは極々限られた作家、文筆家であり、論文を書くことしか能のない研究者に誌面が与えられるのは例外的な出来事といってよい。

また、当然のことながら、『新潮』は全国の書店に並ぶ商業誌であり、いつも自分たちが書いている研究誌とは性質が違う。自分の言葉を活字にする以上、それは読者の購買意識を促すもの、すなわち、商品としての価値をもつものでなければならない。のちのち図書館から借り出され、多くの研究者から引用されることも重要だが、それ以上に求められるのは、雑誌発売月に書店を訪れた人々に「この文章を読んでみたい」と思わせることである。

もちろん、たかだか戦中戦後の出版史に関する新資料を発掘したくらいで雑誌の売上げが変わると思っているわけではないし、自分の論考にそれほどの力があると過信しているわけでもないが、少なくとも、日本を代表する月刊文芸雑誌に自分の名前を刻むという緊張感は他で味わったことのないものだった。ここでは、そうした感慨を込めて、各章で取り上げた雑誌を発掘した経緯を簡単にふり返ってみたい。

第一章で論じた『月刊毎日』は、熊本市にある天野屋書店で偶然見つけたものである。ここ一〇年ほど、戦後占領期に全国で発行された総合文芸雑誌やカストリ雑誌に関心をもち、その蒐集に明け暮れる私にとって、地方都市の古書店は頼りになる相棒のような存在なのだが、『月刊毎日』に限っていえば、数年に一度くらいしか熊本を訪ねることがない私がこれほど珍しい雑誌を入手できたのは奇跡としかいいようがない。

ただし、同誌に関する研究は私ひとりで切り拓いたものではなく、多くの協力者によって支えられている。最初に新聞記事を書いてくれた朝日新聞社の高津祐典記者、中国での所蔵状況を調査してくれた清華大学の王成教授、『月刊毎日』が一九四五年九月号を準備していた証拠資料を提供してくれた火野葦平記念館の坂口博館長、そして、毎日新聞社に保存されている未見の号を閲覧させてくれた毎日新聞社の大井浩一学芸部長（当時）などの援助がなければ、同誌の全体像を摑むことは難しかっただろう。

『月刊毎日』は、いまだ一九四五年六月号が未見となっており、今後の課題も山積しているが、こうした取組みはひとりの研究者が資料を独占しながら進めるべきものではない。さまざまな領域で活躍する専門家が共有し、ときには協同作業を行うことで少しずつ謎が解明されていくものであるし、そうした研究環境をつくることが重要だと考える。

続いては第二章の『国際女性』である。こちらも雑誌本体との出遭いは古書店であった。二〇一四年夏、私はそれまで懇意にしていた金沢文圃閣のバックヤードに入り、滝のように流れる汗を拭いながら旧い雑誌を物色していた。紡績工場の建物跡をそのまま再利用した金沢文圃閣のバックヤードには一〇万冊以上の古書が並んでおり、昼でも懐中電灯が必要なほど暗い場所で書籍や雑誌を一冊ずつ確認する作業は過酷をきわめるのだが、『国際女性』という見慣れない雑誌が出てきたときはその疲れも吹き飛ぶような気がした。

金沢文圃閣を営む田川浩之氏は、自動車販売会社を経営しながら出版事業と古書店を幅広く手がけるという奇才である。まだ四〇代だが、戦後出版文化史に関する知識の豊富さ、全国の図書館や資料保存機関を飛び回って貴重な文献を探し出す能力にかけては驚嘆させられることばかりである。たとえば、第一章の『月刊毎日』に関する論考を書いているときも、私は編集兼発行人・伊東重任に関する情報が乏しく四苦八苦していたが、ちょうど田川氏が出版の準備をしていた井川充雄監修『戦時末期敗戦直後新聞人名事典　附・日本新聞年鑑１９４６全二巻』（二〇一五年、金沢文圃閣）にその人物の履歴が記されていることがわかり、同誌が東京日日新聞社系（毎日新聞社は、一九四三年に新聞統制によって東京日日新聞社と大阪毎日新聞社が紙面を統一するようになったことで誕生した）の若手記者によって編集されていた事実を明らかにすることができた。その意味で、田川氏は私の研究を多角的に支えてくれるブレーントラストだといえる。

『国際女性』に関しては、いまも忘れられない思い出がある。同誌は、私が金沢文圃閣で見つけた第六号をはじめ、後ろの号ほど見つけやすい傾向があった。第四号以降はプランゲ文庫にも所蔵されており（ただし、最終号となる第七号は検閲用のゲラが保存されているだけで雑誌本体が発行されたかどうか不明）、ＧＨＱの検閲資料から休刊に至った経緯なども把握することができた。ところが、同誌の創刊号がどうしても見つからないため、誰がどのような目的で創刊したのかがわからなかった。そんなとき、創刊号に同時代の著名人が数多く祝電を寄せていることに気づいた私は、そこに名前がある著名人をリストアップし、その蔵書がどうなっているかを調べた。こうして見つけたのが市川房枝記念会・女性と政治センターである。同館の蔵書目録のなかに『国際女性』の創刊号を発見したときは、あまりの嬉しさに指が震えた。

さらに、この創刊号には驚くような事実が記されていた。生涯を通じて商業雑誌の発行・編集に自分の名前を貸すことをほとんどしなかった谷崎潤一郎が、新村出とともに顧問として名を連ね、自身の人脈を駆使して小説や随筆の執筆陣を集めていたことが確認されたのである。やがて、同誌に関する研究は、敗戦直後の京都における文化人たちのネットワーク、婦人雑誌に便宜を図ることで占領政策を円滑に推進しようとしたＧＨＱの政略などに拡がっていった。

また、創刊号の発見によって、谷崎潤一郎がこの雑誌の顧問として活動していたことを知った私は、発行元である国際女性社を立ち上げた徳永（旧姓・末永）時恵と、のちに谷崎潤一郎の秘書を務めることになる弟の末永泉に興味をもち、可能な限りの資料を集めた。戦争末期の一九四五年五月から七月まで谷崎潤一郎が疎開していた岡山県の津山が二人の出身地であることから、恐らく彼らは疎開した谷崎と懇意になり、そのことがきっかけとなって谷崎に顧問を依頼したのではないだろうかと推察した。

思い出深いのはここからの展開である。何とかしてその経緯を調べたいと考えた私は、インターネットを駆使して末永姉弟の遺族を探した。その結果、末永泉の甥（養子縁組によって戸籍上は子となっている）である末永弘之氏が岡山県津山市で市議会議員をされていていることがわかった。私は、直接訪ねてインタビューしなければと思い、失礼を省みず、メールで問い合わせをしたうえで、末永弘之氏のもとを訪ねた。

どこの馬の骨とも知れない私を笑顔で迎えてくれた末永弘之氏は、車で津山市内を案内してくれたあと、自宅にもあげてくれた。インタビューでは、こちらの不躾な質問にも丁寧に応答してくれた。貴重な資料の数々を見せてもらうとともに、おいしい焼肉までご馳走になった。別れ際には、わざわざ予約していた津山名物の干し肉をおみやげに持たせてくれ、「今日お話ししたことはすべて活字にしてもらってかまいません」と言ってくださった。見ず知らずの私を歓待し、自分の知っていることの限りをお話ししてくれた末永弘之氏のおかげで、私は徳永（末永）時恵、末永泉兄弟の来歴や人物像を把握することができたし、その情報を論考に活かすこともできた。あれからもう二年半の月日が流れているが、いまもあの日の津山の景色はまざまざと記憶に残っている。

さらに、二〇一五年六月一四日に国際日本文化研究センターにおいて開催された共同研究会ではパネル発表をさせていただき、西川祐子氏から『京都 有名婦人の横顔』（一九四八年、国際女性社）という貴重な資料を提供していただいた。織田作之助「四つの手記（第一回）」に関しては、大阪教育大学付属高校教諭の宮川康氏から情報が寄せられ、それが「冴子の外泊」という作品の一部に組み込まれていることを知った。『月刊毎日』と同様、『国際女性』もいまだ第三号が発見に至っておらず、一冊が欠けた状態での考察となっているが、いつかひょっこり目の前に現れてくれるのではないかと期待している次第である。

第三章は、日本近代文学館からの依頼に応えてまとめた論考をもとにしている。もともと『新生活』という雑誌には興味をもっており、創刊号から第二巻第九号（一九四六年一一月）まで収集していたが、最終号となる第三巻第一号（一九四七年五月）に関してはプランゲ文庫の検閲用ゲラしか入手できず、実際に雑誌が流通したのかどうかわからなかった。

現物を確認したのは二〇一六年一二月のことである。大牟田市立図書館での資料調査のあと立ち寄った古雅書店で平積みになっていた雑誌の束をひっくり返していると、そのなかの一冊がずっと探し求めていた『新生活』の第三巻第一号だったのである。『月刊毎日』や『国際女性』の場合は、どちらかといえば偶然の出遭いという実感しかなかったが、この『新生活』終刊号に関しては、意識的に捜し求めていたものを見つけることができたという手応えがあった。検閲用のゲラと現物の雑誌を比較すると、検閲官が指摘する箇所が忠実に削除されており、その点でも有益な資料だったと考えている。

第三章の執筆に際しては、日本近代文学館が所蔵する「高見順日記」をはじめ、さまざまな貴重資料を提供していただいた。特に、同館資料部の西村洋子氏には資料の選定から論考の校閲まで懇切丁寧な仕事をしていただいた。いまから四半世紀以上も前、大学院生の私は恩師・小田切進先生の指示を受けて半年間にわたって日本近代文学館のバックヤードに通い、雑誌『太陽』をデジタル化するための基礎作業に従事したが、あの頃、自分が研究者として同館の資料を提供してもらえる立場になるとは想像すらしていなかった。

第四章で論じた原節子の随筆「手帖抄」との出遭いは二〇一六年の夏である。福岡市史編纂委員会の近現代部会に出席した私は、たまたま隣に座っていた坂口博氏（前出）となにげない雑談をしていた。そのとき、彼がおもむろに鞄のなかから取り出し私に見せてくれたのが雑誌『想苑』だった。タイトルに聞き覚えがなかった私は、とりあえずといった気持ちで目次に目をとおした。すると、そこに「原節子」という名前があり、奥付の執筆者一覧に「東宝女優」とある。久留米市で出版事業をしていた金文堂の雑誌になぜ原節子が随筆を書いているのだろうと思った私は、坂口博氏の了解を得て雑誌をコピーし、東京に戻ってから原節子に関する資料を細かく調査した。結果、この随筆はいままでどこにも紹介されたことがないばかりか、最後の銀幕女優である原節子が自分の意志で書いた数少ない文章であることが判明した。また、原節子の義兄である熊谷久虎が画策した九州独立運動に関しても、坂口博氏の「山家《やまえ》洞窟司令部の幻想——「九州独立運動」前後」（『校書掃塵——坂口博の仕事Ⅰ』二〇一六年、花書院）を参照し、数々の有益な情報を得ることができた。

こうして、「手帖抄」の論考は再び『新潮』に発表されることになった。「幻の自筆エッセイ発掘」というタイトルで特集を組んだ同誌は、「手帖抄」の原文とともに、『原節子の真実』（前出）で第一五回 新潮ドキュメント賞を受賞した石井妙子氏の随筆「躍動する原節子の魂」と拙稿を並べて収録してくれた。資料発見の功績を評価されるべきなのは坂口博氏だが、普段から自分の名前を誇示することを好まない彼は、私の論考が活字になったことをとても喜んでくれた。坂口博氏とはもう二〇年以上のお付き合いをさせてもらっているが、研究に関する知識、情報、そして文献資料の現物を与えてもらっているのはいつも私である。いつの日か、私も彼の役に立てるようになりたいと思っているが、果たしてその日はやってくるのだろうか。

拙稿の数々を『新潮』に掲載するために奔走してくれたのは同誌編集部の清水優介氏である。『月刊毎日』で出遭って以来、清水優介氏には拙稿の内容を細かくチェックしてもらい、さまざまな助言をいただいた。商業誌の限られた誌面に研究者の論考を掲載するために彼が編集会議でどれほど熱弁をふるってくれたかを考えると、あらためて感謝の気持ちがつのる。

「あとがき」のつもりで書き出したものが、気がつけば謝辞の連続になりつつあるが、最後にひとつだけ、私的なことを書かせていただく。私がここ数年にわたって取り組んできた戦中から占領期にかけての雑誌研究は、プランゲ文庫などからコピーした資料を活用すると同時に、日本中の図書館や文学館に出向いて文献史料を調査することで成り立っている。古書店からの雑誌購入も大変な金額になる。もちろん、大学の研究費や科学研究費のような公的予算も遣わせてもらったが、その一方で、私の〝道楽〟のために家計を圧迫し続けたことも事実だと思う。家族と旅行に行くこともなければ週末の行事などに関わることもなく、ひとりで日本各地を飛び回りながら散財を重ねる私を呆れながらも許容してくれた家族に対して、あらためて感謝の気持ちを伝えたい。

　本書の編集・校閲は真文館を営む石井真理氏に尽力いただいている。石井氏とは、私のはじめての単著である『「国語」入試の近現代史』（二〇〇八年、講談社メチエ）以来のお付き合いになるが、編集者として的確かつ誠実な批評の言葉をもち、こちらの拙い文章を鍛え直してくれるその仕事ぶりには心から敬服している。企画から校正作業まで、石井さんのコメントを読むたびに頭をガーンと叩かれたような気持ちになったことを思い出す。本書を刊行できたのは、すべて石井さんのおかげである。

二〇一七年一一月二五日

石川　巧

# 初出一覧

◇序章　書き下ろし。ただし、一部は拙稿「カストリ雑誌研究の現在」（『Intelligence』第一七号、二〇一七年三月、20世紀メディア研究所インテリジェンス編集委員会）と重複している。

◇第1章　幻の外地日本語雑誌『月刊毎日』

「徹底検証・「月刊毎日」とは何か」（『新潮』第一一三号第二号、二〇一六年二月、新潮社）、「「月刊毎日」発掘の続報」（『新潮』第一一三巻第三号、二〇一六年三月、新潮社）、「特異な執筆陣、時局批判も　戦時雑誌『月刊毎日』が示した見識」（『毎日新聞』夕刊、二〇一六年二月八日）をもとに大幅加筆。

◇第2章　『国際女性』と谷崎潤一郎

「幻の雑誌「国際女性」と谷崎潤一郎」（『新潮』第一一二巻第五号、二〇一五年四月、新潮社）。「雑誌「国際女性」の資料的価値」（『跨境 日本語文学研究』第二号、東アジアと同時代日本語フォーラム×高麗大学校GLOBAL日本研究院、二〇一五年六月）、「谷崎潤一郎と占領期文化——雑誌「国際女性」との関わりから」（五味渕典嗣、日高佳紀編『谷崎潤一郎読本』二〇一六年一二月、翰林書房）、『「国際女性」復刻版』解題（二〇一七年一月、金沢文圃閣）をもとに加筆。

◇第3章　雑誌『新生活』とGHQの検閲

「雑誌「新生活」を読む——新発見資料の紹介」（『日本近代文学館年誌 資料探索』一二号、二〇一七年三月、日本近代文学館）。

◇第4章　原節子「手帖抄」を読む——雑誌『想苑』

「解説「手帖抄」——日本人を叱る原節子」（『新潮』第一一四巻第一号、二〇一七年一月、新潮社）。

本書は、科学研究費・基盤研究B「占領期ローカルメディアに関する資料調査および総合的考察」（代表・大原祐治）、同・基盤研究B「〈難民〉の時代とその表現：1930—50年代北東アジアにおける移動と文化活動」（代表・坪井秀人）、同・基盤研究C「戦後占領期のカストリ雑誌と同時代の出版文化に関する総合的研究」（石川巧）の研究成果の一部である。

石川　巧（いしかわ・たくみ）

一九六三年、秋田県生まれ。山口大学専任講師、九州大学大学院助教授を経て、現在、立教大学教授。専攻は日本近代文学・文化。著書に『月刊読売』解題・詳細総目次・執筆者索引』（三人社、二〇一四）、『高度経済成長期の文学』（ひつじ書房、二〇一二）、『「いい文章」ってなんだ——入試作文・小論文の歴史』（ちくま新書、二〇一〇）、『「国語」入試の近現代史』（講談社メチエ、二〇〇八）、共編著『〈ヤミ市〉文化論』（ひつじ書房、二〇一七）など。

# 幻の雑誌が語る戦争

## 『月刊毎日』『国際女性』『新生活』『想苑』

二〇一七年一二月二五日　第一刷印刷
二〇一八年一月一〇日　第一刷発行

著者——石川　巧

発行人——清水一人
発行所——青土社
東京都千代田区神田神保町一—二九
市瀬ビル　〒一〇一—〇〇五一
電話　〇三—三二九一—九八三一（編集）
〇三—三二九四—七八二九（営業）
振替　〇〇一九〇—七—一九二九五五

印刷・製本——ディグ
編集・組版——真文館
装幀——菊地信義


ISBN978-4-7917-7037-3　Printed in Japan